走向平衡系列丛书

中国保障性住房政策：
范式转型与效果评估

邹永华◎著

科学出版社
北 京

内 容 简 介

我国建成了世界上最大的住房保障系统，为实现"全体人民住有所居"的目标做出了重大的贡献。这些成就的取得，离不开一系列保障性住房政策的支持。本书通过对我国主要保障性住房政策的系统梳理，分析了各个阶段的保障性住房政策的范式转型及其动力要素，并对保障性住房政策的效果开展了科学评估。本书的研究结果对于探索保障性住房政策设计的"中国模式"、丰富住房保障理论和实践方案均有裨益。

本书适合公共政策、城市研究、人文地理、房地产开发、社会保障等专业的研究人员和学生阅读，也可供各级政府工作人员和房地产领域的专业人员参考。

图书在版编目（CIP）数据

中国保障性住房政策：范式转型与效果评估 / 邹永华著. —北京：科学出版社，2023.12

（走向平衡系列丛书）

ISBN 978-7-03-072378-9

Ⅰ. ①中⋯ Ⅱ. ①邹⋯ Ⅲ. ①保障性住房-住房政策-研究-中国 Ⅳ. ①F299.233.1

中国版本图书馆 CIP 数据核字（2022）第 090262 号

责任编辑：陶 璇 / 责任校对：姜丽策
责任印制：赵 博 / 封面设计：有道设计

科学出版社 出版
北京东黄城根北街 16 号
邮政编码：100717
http://www.sciencep.com

涿州市般润文化传播有限公司印刷
科学出版社发行 各地新华书店经销

*

2023 年 12 月第 一 版　开本：720×1000　1/16
2024 年 8 月第二次印刷　印张：13 1/2
字数：270 000

定价：138.00 元

（如有印装质量问题，我社负责调换）

本书受国家自然科学基金面上项目"大型保障房社区邻里效应的测度、影响因素和机制研究"（项目号：71874154）、浙江大学平衡建筑研究中心配套资金、浙江大学中国新型城镇化研究院科研基金资助

前　言

住房问题既是民生问题，也是发展问题。住房问题作为一个民生问题，体现在住房的居住属性和投资属性上。一方面，住房具有居住属性，是影响人民身心健康的关键要素；居住权是一项基本权利，是人民尊严生活和人身自由的自然延伸。另一方面，住房也具有很明显的投资属性，是普通家庭进行财富积累的重要方式。住房问题作为一个发展问题，体现为得体的住房可以扩大居民的就业、健康、教育、社会交往机会，实现公平正义，促进人的全面发展。

自1998年我国开启住房制度改革以来，人民的住房条件得到显著改善。目前，我国城镇居民人均居住面积已经超过40平方米。但是，依然有一部分群众由于劳动技能、就业、收入水平等原因遇到住房困难，面对这些问题，政府有责任通过提供保障性住房来"补好位"。2010年以来，我国政府大力发展保障性住房，建成了世界上最大的住房保障体系，大约有2亿名群众通过住房保障圆了安居梦。

保障性住房建设所取得的成就，离不开保障性住房政策的支持。顾名思义，保障性住房政策是指政府用于引导保障性住房土地供应、规划、建设、融资、分配、运营、社区治理等各环节工作内容和工作方法的相关政策，目的是实现公共资源的公平善用、提高住房保障的质量。自20世纪90年代我国出台"安居工程"相关政策以来，政府坚持民生优先的原则，综合运用金融、土地、规划、财政、税收、法律等工具建构了较为完整的保障性住房政策体系，对扩大保障性住房供应、提升住房保障质量起到了积极的推动作用。

通过相关政策来推进保障性住房发展，是增强人民群众获得感、幸福感和安全感的重要路径。要体现住房的居住属性，必须把住房从资本化的笼罩中释放出来，回归其作为身心安放之所的内在价值。建立完善的保障性住房政策体系，不仅有助于实现"全体人民住有所居"，也能为更多人提供参与共同奋斗的公平机会，是实现共同富裕的重要基础。

近年来，国内外学者在保障性住房政策领域方面取得了一系列卓越的理论成果。关于中国保障性住房政策的研究，有两个问题尤其值得关注。一是保障性住房政策的范式转型（paradigm shift）问题。一个国家的保障性住房政策不是一成不变的，而是在不同的社会经济发展阶段经历了多轮的范式调整。以我国为例，20世纪50年代社会主义改造基本完成之后形成了社会主义福利住房体制，在1978年之后开始探索住房市场化的道路，并在1998年正式启动了市场化改革。2010年之后，国家又加大了保障性住房的供应力度，以减少住房过度市场化带来的各种社会经济问题。党的二十大后，国家继续强调要坚持"房子是用来住的、不是用来炒的"的定位，加快建立多主体供给、多渠道保障、租购并举的住房制度。随着流动人口规模扩大，新市民、青年人的住房困难问题日益凸显，国家又着手保障性租赁住房的政策安排。中国保障性住房政策研究的另一个问题是保障性住房政策的效果评估。保障性住房大都属于公共投资，国家花费了巨额资金建设了大量保障性住房，其政策效果如何，是否提升了人民的居住水平，是否实现了公平正义，是否有利于建立长效机制，要回答这些问题，必须对相关政策的效果进行科学评估。

本书围绕中国保障性住房政策的范式转型问题和政策效果评估问题展开研究。其中，范式转型部分主要重政策分析，对我国保障性住房政策的演变及其动力要素进行了梳理；政策效果评估部分主要重定量研究，对保障性住房的空间公平性、溢价效应、居住满意度和社会融合度进行了量化分析。通过这两方面的研究，本书希望能帮助广大读者加深对中国保障性住房政策的演变及其实施效果的理解。

在2008年美国次贷危机期间，我正好在美国留学，得以近距离地观察住房政策对社会、经济、生活所产生的巨大影响，也促使我选择以美国住房政策为题开展博士论文研究。我基于博士论文研究的三篇论文，在博士学位答辩之前幸运地被本领域的国际学术期刊接受发表，我的专业学者生涯也由此开启。回国任教后，我投入中国住房政策和国际比较住房政策的学术研究工作中。2018年开始，我带领课题组关注我国保障性住房政策的范式转型和政策效果。课题组成员广泛阅读了相关学术文献，进行了深入的研讨，并前往杭州、南京、上海、北京、广州、合肥、重庆等地进行了细致的实地调研。多位同学基于本课题完成了学位论文。课题组同学也获得了许多学术荣誉，例如，徐磊同学的成果被评为浙江大学公共管理学院优秀硕士论文，陈紫微同学获得北京大学-林肯研究院城市发展与土地政策研究中心博士学位论文奖学金，孟繁杏同学也成功晋级北京大学-林肯研究院城市发展与土地政策研究中心硕士学位论文奖学金的答辩环节。课题开展四年以来，形成了一系列的学术成果，本书即这些成果的结晶。

本书共分成十二章，各章的研究和写作分工如下：第一、二、四、五、六、七、十二章，邹永华；第三章，陈宏、邹永华；第八、九章，孟繁杏、邹永华；第十章，郭子琦、邹永华；第十一章，陈紫微、邹永华。全书由邹永华总纂。

本书的顺利出版，离不开浙江大学公共管理学院各位老师和同学的支持和鼓励。本书得到了浙江大学中国新型城镇化研究院的出版资助，在此对研究院张蔚文院长致以谢意。感谢课题组成员徐磊、陈紫微、郭子琦、孟繁杏、仲妮、潘雯瑛、陈宏、肖艺青、张小甜、陈羽莹、蒲程衍、张晖在课题开展期间所付出的努力。感谢浙江大学城市发展与管理系、浙江大学中国新型城镇化研究院、浙江大学城市发展与低碳战略研究中心、中国区域科学协会区域可持续发展专业委员会和中国房地产中青年学者30人论坛各位师友的指正。科学出版社魏如萍老师严谨认真的编辑工作，为本书增色不少，在此一并表示感谢。

谨以本书献给我的父亲邹水银先生和母亲李甫珍女士。

邹永华

2022年4月于浙江大学紫金港校区

目　　录

第一章　导论 ··· 1
第二章　保障性住房的理论逻辑与政策类型 ····························· 5
　　第一节　保障性住房：一项有关权利的世界性议题 ··············· 5
　　第二节　保障性住房在新历史时期的使命 ··························· 6
　　第三节　保障性住房的理论基础 ······································· 9
　　第四节　作为公共政策的保障性住房政策 ·························· 15
　　第五节　保障性住房政策的不同类型 ································ 17
第三章　住房保障与住房可支付性 ·· 22
　　第一节　住房可支付性与住房保障范围 ····························· 22
　　第二节　住房支付能力的概念 ··· 25
　　第三节　住房支付能力的测量方法 ··································· 27
　　第四节　住房支付能力的影响因素 ··································· 30
　　第五节　中国城市住房支付能力分析 ································ 32
第四章　保障性住房政策的范式 ··· 43
　　第一节　范式与范式转型 ·· 43
　　第二节　政策范式 ··· 44
　　第三节　保障性住房政策的变迁动力 ································ 46
　　第四节　保障性住房政策范式转型的国际经验 ···················· 48
　　第五节　从国际经验看保障性住房政策的范式转型 ·············· 56
第五章　保障性住房范式转型的动力要素 ································ 59
　　第一节　政府力量与市场力量 ··· 59
　　第二节　社会力量 ··· 62
　　第三节　土地供应 ··· 66
　　第四节　融资模式 ··· 68
　　第五节　规划方式、房源筹集、治理体系 ·························· 71

第六章　我国保障性住房政策的主要范式转型 ………………………… 75
第一节　福利住房范式向市场化范式转型 ………………………… 75
第二节　市场化范式下的保障性住房政策 ………………………… 80
第三节　政府回归范式下的保障性住房政策 ……………………… 85
第四节　保障性住房政策范式转型的动力分析 …………………… 92

第七章　保障性住房政策的评估 ………………………………………… 94
第一节　公共政策分析与评估 ……………………………………… 94
第二节　公共政策评估的类型和标准 ……………………………… 95
第三节　保障性住房政策的评估过程 ……………………………… 97
第四节　保障性住房政策评估的研究进展 ………………………… 98
第五节　保障性住房政策的评估体系 ……………………………… 100

第八章　保障性住房的空间公平性评估 ………………………………… 102
第一节　保障性住房的空间公平性 ………………………………… 102
第二节　住房空间公平性的研究进展 ……………………………… 103
第三节　研究内容与目标 …………………………………………… 106
第四节　数据来源和研究方法 ……………………………………… 108
第五节　杭州市保障房社区的集聚效应 …………………………… 110
第六节　杭州市保障房社区公共服务公平性分析 ………………… 113
第七节　杭州市保障房社区公平性分析总结 ……………………… 127

第九章　保障性住房的溢价效应评估 …………………………………… 130
第一节　保障性住房的溢价效应 …………………………………… 130
第二节　住房溢价效应的研究进展 ………………………………… 131
第三节　研究方法与研究数据 ……………………………………… 134
第四节　特征价格模型结果 ………………………………………… 136
第五节　空间模型结果 ……………………………………………… 138
第六节　保障性住房溢价效应的影响范围 ………………………… 140
第七节　保障性住房溢价效应总体评述 …………………………… 142

第十章　保障性住房的居住满意度评估 ………………………………… 144
第一节　居住满意度的内涵 ………………………………………… 144
第二节　居住满意度的研究进展 …………………………………… 145
第三节　研究设计 …………………………………………………… 148
第四节　居住满意度的描述性分析 ………………………………… 152
第五节　居住满意度的影响因素 …………………………………… 156
第六节　研究结论与政策启示 ……………………………………… 159

第十一章　保障性住房的社会融合度评估 ································ 161
第一节　保障性住房与居住分异 ···································· 161
第二节　保障房社区社会融合的研究进展 ···························· 162
第三节　保障性住房社会融合度的研究路径 ·························· 165
第四节　案例背景和研究设计 ······································ 167
第五节　社会融合度及其影响因素 ·································· 169
第六节　保障性住房社会融合度研究总结 ···························· 172

第十二章　走向更高质量的保障性住房政策 ································ 174
第一节　保障性住房政策的十大转变趋势 ···························· 174
第二节　中国保障性住房政策的展望与建议 ·························· 182

参考文献 ·· 186

第一章 导 论

经过数代人的努力，我国已经建成了世界上最大的住房保障系统。我国住房保障工作所取得的历史性成就，体现为保障性住房建设稳步推进、保障体系持续完善、保障质量不断增强，为实现"全体人民住有所居"的目标做出了重大的贡献。目前，我国已经有约2亿名住房困难群众通过住房保障系统改善了居住条件，圆了安居梦。

我国在住房保障方面所取得的成就，离不开一系列保障性住房政策的支持。保障性住房政策的根本目的，就是保障住房困难群体的住房权。住房权是人的基本权利，是每个人过上有尊严的生活和拥有人身自由的自然延伸。公民的住房权不仅包括具有基本物质设施的居住空间，还包括基于居住空间的人格尊严、人身安全、家庭尊严、隐私保护、免受歧视和侵扰等权利（金俭和梁鸿飞，2020）。住房保障是住房权的基石。根据联合国人居署，尊重、保护和履行公民的住房权是一个国家的应尽义务（朱福惠和李燕，2009）。保障公民住房权，一个途径就是通过积极的政策干预和改善民生的理念（王晓，2010）。在不同的历史阶段，各个国家都出台了各种保障性住房政策，以更好地保障公民的住房权。

一个国家的保障性住房政策不是一成不变的。保障性住房政策的选择，与一个国家在各个阶段的历史环境、治理理念和经济发展条件都紧密相关。这些要素会决定政策制定者的核心价值观，形成特定的政策范式。每个阶段的住房政策范式都是为了解决特定阶段面临的问题和危机。问题和危机会打破原有的平衡，于是，政策范式的价值导向、权力模式、决策主体、实践标准等要素会出现变化，这些变化进而引发新一轮的住房政策范式转型。

自我国20世纪90年代开启住房保障政策以来，住房政策范式经历了多次转型。在不同的发展阶段，市场与政府干预之间的平衡不断被打破，新问题和危机不断涌现，又不断地寻求解决方案。我国的保障性住房政策范式在演变过程中，越来越回到政策的初心，即让更多的人拥有居住权，让政策更具效率性和公平性。近年来，我国的保障性住房政策制定越来越强调科学性，并吸引了社会各界的关注和参与，这是推动我国住房保障工作的重要因素。

住房政策的设计和实施总是在一个动态的世界里展开（Malpass and Murie，1999）。也就是说，住房问题一直是变化的，需要不断地寻找合适的政策解决方案。在我国的不同历史阶段，国家出台了不同的保障性住房政策，设立了不同的保障性住房项目，这些都是致力于解决当时面临的实际问题。

我国的住房保障体系随着住房制度改革和住房市场化而产生和推进。在启动住房市场化改革之前，我国实行的是社会主义福利住房制度，城市住房保障的责任主要由职工所在的单位承担。1995年，我国推出了安居工程项目，这是我国改革开放之后最早启动的保障性住房项目。1998年，我国对城镇住房制度进行全面改革，提出停止住房实物分配，推进住房商品化、社会化。伴随着这次改革，国家开启了大规模的"经济适用房"、面向最低收入家庭的"廉租房"和支持住房消费的"住房公积金"制度，为推进住房制度改革、拉动住房消费、改善住房供应结构发挥了重要作用。到了2007年，《国务院关于解决城市低收入家庭住房困难的若干意见》印发，提出加快建立健全以廉租住房制度为重点、多渠道解决城市低收入家庭住房困难的政策体系。党的十八大以来，这项重大民生举措快步推进，坚持"房子是用来住的、不是用来炒的"定位，加快建立多主体供给、多渠道保障、租购并举的住房制度。为了落实新时代住房制度，国家出台了一系列财政补助、土地优先供应、信贷扶持、税费减免等的支持政策，大力发展保障性安居工程，包括公租房、限价房、人才房、共有产权住房、蓝领公寓等，不断丰富住房保障类型和供应渠道。到2019年，全国已累计开工建设各类保障性住房和棚改安置房7800多万套，有3800万名困难群众住进了公租房，约有2200多万名困难群众获得了住房补贴，为提升城市人居环境、缓解贫富差距和促进社会和谐发挥了重要作用。目前，国家以发展保障性租赁住房为重点，进一步完善住房保障体系。面对新市民、青年人"买不起房、租不好房"成为现实困难的局面，国务院办公厅出台了《关于加快发展保障性租赁住房的意见》，提出多项措施解决人口净流入的重点城市（主要是大城市）的新市民和青年人的住房问题。

当前，我国已经构筑了分层次的、立体式保障性住房体系。对于低收入家庭，实现了应保尽保；对于中等偏下收入家庭，在合理轮候期内予以保障；对环卫工人、公交司机和重点产业困难职工实施重点保障；对符合条件的新就业无房职工、外来务工人员等其他新市民，持续加大租赁性住房的保障力度。在"房住不炒"原则的指引下，我国政府把"解决好大城市住房突出问题"作为当前要抓的任务之一。国家对促进住房消费健康发展、加大保障性住房供给、统筹住房治理体系建设等方面也提出了新的要求。

过去几十年，我国实施了很多保障性住房政策。一项公共政策实施后，究竟产生了哪些影响，这些影响的程度如何，需要进行科学的分析（刘洪玉，2021）。一些政策的效果在短期内很明显，而有些政策的影响要在长时间内才能显示出来。例如，有些政策实现了正面的经济效果，但是可能带来负面的社会效果。所以，保障性住房政策的评估对于完善后续政策非常重要。保障性住房政策的评估，是指政策研究者和实践者依据一定的评估标准和程序，对政策设计、政策执行和政策效果进行全面的评价和判断。虽然我国在保障性住房领域取得了很大成就，但对这些政策的系统评估还比较缺乏，由此限制了对已有政策的进一步完善。

保障性住房政策的制定和实施是一个系统性工程。从微观角度上讲，保障性住房面对的是住房困难群体最直接、最现实的利益问题。因为保障性住房制度关乎个体的居住权，它是维护社会公正、增进人民福祉的基本制度，也是实现人民群众共享改革发展成果的重要制度。从宏观上讲，保障性住房问题也是推动经济社会高质量发展的重要载体。我国城镇化已从高速发展阶段进入高质量发展阶段，住房发展已从总量短缺转变为结构性供给不足，保障性住房也要向内涵提质转型。此外，保障性住房也有助于全社会的可持续发展。按照联合国《2030年可持续发展议程》，保障性住房可以达成其中的"良好健康与福祉"、"减少不平等"和"和平与正义"等可持续发展目标。

在当前和未来，我国住房保障政策的设计和实施还要应对一些挑战。例如，目前的保障性住房政策体系还有待进一步完善。对于一些人口净流入量大的城市，保障性租赁住房的供应还需要加大。居民入住之后，保障性住房社区的现代化治理体系和治理能力需要进一步提升和完善。此外，我国还需要加快推动住房保障方面的立法进度，通过法律来明确住房保障顶层设计和基本制度框架，落实政府在住房保障方面的责任，为规范保障房准入、退出和维护等方面提供法律依据。保障性住房领域也呼唤更多的政策创新，如合理确定各类保障性住房的发展目标，拓宽供给渠道，推进需求侧的供给，满足居民的多样化要求。在满足住房保障需求的基础上，政府还需要制定相关的策略来开展保障性住房存量资产的有效管理。

在政策实践中，我国的中央政府和地方政府各有分工。一般来说，中央政府对保障性住房政策进行主导设计，并且依靠中央权威强力推行。与此同时，有些决策权也下放到地方政府，并由地方政府具体执行。所以，地方政府具有双重属性，它既是中央政策的执行者，也是作为辖区事务管理主体的政策制定者。在很多情况下，地方政府把中央的保障性住房安排视为政治任务，所以会尽力安排土地和资金来完成这些任务。但是，地方政府也有调整政策的灵活性，有时也会制定一些有利于地方利益的政策。在我国住房领域实施"因城施策"的方案以来，地方的保障性住房政策体系越来越丰富。除了政府的作用，在保障性住房工作中也需要进一步发挥市场机制和非公共部门的作用，鼓励更多的企业和非营利机构参与保障性住房的供应和管理。

保障性住房是社会福利的一种，但是，如果没有体面的居住条件，其他类型的社会福利政策也很难真正落实(汪建强,2011)。根据这项社会福利的覆盖范围,可以分为救济型住房保障制度和福利型住房保障模式。我国正在从救济型向福利型进行政策转型。为了进一步把保障性住房福利惠及更多的群体,住房保障应该纳入公共服务职能。通过明确中央政府和地方政府的住房保障事权,建立完善的保障性住房政策体系,使发展成果更公平地惠及全体人民,提升人民的幸福感和社会的公平感。

住房问题既是民生问题,也是发展问题,关系着千家万户的基本生活质量,关系着城市的高质量发展全局,关系着社会的和谐稳定。对于保障性住房的范式选择,需要与时俱进。在这个背景下,对政策范式转型的分析和对政策效果的评估,就显得特别重要,本书希望在这方面做些工作。我国不断完善的住房保障政策体系为住房保障工作顺利推进提供了有力支撑。未来的政策体系依然要坚持以人民为中心的发展思想,做好住房保障工作,共建、共治、共享美好家园。作为一项民生工程、民心工程,住房保障工作没有终点,只有连续不断的新起点。中国作为社会主义国家,在保障性住房领域面临的问题有其特色,也需要自己的解决方案。对于学术界来讲,迫切需要构建具有中国特色的住房保障理论体系和政策体系。探索保障性住房政策设计的"中国模式",将丰富世界住房保障政策理论和实践方案,努力实现"全体人民住有所居"的目标。

第二章 保障性住房的理论逻辑与政策类型

第一节 保障性住房：一项有关权利的世界性议题

保障性住房是全球各国共同关注的一项世界性议题。早在1948年，联合国《世界人权宣言》就提出，人人有权享受为维持他本人和家属的健康和福利所需的生活水准，包括食物、衣着、住房、医疗和必要的社会服务。1981年4月，在英国伦敦召开的"城市住宅问题国际研讨会"通过了《住宅人权宣言》，重申了享有良好环境、适宜于人类的住所是所有居民的基本人权。1996年6月，在土耳其伊斯坦布尔召开的联合国人类住区会议上发布的《伊斯坦布尔人居宣言》再次强调，"保证人人享有适当住房和使人类住区更安全、更健康、更舒适、更公平、更持久，也更具效率"是世界各国对住房发展的持久追求。

适宜的居住条件是人们开展各项活动的基础，也是影响社会进步的重要因素。因此，在现代社会中，住房作为人的基本权利被社会珍视（朱亚鹏，2010）。简单地讲，住房权是指每个公民有获得维持其本人及家庭成员生存、生活必需的住房的权利（金俭和梁鸿飞，2020）。1814年颁布的《荷兰宪法》较早地对公民住房权进行了界定，要求政府"关心国家居住条件，保护和改善环境"（金俭和梁鸿飞，2020）。其后，越来越多国家的宪法或其他法律规定了公民的住房权。只有政府加大住房保障的力度，帮助中低收入群体获得体面的居住场所，才可以真正实现每个人的居住权。住房保障的目的之一是促进社会公平和正义。公平正义是现代社会制度创新的依据，是协调各个群体关系的准则，也是社会凝聚力、向心力和感召力的源泉（虞晓芬等，2018）。根据罗尔斯（2009）在《正义论》中提出的公平正义的原则，在信息不对称、竞争不充分的条件下，机会的不平等导致收入分配不公，将会形成社会弱势群体。不同能力、收入的人都获得相应的住房权，才能真正地缓解社会不公平。

保障性住房政策是政府或社会机构采用一系列直接或间接措施，以帮助住房困难家庭获得支付得起的、宜居的居住条件。"保障"的含义为保护防卫，常与政府帮扶弱势群体的行为相联系（汤林弟，2012）。各国政府向社会提供保障性住房，这也是由住房本身的特征所决定的。住房具有消费品和投资品的双重属性。从消费者角度来讲，保障性住房属于私人消费品。住房也是每个家庭和个体的生活必需品。正如联合国相关宣言所强调的，居住需求是人类的基本需求，居住权是基本人权的组成部分，居住条件也是人的基本生产条件的重要组成部分。从社会角度看，保障性住房具有公共消费品的属性，它是一种区别于纯公共品的"准公共品"（倪红日，2011）。于是，保障性住房政策成为各国社会政策的重要组成部分。

住房问题发端于资本主义早期阶段。恩格斯在其《英国工人阶级状况》和《论住宅问题》两部著作中，敏锐而深刻地捕捉了当时英国工人阶级的住房问题。后来，各国政府对住房的特征及其重要性的认识逐渐提高，相应也设计了各种住房政策，以预防住房问题引发的社会和经济危机。

住房具有商品的特性，是普通家庭最大的生活消费品和生活必需品，通常也是一个家庭最大的财富，所以，解决住房问题往往是实现整个社会经济持续稳定发展的基石。因为住房具有商品的特征，越来越多的人把它当成重要的投资品，其稀缺性往往不断推升住房价格，造成住房的可支付性问题。在房价超出普通家庭的可支付能力的情况下，很多中低收入家庭凭借自身的经济能力无法在市场上获得适当的住房。如果政府不承担住房保障的责任，那么，很多家庭可能会流离失所。所以，住房保障的基本出发点是保护弱势群体的居住权，维护社会的公平、正义和稳定。从这个角度来看，保障性住房政策是政府为帮助住房困难群体获得与社会经济发展水平相适应的居住条件所设计的各种措施的总称。保障性住房政策也属于广义社会保障体系的一部分（王晓，2010）。政府通过各种措施来帮助保护特殊群体的居住权利，这些举措都属于住房保障的范畴（虞晓芬等，2018）。因为保障性住房具有准公共品的特征，所以，其供给机制也采用各国政府和市场机制相组合的方式。

第二节　保障性住房在新历史时期的使命

我国的住房保障政策在新的历史时期面临着新的挑战，也肩负着新的使命。解决好住房问题，是我国全面建设现代化国家的重要基础。党的十九大提出："从二〇三五年到本世纪中叶，在基本实现现代化的基础上，再奋斗十五年，把我国建成富强民主文明和谐美丽的社会主义现代化强国。"[1]住房问题兼具经济发展、人权保障、金融安全、社会稳定、公平正义等多项功能（虞晓芬等，2018）。住房保障问题也是党和国家一直关注的重大经济问题、民生问题和社会问题。对于政府来说，住房保障也具有多重目的。在我国新的历史阶段，完善的保障性住房政策体系对于建成现代化国家的目标，推进国家新型城镇化战略，促进中国经济高质量发展，确保社会和谐稳定，实现共同富裕，都具有重大的现实意义。

第一，保障性住房是维护中低收入家庭居住权的重要方式。保障性住房既包括政府直接提供的住房实物和住房补贴，还包括政府通过税收优惠、利率优惠、规划政策和土地政策，以及政府鼓励私营开发商或非营利机构建设和管理的住房。过去十几年，我国很多城市经历了住房售价和租金快速上涨的阶段，导致很多家庭无力从市场上购买住房。房价高涨，也导致很多新参加工作的青年人、新市民难以解决住房问题。此外，很多城市的基尼系数已经超过0.4，居民的收入差距加大[2]。特别是在东部沿海城市以及省会城市，城市内部收入差距更为明显。在这些城市中，低收入家庭面临的住房支付问题更为严峻，所以，更加需要通过住房保障的方式来维护他们的住房权利。所以说，住房保障是政府通过保障中低收入群体的基本居住需求，以提升该群体居住环境为目标的重要社会福利制度（姚玲珍等，2017）。

第二，保障性住房是推进新型城镇化的重要基础。我国正在进行规模宏大的城镇化。走具有中国特色的新型城镇化道路，是党和国家站在新的历史起点上，推进中国现代化进程的重大战略选择。但是，许多农村进城务工人员，还居住在工棚、城中村、地下室、棚户区等非正式住房中，居住条件差。如果这部分人口的住房无法得到保障，我国的新型城镇化就无法得到健康发展，也有悖于社会公平正义。推进城镇化的核心是人的城镇化，目的是造福广大百姓。住房问题已经成为推进以人民为中心的城镇化的实施的主要制约。所以，建立合理的住房保障体系，有助于我国新型城镇化战略的顺利实施。

第三，保障性住房对于落实以人为本的发展观、保持社会稳定和可持续发展具有重要意义。住房的市场化不能忽视住房的准公共品属性。正如前面所说，居住权是公认的人的基本权利，要在制度层面强调政府在保障性住房供应方面的职责。住房对于社会公平、维护社会稳定和营造健康的社区环境方面都有着重要的

---

[1] 《习近平：决胜全面建成小康社会 夺取新时代中国特色社会主义伟大胜利——在中国共产党第十九次全国代表大会上的报告》，http://www.12371.cn/2017/10/27/ARTI1509103656574313.shtml[2022-09-27]。

[2] 通常来说，基尼系数处于0.3~0.4的收入公平性比较合理。

作用，如减少犯罪率、提升居民健康和教育水平等。在市场失灵的时候，要从社会保障出发，明确政府在住房保障方面的职责，为社会提供必要的公共产品和社会福利。

第四，发展保障性住房也是实现共同富裕的重要基础。2013年10月，习近平总书记在中共中央政治局第十次集体学习会上指出："加快推进住房保障和供应体系建设，是满足群众基本住房需求、实现全体人民住有所居目标的重要任务，是促进社会公平正义、保证人民群众共享改革发展成果的必然要求。各级党委和政府要加强组织领导，落实各项目标任务和政策措施，努力把住房保障和供应体系建设办成一项经得起实践、人民、历史检验的德政工程。"[1]这个目标鲜明地体现了中国共产党和政府执政为民的宗旨。通过保障性住房来促进社会公平，对政府的公信力和执政力都是重要考验。保障性住房制度，实际上是对社会经济成果的再分配，即把部分财富以住房保障的方式转移给社会中的低收入群体，让更多的人分享经济发展成果（虞晓芬等，2018）。建立保障性住房体系，有利于缩小收入和财富分配的差距，有助于人民公平地、合理地分享经济增长成果，消除社会排斥，实现社会公平，提升人民群众的幸福感和获得感，为实现共同富裕奠定基础。

第五，保障性住房体系也是我国高质量发展转型的重要体现。重视住房保障，与我国高质量发展的战略是一脉相承的。我国人口众多，住房发展不充分、不平衡的问题将长期存在，政府把完善住房保障政策作为一项长期的工作。居民的居住质量是衡量经济社会发展水平的重要指标。尽管我国在经济上取得了长足发展，但是还是有一部分低收入家庭存在住房困难，需要政府和社会提供相应的帮助。此外，住房保障对于促进我国经济高质量发展有着重要作用。例如，很多大城市高昂的房价，对人才、资本乃至技术等要素的集聚产生强烈的挤出效应，而且还对居民的正常消费产生强烈的挤出效应（虞晓芬等，2018），影响实体经济的发展。完善的住房保障也可以降低企业商务成本，促进人才和资本的政策集聚，推动商品房市场健康运行和房地产业的可持续发展。保障性住房的提供还可以吸引劳动力的流入，促进资本积累（郑思齐和张英杰，2013）。所以，保障性住房政策是我国经济和社会实现高质量发展的重要保证。

我国实行中国特色社会主义制度，保障居民的居住权是政府的基本职责。政府通过完善住房保障体系来提高公共资源的利用效率，实现了社会公平。政府也通过住房保障为居民提供基本的居住条件，这也是实现社会和谐的基本前提。在我国进入新的历史阶段后，住房问题既是民生问题，也是发展问题，关系着千家

---

[1] 《习近平：加快推进住房保障和供应体系建设 不断实现全体人民住有所居的目标》，https://news.12371.cn/2013/10/30/ARTI1383122378360528.shtml[2022-09-27]。

万户的基本生活质量，关系着经济社会发展全局，也关系着社会的和谐稳定，具有重大的社会意义和政治意义。

第三节　保障性住房的理论基础

保障性住房政策的出现和变化符合社会发展的演进趋势，有其相应的理论渊源。理论被界定为"对现实生活中的一个或多个方面进行解释的思想体系"（哈丁和布劳克兰德，2016），它不仅可以解释实践，也可以指导实践。保障性住房的实践者会受到已有的相关理论经验的指导，同时也在不断地通过各种方式应用各种理论（邹永华和陈紫微，2021）。人类社会诞生了丰富的理论，保障性住房也受益于这些理论财富。本节将对保障性住房的相关理论进行溯源，并分析与保障性住房政策最紧密相关的五种理论，即市场失灵与公共产品理论、邻里效应（neighborhood effect）理论、社会福利理论、共同富裕理论、住房梯度消费和过滤理论，希望从不同维度来认识保障性住房的思想体系。

一、市场失灵与公共产品理论

作为一种商品，住房有其独特性。这种独特性表现在如下方面。

（1）异质性，即住房面积、区位、年代、房型、内部设施、公共服务水平等有很大不同，由此也衍生出不同的住房子市场。

（2）不可移动性，因为住房附着在土地上而不能移动，所以在一定区域内的住房供给具有很强的刚性。

（3）价格昂贵，住房消费在居民总消费中占比很大，带来支付压力的问题，需要政府通过不同方式的补贴来解决住房可支付性的问题。

（4）耐久性，住房的初始建设成本高，生产周期和使用周期都很长，也难以轻易拆除。

（5）住房不仅是商品，还是投资品，具有投资价值，在家庭总资产中占比很大，通常超过60%。

（6）住房的固定性导致居民的迁移成本很高，居民若离开原有的邻里环境，将改变其社会活动交往空间、工作机会和教育机会。这些特性决定了住房市场并不是一种自由竞争的市场，而是经常面临市场失灵（market failure）的挑战。

住房市场的失灵主要表现在以下几个方面。①垄断性。这是由于住房的生产周期长，土地的供给有限，基础设施投资成本较高，短期供给的弹性很小。因为住房具有不可移动性，所以住房不能通过流动来满足市场的需求，这使得住房供给出现区位垄断性。由于这种垄断性的存在，一旦住房需求有增加，就会引发房价的快速上涨，降低居民的可支付性。在普通的市场中，居民可以降低需求来应对高昂的价格，但是住房是一种生活必需品，居民无法减少这种需求，进而导致一部分人面临住房的支付压力。②市场不确定性。新古典福利经济学的分析框架假设决策者是理性的，并且信息完备。然而，在市场不确定性的情况下，由于信息不对称、不完备，个人的决策不一定是最优的，所以需要政府及时介入，以减少信息不对称所造成的市场失灵。③住房的外部性。住房不仅是居住空间，也是重要的社会交往空间，具有很明显的外部性。例如，恶劣的居住条件不仅对居民的健康产生影响，也可能会影响居民受教育和寻找合适工作的机会，引发社区衰落，带来严峻的社会隔离和社会排斥问题。

与普通的商品市场相比，住房市场特别容易出现失灵现象。如果一个国家或城市没有针对中低收入家庭住房供给的激励机制，那么这些家庭很有可能无力支付住房消费，家庭成员的居住权也就没有办法得到充分保障。而中低收入家庭恶劣的居住条件，还可能给整个城市带来负面社会后果，引发社会的不满。所以，住房消费不能完全依靠市场的力量，而需要借助政府干预的力量。正如罗尔斯（2009）在《正义论》中所言，将社会及经济的不平等加以特别安排，才能使处于劣势者获得最大的利益，使人们获得平等的机会。

在保障性住房政策设计中，一方面，要通过市场化来提高效率；另一方面，要通过保障性住房的提供来减少贫富差距，即追求效率和公平之间的平衡。这里指的住房保障效率包括宏观效率和微观效率两个维度。宏观效率是指保障性住房对商品房市场的挤出效应应该最小化。只有充分发挥保障性住房投资的最大经济效率，才能促进经济可持续增长、进一步扩大社会福利。微观效率即关注微观保障对象，分析某种保障方式是否达到了预期的保障效果。而保障性住房公平包括了垂直公平（vertical fairness）和水平公平（horizontal fairness）两个维度。垂直公平是指收入较高的家庭获得住房方面的补贴应该少于低收入家庭，但收入较低的家庭在获得住房保障之后的福利不应该超越收入较高的家庭。水平公平是指同等经济收入群体之间的公平，他们在获得住房保障方面的机会和额度应该大致相等，不能因保障机会和额度的不同而形成新的社会不公平（姚玲珍等，2017）。

二、邻里效应理论

邻里效应理论，最早由芝加哥学派晚期的代表人物威尔逊在1987年提出。威尔逊的核心观点强调，邻里特征会对内部居民的生活态度、社会行为和社会经济地位造成影响，甚至可能遭到外部群体的社会排斥（social exclusion）（Wilson，2012）。在威尔逊之后，学术界开展了大量关于保障性住房社区如何影响个人生活与发展的研究，提出了邻里效应与居民健康、教育、就业、违法犯罪等之间关系的理论（邹永华和陈紫微，2021）。学者的研究表明邻里效应在犯罪、贫困、健康、公民参与、流动性等方面会产生负面的影响。

人们会对邻里差异做出反应，而这些反应所组成的社会机制和实践，反过来又会塑造人们对邻里的感知、关系和行为，这种相互作用决定着社区的社会结构（邹永华和陈紫微，2021）。在这种机制下，邻里效应将通过社区环境直接或间接地影响居民的思维和行为方式。此外，邻里环境中一些不良的社会规范、价值观和行为方式将影响居民的思维方式和行为习惯（Bauder，2022）。

邻里效应的一个表现为社会排斥，这一概念用来指认那些没有受到社会保障的保护、又被贴上了"社会问题"标签的人。社会排斥成为分析个人、群体和社会之间存在的障碍的一个重要概念（黄佳豪，2008）。社会排斥也是衡量社会公正和社会流动的核心概念，指个人的生活方式受到来自社会结构压力的影响所带来的问题。通常认为，社会排斥有三个范式。其中，团结范式（solidarity paradigm）强调社会排斥是一种个人和社会之间社会纽带的中断；专业化范式（specialization paradigm）强调社会排斥是社会分化、劳动分工以及领域分割的结果；垄断范式（monopoly paradigm）强调社会排斥是社会上形成了垄断群体的结果（马广海，2004）。社会排斥包括经济排斥、政治排斥、文化排斥、制度排斥等维度。因为居住空间是引发社会排斥的主要因素，所以，社会排斥与保障性住房问题紧密相关。

在集中布置的保障性住房社区中，社会排斥现象体现得较为明显。首先，保障性住房社区的低收入人口集聚，即低收入人口集中在城市的某些特定地区，弱势群体与主流社会隔离，造成社会排斥。其次，这些居民长期面临经济困难，可能面临其他群体的社会排斥。最后，保障性住房周边的公共设施或住房质量的低劣，将强化这些社区的社会排斥。保障性住房社区的公共服务缺失，将阻碍低收入家庭获得优质教育和就业的机会，限制这些群体的人力资本积累和社会资本积累。在保障性住房社区内部以及内外之间，都可能出现不同程度的社会排斥性。

三、社会福利理论

从社会福利理论的角度来看，居住权是人类的基本权利，所以住房首先是一种必需品，然后才是投资品。很多低收入家庭无力从市场上购买住房，政府出面保障其基本的居住条件，这是政府社会福利职能的一部分。住房问题不仅是居住空间的问题，而且与健康、教育、工作和社会交往的机会相关；不仅与个人福祉息息相关，而且可能会引发社会问题，所以住房问题肩负着培育和谐社会的目标。于是，政府需要适时地干预住房市场。

福利经济学是保障性住房政策的一个理论基础。福利经济学理论认为，具有收入再分配性质的社会保障政策可以扩大一个国家的经济福利。英国经济学家庇古在《福利经济学》中指出，由于穷人在再分配过程中的效用增加将大于富人效用的损失，社会总效用将显著增加（王冰和杨虎涛，2002）。他论证了整个经济体系中实现经济福利最大化的可能性，并提出了两个基本的福利命题，即国民收入总量越大，社会经济福利就越大；国民收入分配越均等化，社会经济福利就越大（虞晓芬等，2018）。根据福利经济学的思想，在国民收入不变的情况下，具有收入再分配性质的措施可以使得社会资源获得合理配置，进而扩大一国的经济福利（刘红和唐元虎，2001）。基于该理论，庇古主张通过向富裕群体征税来补贴贫苦群体，并通过住房、养老金、失业、医疗等公共服务的提供来增加社会的总效用。

住房问题是福利国家建设的重要内容。住房福利的支出不仅是国家应尽的责任，而且能以此来增加居民的有效需求，促进经济发展。在这个基础上，意大利学者帕累托提出"集合体的效用极大化"，即"帕累托效应"。从经济学的角度来看，市场配置机制能够带来帕累托最优结果（张守一，2010）。但是，帕累托最优有其价值判断的前提，即寻求社会资源配置的效率最大化，以及对收入和资源初始分配结构的认同（刘志林等，2016）。如果不满足这个价值判断，那么，帕累托不一定是最优的配置。所以，社会资源配置不仅要关注效率，而且要关注公平。后来学术界出现的外部经济理论、次优理论、相对福利学说、宏观福利理论等流派，都印证了政府需要通过干预住房市场来实现社会资源的合理配置，提升总体效率（虞晓芬等，2018）。

20世纪30年代之后，英国经济学家凯恩斯（Keynes）认为社会保障对宏观经济可以产生积极响应。1936年，凯恩斯在《就业、利息和货币通论》一书中，提出了有效需求不足理论以及相应的国家干预思想，并以此为核心建立了社会保障经济理论。他认为，社会保障在社会发展中占有很重要的地位，并主张通过累进税和社会福利等办法重新调节国民收入分配。他还提出了消除贫民窟、限制工时立法等主张（凯恩斯，2019）。总之，他倡导反对自由主义的消极国家。第二次世界大战（以下简称二战）以后，凯恩斯宏观经济理论成为资本主义各国制定公共政策的主要理论依据。

1942年，英国学者贝弗里奇（Beveridge）提出《社会保险及有关服务》报告，该报告指出社会保障应遵循如下原则：①普遍性原则，即社会保障应该满足全体居民不同的社会保障需求，要求社会保障作为公民的一项基本权利，由全体公民普遍享有；②保障基本生活原则，即社会保障只能确保每一个公民最基本的生活需求；③统一原则，即社会保险的缴费标准、待遇支付和行政管理统一，要求为那些处于不利社会地位的群体提供更多的资源，尽量使更多的人获得均等的机会；

④权利和义务对等原则，即享受社会保障必须以劳动和缴纳保险费为条件。在这些原则的指导下，保障性住房的建设显示出其在社会保障方面的重要性，有效地促进了社会安全和社会福利的最大化（程中培，2016）。

1991年，美国学者迈克尔·谢若登（Michael Sherraden）提出以资产为本的社会政策，成为当时美国的一项新福利政策（Sherraden，2016）。他认为社会政策应当重视家庭资产积累，只有通过资产积累，家庭才能持久地参与社会和经济的发展。他所提出的系统性、包容性的资产建设政策，强调政府应当给予最贫困的家庭更多的补助。他还提出，福利政策应该由家庭资产而不是收入来衡量，政府应从重视资产的角度来重新审视社会福利的供给，应在传统的收入再分配政策中引入资产衡量的标准［转引自姚玲珍等（2017）］。以住房资产为代表的财富，可以促使福利政策对象进行激励，所以，资产建设理论也受到了保障性住房政策制定者的重视。

四、共同富裕理论

共同富裕是全体人民通过辛勤劳动和相互帮助最终达到丰衣足食的生活水平，也就是消除两极分化和贫穷基础上的普遍富裕。共同富裕包含着生产力与生产关系两方面的特质。确定了共同富裕的社会理想地位，也使得共同富裕成为社会主义的本质规定和奋斗目标（龚云，2012）。具体来讲，"富裕"反映的是社会对财富的拥有，是社会生产力发展水平的体现；"共同"则反映的是社会成员对财富的占有方式，是社会生产关系性质的体现。

共同富裕是邓小平建设有中国特色社会主义理论的重要内容之一，也是我国保障性住房政策的重要理论基础（程恩富和张建刚，2013）。1992年初，邓小平同志指出："社会主义的本质是解放生产力，发展生产力，消灭剥削，消除两极分化，最终达到共同富裕。"① 习近平总书记指出："共同富裕是社会主义的本质要求，是人民群众的共同期盼。"② 党的十九届五中全会把促进全体人民共同富裕摆在更加重要的位置，强调"扎实推动共同富裕，不断增强人民群众获得感、幸福感、安全感，促进人的全面发展和社会全面进步"③。党的十九大报告提出的2035年目标和2050年目标，都鲜明地体现了实现共同富裕的要求。到2035年的目标提出，"人民生活更为宽裕，中等收入群体比例明显提高，城乡区域发展差距和居民生活水平差距显著缩小，基本公共服务均等化基本实现，全体人民共同富裕迈

---

① 《中国特色社会主义：理论逻辑和历史逻辑的辩证统一》，http://opinion.people.com.cn/big5/n/2014/0120/c373228-24172067.html[2023-07-25]。
② 《习近平：关于〈中共中央关于制定国民经济和社会发展第十四个五年规划和二〇三五年远景目标的建议〉的说明》，http://jhsjk.people.cn/article/31917564[2022-09-27]。
③ 《中共十九届五中全会在京举行》，http://jhsjk.people.cn/article/31911721[2022-09-27]。

出坚实步伐"[①];到 2050 年的目标提出,"全体人民共同富裕基本实现,我国人民将享有更加幸福安康的生活"[①]。2021 年 11 月,党的十九届六中全会通过的《中共中央关于党的百年奋斗重大成就和历史经验的决议》,再次强调了要在高质量发展中促进共同富裕。可以说,共同富裕是我国社会主义建设、发展市场经济的理论基础,也是我国保障性住房政策设计的准则。

我国的保障性住房政策是共同富裕原理在解决中低收入群体住房问题中的具体应用。"住有所居"就是走向共同富裕的阶段性指标。在新的历史阶段下,要坚持以人民为中心的发展思想,适应新形势、新任务的要求,探索建立促进共同富裕的制度与政策体系。共同富裕的一个重要途径是共同奋斗,而适宜的居住条件是共同奋斗的基础。为了实现共同富裕,政府应通过相应的保障性住房政策设计,来解决住房市场化过程中出现的中低收入家庭住房困难问题(姚玲珍等,2017)。让全体人民从"住有所居"到"住有宜居",正是社会主义共同富裕理论在住房政策中的具体贯彻。

五、住房梯度消费和过滤理论

(一)住房梯度消费理论

住房梯度消费理论认为,住房市场的消费会出现梯级消费的规律。随着我国居民经济条件的改善,消费者对住房质量的需求逐渐增加(魏丽艳和陈林,2010)。例如,区位优越、户型合理、质量精良的住房,住房价格就相对较高,吸引了高收入家庭购买;而区位、户型、质量较差的住房,住房价格相对较低,通常由较低收入的群体消费(郭士征,2008)。因为低端的住房市场面临居住品质下降等问题,而低收入家庭难以通过自身的经济实力去改善住房条件,所以造成了住房梯级消费过程的中断(姚玲珍等,2017)。在这种情况下,政府需要通过保障性住房政策的设计来改善低收入群体的住房福利。

(二)住房过滤理论

住房过滤理论最早由美国城市社会学家、芝加哥学派代表人物伯吉斯(Burgess)在 20 世纪 20 年代初期提出。在住房市场中,为较高收入居民建造的住房,随着时间的推移,住房质量会老化,房价会降低,较高收入的居民为了追求更好的住房,可能会放弃现有住房,较低收入的居民有机会继续使用该住房(陈灿煌,2009)。根据住房过滤理论,城市地域由内向外发展形成"同心圆式结构体系",即城市由内而外依次分为中心商务区、过渡带、工人居住区、高级住宅区、

[①] 《习近平:决胜全面建成小康社会 夺取新时代中国特色社会主义伟大胜利——在中国共产党第十九次全国代表大会上的报告》,http://www.xinhuanet.com/politics/19cpcnc/2017-10/27/c_1121867529.htm[2022-09-27]。

通勤居住区。这个理论被广泛用于城市内部住房空间的分析中（郭士征，2009）。

在住房过滤理论的基础上，美国经济学家麦克唐纳德（McDonald）建立了"三个市场住房过滤模型"，即低等级、中等级和高等级三个子市场。他通过观察市场机制下住房在子市场间的过滤过程，以及各子市场中的供需关系，分析了各种住房政策的实施效果。基于低等级市场、中等级市场、高等级市场的分类，他提出了五个理论假设：①所有住房按消费质量高、低在高等级市场、中等级市场和低等级市场分布；②住房消费质量等级与居民的收入正相关；③住房市场自发将不同收入的居民分配到不同质量的住房中；④不同等级的住房在特定条件下可以相互替代；⑤高等级住房逐渐向低等级住房过滤。住房市场过滤的理论表明，保障性住房只能定位为住房市场过滤机制的补充（刁文浩，2021）。对于那些处于住房过滤机制之外，而且无法依靠自身的能力获得合适住房的困难家庭，政府应为他们提供相应的保障性住房，但是应避免政府的过度干预，以防止住房过滤机制的失灵。

第四节 作为公共政策的保障性住房政策

住房问题不仅是为了满足个人和家庭的基本生活需求，而且会对社会政治经济发展产生深远的影响。满足个人或家庭住房需求的方式通常有三种，即自助式、市场机制和国家干预（阎明，2007）。但是个人和家庭无法仅仅依靠自助或市场方式来解决自身的住房问题，而是需要政府动用各种力量或资源，对住房的生产、供给和消费实行干预，形成系统的住房政策体系。可以说，住房政策是一系列对住房状况产生影响的政府行为（Donnison and Ungerson，1982）。不同国家住房政策形成的背景、理念、制度安排方式有很大的区别。此外，影响住房政策的要素还包括国际环境、政治体制、意识形态、文化传统、经济水平、人口结构、治理水平等要素。

保障性住房政策是一个国家公共政策体系的重要构成部分。概括地讲，政策是为了实现一定历史时期的任务而制定的一系列行动准则。政策具有阶级性的特点，即政策代表的是特定阶级的利益。政策也具有一定的时效性，也就是说，某项政策的出台都有一定的时代背景，并且随着形势的变化而变化。公共政策是二战后产生于美国的一门新兴的交叉学科，很多学者对公共政策赋予了不同的含义。例如，早期有许多学者认为，"公共政策是由政治家，即具有立法权者制定的，而由行政人员执行的法律和法规"（谢明，2009）。尽管学者给出的定义各不相同，但公共政策可以认为是政府用于协调经济社会活动等系列政策的总称，它是公共权力机关经由政治过程所制定的以解决公共问题和实现公共利益为目的的各种方案（陈振明，1995）。

公共政策具有多种形式，主要包括管理政策、分配政策、再分配政策、立法政策等。与公共政策的价值相联系的是其利益相关性，多数公共政策都涉及对以利益为核心的价值的分配。公共政策集中反映了社会的利益，这个特点也决定了公共政策要反映大多数人的利益才具有合法性。公共政策的目标是公共利益的实现，所以，公共利益是公共政策的价值取向和逻辑起点，也是公共政策的最终目的。公共政策的出台具有合法性和权威性，这也决定了公共政策具有一定的强制性。公共政策的作用体现为分配社会资源、规范社会行为、解决社会问题和促进社会发展等。

保障性住房政策的主要目的是通过分配住房资源来解决社会住房问题，促进社会公平和社会进步。可以说，保障性住房政策属于一个国家最重要的公共政策之一。住房政策体系的日益完善也为住房保障提供了有力支撑。首先，保障性住房政策的制定要强调其效率性。因为住房行为是一种经济行为，必须以效率为先；保障性住房也是公共财政资源，要通过一系列政策来保证公共财政资源配置的效率。具体来讲，保障性住房政策要能够提高稀缺住房资源的使用效率。其次，保障性住房政策要强调其公平性，通过住房资源分配来促进社会公平和正义。最后，保障性住房政策不仅是经济问题，更是重大的社会问题和政治问题。保障性住房政策的设计与实施，对实现居民对生活的美好愿景，促进经济和社会的可持续发展都起到重要作用。

因为住房具有很强的社会属性，住房的生产、消费、资金、分配等需要用有利于社会总体福利的方式来进行调节。相比其他领域，住房领域受到各种政策较为深入的干预（汪建强，2011）。保障性住房政策的产生也是一个历史过程，各个国家对住房干预的目的也是多元的。各个国家在不同的历史时期，基于各国的政治经济状况和社会文化传统等，采取各自不同的政策。所以，研究一个国家的保障性住房政策，离不开对其政策形成背景的关注（阎明，2007）。

尽管保障性住房在供应主体、供应方式、住房补贴方式等方面存在巨大的差异，但是，各国的住房保障体系也存在一定的规律性。在很多国家，走过了一个从政府直接提供保障性住房，到政府补贴保障性住房的开发商，再演变到政府补贴最终的住房消费者的过程（姚玲珍等，2017）。保障性住房政策的演变受到一个国家的政治和公共政策理念的影响。我国有自己的国情，无法简单地复制其他国家的住房保障政策体系，而是需要基于自身的特点来设计和调整保障性住房政策。事实上，在不同的历史阶段，政府都会对保障性住房政策进行相应的调整。

我国的保障性住房政策体系随着住房制度改革和住房市场化的进程产生。经过多年的发展，我国的住房保障政策体系日益完善，国家制定了财政、土地、金融和税费减免等方面的支持政策。在改革开放之前，我国面临着严重的住房短缺问题，所以早期的政策主要关注保障性住房的供应数量。目前，住房短缺问题得到了很大程度的缓解，社会对住房问题和居住权利问题的理解更加深入和丰富。住房政策的转变趋势也从关心住房面积和设施水平等物质性指标，向关心居住权、社会融合、可持续发展、公平正义、治理水平等更广泛的社会性目标转变。

保障性住房政策的制定首先要确定政策目标。目前，保障性住房的目标越来越多地从社会公平、促进城市可持续发展的角度来考虑。例如，很多地方政策希望通过保障性住房的供给来促进社区发展、增加居民公平的社会交往机会、促进社区治理现代化体系的完善等。具体来讲，保障性住房的受益群体、政府的资助或补贴标准、住房保障的资金来源等，都需要结合社会经济发展赋予住房保障的历史使命，根据居民对住房的需求和地方政府的财政实力来设计合适的保障性住房政策（姚玲珍等，2017）。作为解决居民住房困难的系统方案，保障性住房政策往往围绕着"谁保障、保障谁、怎么保障"这三个问题展开，包括政策定位、准入和退出标准、保障方式、分工体系、治理水平、法规体系等相关要素（虞晓芬等，2018）。

保障性住房政策的设计，还要与城市规划、土地政策、财政补贴、社区治理政策相结合。我国保障性住房政策的设计和实施遵循了几个基本原则。第一，住房保障基于保障居民基本居住需要的原则，政府保障的是居民的基本居住权利。第二，坚持政府主导、社会参与的原则，即政府承担主要保障责任，同时积极调动社会的各种资源，提高保障水平和能力。第三，坚持保障力度应该与社会经济发展阶段相适应的原则，平衡住房保障与避开福利陷阱之间的关系，避免过度保障。第四，要坚持"因城施策"的原则，因为各个地区的经济社会发展水平不一样，应该因地制宜，找到一条最适合本地区实际情况的保障政策。保障性住房需要大规模的资源投入，无论是提高公共财政的支出绩效，还是为了保障社会公平，都需要一个完善的政策体系来提升资源效率。不断完善的住房保障政策体系，为我国住房保障工作的顺利推进提供了有力的支持。

第五节 保障性住房政策的不同类型

在不同国家的不同发展阶段，保障性住房有不同的名称，如公共住房（public housing）、可支付性住房（affordable housing）、社会住房（social housing）等。公共住房一般指政府建造、维护和管理的保障性住房。新加坡的组屋、我国香港的公屋也称为公共住房，美国、英国和加拿大等国家在不同时期都建设了公共住房项目。可支付性住房主要是美国等国家的提法，主要关注居民的住房支付能力。与公共住房由政府负责提供不同，可支付性住房的供应主体包括私营机构和非营利机构。而社会住房主要是欧洲国家的提法。近年来，欧洲国家的保障性住房政策逐渐转向社会住房的模式。与公共住房模式相比，社会住房模式发挥了非营利机构的作用。以英国为例，该国社会住房包括"低成本租赁住房"和"低成本自有住房"，也包括共享产权、共享权益和共享产权信托等不同的形式（刘志林等，2016）。

正如本章第三节所提到的，公共产品理论和社会福利理论都为制定保障性住房政策提供了理论基础。其中，公共产品理论指出，保障性住房政策是为了克服市场失灵；而社会福利理论则认为保障性住房具有社会福利的属性，政府通过干预市场来实现社会公平。通常来讲，美国的保障性住房政策主要基于前者，政策的出台是为了规范住房市场，真正的保障性住房只占美国住房供应中的小部分。而欧洲国家的保障性住房政策更多基于后者，强调住房的公平性。根据不同的指标，保障性住房政策有不同的分类。选择的保障政策类型，将直接影响一个国家在住房方面的财政投入、保障范围、治理方式和最终的保障质量。

一、基于住房保障范围的分类

根据住房保障范围的不同，可以分为救济型和福利型住房政策。救济型住房政策是为了解决最困难家庭的住房问题，如我国的廉租房就属于救济型。在很多国家，救济型住房政策也更偏好由市场来配置资源，这些国家的住房保障重点关注低收入人群。例如，美国和英国等国家提倡自由竞争，政府尽量减少对市场的干预，主要通过住房市场来供给和分配。各国政府采取的救济模式，又可以分为消极救济和积极救济（邹学银等，2012）。消极救济是政府解决住房权的事后救济，即公民住房权无法得到保障的事实发生之后，他们向政府机构申请救济。积极救济指政府主动履行住房保障义务，通过完善住房保障体系为住房困难群体提供住房或补贴，并且提供公共服务，以及社会交往、教育和工作机会。

福利型住房政策是面向大多数人群的住房福利。实行福利型住房保障的国家，往往强调市场在社会福利供应中的调节作用，也强调政府干预的作用，认为住房政策是完善社会福利体系的一个重要途径。新加坡、法国、德国等国就是福利型住房保障模式的代表（姚玲珍等，2017）。这些国家的住房保障范围较广，不仅包括中低收入人群，还包括很多特殊群体。例如，德国实行社会市场经济的制度，主张经济活动在市场经济规律运行的同时，要扩大保障房供应来体现整个社会的福利性（姚玲珍，2009）。此外，新加坡的组屋政策也是主要的社会福利政策之一，政府大力推行"居者有其屋"计划，取得了普惠型的社会福利效果。

二、基于住房保障功能定位的分类

根据政府住房保障功能定位的不同，保障性住房政策分为雏生型（embryonic）、社会型（social）和全面责任型（comprehensive），该分类方式由英国格拉斯哥大学的戴维·当尼逊（David Donnison）教授在1967年提出。这三种模式依据各国经济发展的水平和政府在住房领域的干涉程度呈现出依次递进的关系（Donnison，1967）。

雏生型住房保障政策，意味着政府对低收入群体住房问题缺乏系统和有力的保障政策（姚玲珍等，2017）。例如，巴西、墨西哥、印度、泰国等发展中国家普遍采用项目式的临时性救济措施。这些国家进入城市化阶段，农村人口大规模地流入城市，政府对住房体系的干预缺乏连续性和系统性，没有形成有效的住房政策（汪建强，2011）。

社会型住房保障政策，政府主要照顾那些无力自行解决住房的人群，如老年人、失业者、残疾人士等。这些人群在劳动力市场上处于劣势地位，自身没有能力在市场上解决住房问题。出于社会发展和社会公平的目的，政府利用有限的住房资源来帮助这部分人群，而高收入群体则要通过市场方式来解决。社会型住房模式的代表是加拿大、英国、美国、澳大利亚等，市场机制在住房政策体系中占主要地位（汪建强，2011）。虽然政府会对住房市场进行干预，但这些措施往往是暂时性的。

采用全面责任型住房保障政策的国家，政府承担着满足全体居民的居住需求的责任。以荷兰、德国、瑞典、新加坡等国家为例，政府对住房市场进行全方位介入，既要保障低收入家庭的居住权利，也要保护这些家庭能够被公平地对待，不受到社会排斥。这种情况下，政府通常采用混合居住等措施来减缓贫困集聚和社会隔离。政府不再将住房视为经济发展的负担，而是视为对经济发展有贡献的要素，因此，在这种制度下，政府对住房领域的干预也较为深入（汪建强，2011）。

三、基于制度环境的分类

从制度环境出发，参照艾斯平-安德森（Esping-Andersen）在分析福利国家体制时提出的理论框架，可以将住房政策分成四类（徐艳晴，2011）：①在初级体制下，政府没有将福利看作一种重要权利。在快速工业化中，人们依靠传统的自助、家庭互助或教会的帮助来解决住房问题（姚玲珍等，2017）。②在自由主义体制下，自由市场是调节住房生产、消费和分配的重要手段。这些国家的住房自有率较高，政府为自有住房提供一些补贴，但是对保障性住房的支持有限制，主要面向低收入人群。③在法团主义（corporatism）体制下，保障性住房的比例较高，政府提供住房补贴的数额较大，但政府的目标并不是通过调节住房结构来缩小社会差距。

④在社会民主体制下，政府通过政府干预来实现效率和社会公平，住房政策的目标是对市场进行有效管理，并减少家庭的住房支出；国家法规被看作实现效率与社会公平的关键要素，住房政策的目标是改善居民的居住条件（阎明，2007）。

四、基于住房政策发展阶段的分类

基于对欧洲国家1945年以来的住房政策的分析，住房政策的演变可以分为四个阶段（阎明，2007）。①二战后城市住房严重短缺，但是依然有大量人口涌入城市。面对这种挑战，各国政府积极调动各种资源，在短时间内建设了大量住房。②住房短缺基本结束后，住房政策的重点从数量转到了质量。各国政府按更高的面积和设备标准建造新的住房；同时也开展了城市更新，以改善住房质量，满足居民的住房消费需求。③在住房的供需关系逐渐变得平衡之后，各国政府的保障性住房政策逐渐从供给侧补贴改为消费侧补贴。这样，新建住房数量显著减少。政府的补贴也更有针对性，受益对象主要是中低收入群体。④由于住房供给减少，住房短缺又重新出现，各国政府继续调整政策，鼓励各类社会主体参与保障性住房的供应。这四个阶段的发展经验说明，各个国家会随着经济发展水平和住房供需情况，及时调整保障性住房政策的目标、手段和保障范围。

五、按住房补贴方式分类

住房补贴的方式一般可分为两大类，即供给方补贴和需求方补贴。供给方补贴又称作"砖灰补贴"（bricks and mortar subsidies）或者客体补贴（object subsidies）。目前地方政府还是我国保障性住房供给的主体，即政府机构直接进行保障性住房的供给。我国政府具有较强的资源整合能力，对保障性住房的土地供给、建筑质量、建设速度等方面可以有效地控制。很多国家都采用过供给方补贴的政策，例如，新加坡的建屋发展局（Housing and Development Board，HDB）作为新加坡最大的房地产经营和管理机构，负责住屋的建设和管理，这是典型的供给方补贴。美国的供给方补贴包括开发贷款的利率补贴和税收补贴。我国很多城市也通过各类企业对保障性住房进行建设和运营，政府为开发商或机构提供金融、财政和税务方面的补贴，鼓励他们参与保障性住房的供应。在住房短缺时期，保障房的供给方式一般是做增量。随着住房短缺的缓解，政府也鼓励私营机构和非营利机构利用存量住房作为保障性租赁住房的补充。

英国等欧洲国家一般采用社会住房形式，由住房协会、住房合作社等社会组织参与建设和管理社会住房，发挥非营利组织的作用。总之，供给方补贴的内容发生了改变，不再是政府单纯增加保障性住房的建设，而是通过为开发商提供利率优惠、税收优惠、贷款担保、财政补贴等方式，鼓励私人资本或非营利组织参与保障性住房的建设、维护和管理。

供给方补贴在政府供给短缺的阶段起到了很重要的作用，有效地增加了住房供给，缓解了供需矛盾，但是这种方式也存在一些缺点。因为供给方补贴属于政府直接干预，这种补贴的资源配置效率不高，未能充分发挥市场机制的优势，导致开发商投资住房开发的动力大大减弱。而且，政府建设了保障性住房之后，还需要投入大量的人力和物力进行维护。美国的公共住房项目的经验表明，因为政府住房管理资金的限制，公共住房的维护无法跟上，导致公共住房的居住条件恶化，使得贫困集聚现象加重，居民的健康、安全和社会交往机会受损。此外，政府直接建设保障性住房，受益人群也有限。于是，从20世纪70年代开始，供给方补贴的缩减和需求方补贴的扩大成为很多国家住房政策改革的核心内容，也是住房政策范式转变的重要因素。

需求方补贴是针对受保障群体的补贴。如果住房供求已经达到了基本均衡，政府不一定通过增量的方式来提供保障性住房，而是可以通过存量方式来提升住房保障的质量。例如，通过补贴房租的方式，让居民在市场上寻求合适的房源。需求方补贴越来越普遍，如租房券和住房津贴，都是典型的需求方补贴。

需求方补贴可以发挥市场机制的高效率和调节作用。这种方式的补贴也更能确保住房公平，减少低收入人口集聚效应，为居民提供更多的社会交往机会、教育机会和工作机会。在需求方补贴的支持下，社会流动性也能增加，并减小负面的邻里效应，提高居住满意度，促进社会融合。此外，需求方补贴还可以提高政府福利支出的效率，实现社会效益的最大化。需求方补贴的效率高于供给方补贴的效率，可以让更多的家庭受益。因为货币保障在发放额度和时间方面都更灵活，可以提高资金的利用效率，易于退出管理，减少公共财政的一次性支出负担，降低管理成本。

六、基于产权方式的分类

根据产权方式的不同，保障性住房可以分为配租和配售两种类型。配租和配售方式的选择，与特定城市的住房供求平衡情况和保障对象的特征有关。在我国，早期的保障性住房（如经济适用房）以配售为主，很多家庭由此获得了自有住房（即资产性保障）。但是，配售型住房的保障范围窄，带来的财政支出负担大。特别是如果有些配售家庭后期收入提升，很难再退出福利住房，就造成了新的不公平。2010年之后，我国的住房保障形式以配租为主，包括公租房、蓝领公寓等。近年来，保障性租赁住房越来越成为我国大城市解决青年人、新市民住房困难的主要方式。

第三章　住房保障与住房可支付性

第一节　住房可支付性与住房保障范围

保障性住房是具有一定社会福利性质和社会保障功能的住房，既包括政府直接建设和管理的住房，也包括政府通过税收、金融、规划等工具支持鼓励各种机构建设的住房，以及政府采用各种补贴手段为居民或住房供应机构提供的福利（姚玲珍等，2017）。保障性住房政策令符合标准的家庭能够以其可负担的价格水平满足住房需求（刘志林等，2016）。从政策角度来说，保障性住房政策是帮助那些不具备住房支付能力的居民享有适当居住条件的各种措施。所以，保障性住房政策与住房的可支付性紧密相关。

保障性住房的概念在不同国家、不同时期都不一样，反映了不同社会制度、文化背景和经济水平背景下对住房保障的不同理解。例如，20世纪70年代以前，英国保障性住房包括所有通过某种方式补贴来降低成本、让租金或售价维持在低收入群体可接受范围内的各种住房（Doling et al., 2007）。自2006年以来，英国社区与地方政府在其官方文件中越来越多地使用可支付性住房这一名称。很多国家也采用低收入住房（low-income housing）的说法，指的是低收入水平的居民可以在其支付能力范围内购买或租住的住房。欧洲也有社会住房的说法，指的是针对那些无法从市场上获得住房的低收入人群，由政府、私营企业和非营利机构提供的租赁住房或自有住房。而美国等国家关于公共住房的说法是指针对低收入居民，由政府建造、拥有和管理，并收取一定的租金的住房。

可支付性住房的概念从字面上理解，就是指住房总支出对于中等收入家庭来说是可以承受的，它的具体定义与社会在某个阶段可接受的最低住房标准紧密相关，如果低于这个标准，就需要政府提供住房补贴。简而言之，可支付性住房的售价或租金水平必须使得符合保障资格的家庭负担得起。当然，最低住房标准的确定，也与所在地政府的经济发展水平和补贴能力有关系。

目前评价住房可支付性的指标通常基于住房中位数价格和家庭中位数收入。

如何界定可支付性和中低收入家庭？每个国家有不同的标准。以美国为例，家庭收入在地区家庭收入中位数的51%~80%被定义为低收入家庭，位于81%~120%的被定义为中等收入家庭，位于30%~50%的被定义为最低收入家庭。1968年，美国规定住房支出的标准为25%；到1981年，这个数字提高到了30%，即一个家庭的住房消费如果超过了税前收入的30%，那么就认为这个家庭在住房支付方面存在困难。如果支出比例超出了50%，那么这个家庭的住房支付能力就被认为存在严重的困难（刘琳等，2011）。虽然住房保障的标准依据在各国有所差异，但大都是基于申请个人和家庭的收入、当地的租金水平、家庭人口和结构等要素综合决定的。一个城市的保障标准不是一成不变的，而是根据当地的经济发展情况、住房标准等要素的变化而动态调整的。不过，在很多城市，可支付性住房的普遍定义为住房租金不超过该家庭月收入的1/3的住房。

从1998年开始，我国对城镇住房制度进行全面改革，停止住房实物分配，积极推进住房的商品化和市场化。对于保障性住房的类型，也是依据家庭收入来区分的。党的十八大以来，住房保障举措快步推进。国家出台了一系列财政补助、土地优先供应、信贷扶持、税费减免等支持政策，保障性住房类型不断丰富、保障范围不断扩大。

很多学者对各种类型保障性住房的保障对象和范围作了解释。狭义的住房保障观点认为，住房保障是救济性的，仅仅是针对少部分住房困难群体的短暂性救助。另外一些学者持有广义的住房保障观点，认为政府应该满足全社会的基本住房需求，特别是为解决低收入群体的住房问题提供各种方式的支持（姚玲珍等，2017）。一个政府是采用狭义的住房保障观点，还是采用广义的住房保障观点，要取决于经济发展的水平。在经济发展到一定水平时，完整的住房保障应包含救助性保障、援助性保障、互助性保障和自助性保障的多层次体系，最终实现"人人享有适当住房"的目标。

住房保障的范围，通常也称作保障性住房政策的受益群体。正如前面所讲，保障性住房通常的受益群体是中低收入家庭。在我国，也包含了一些特殊的工作群体，如很多城市为各类人才提供保障性住房。一个国家的保障性住房政策受益群体不是一成不变的。以英国为例，早期的公共住房的保障对象为工人阶层，目的是减少贫富差距（徐军玲和谢胜华，2012）。二战之后，很多保障性住房的受益群体扩大到普通人群，帮助更多人享受基本的住房权利。在瑞典和荷兰等福利国家，社会住房不仅是面向中低收入家庭，而是所有家庭都有资格申请，受益范围进一步扩大。

受益群体也被称作保障广度，表现为保障性住房覆盖居民的比例。保障性住房受益群体的确定，通用的办法是基于收入标准。例如，根据当地的平均家庭收入或者收入中位数，来确定某个家庭是否纳入住房保障范围。此外，受益群体的确定有时也包括申请者的资产和居住年限等。各个国家的住房保障受益群体比例不一，如新加坡为80%左右，美国为10%左右，英国为18%左右（姚玲珍等，2017）。我国由于存在户籍制度，所以也通常用户籍情况来划定住房保障的覆盖范围。按照户籍，我国各城市的常住人口可以分为本地农村户籍人口、本地非农户籍人口、外地农村户籍人口、外地非农户籍人口。对于不同户籍性质的人口，各个城市采用的住房保障方式也不同。由于本地农村户籍人口拥有宅基地，这部分人群是否要纳入住房保障范围，引起了较大的争论（姚玲珍等，2017）。有学者认为，宅基地只是提供了土地，所以，农村贫困家庭的住房问题不能完全由宅基地解决，他们的住房困难问题依然需要保障（吴志宇，2012）。有学者建议建立以农村宅基地使用权换取城镇住房保障的体系，通过城中村改造或拆迁等方式，解决本地农村户籍人口的住房保障问题（洪运，2009）。

由于非户籍人口也为地方财政做出了贡献，所以地方政府也有义务通过地方财政来解决其住房问题。在我国城市化过程中，大量外地户籍人口涌入城市。在一开始，外地农村户籍人口没有纳入地方的住房保障范围，而且，他们的收入相对较低，无力在市场上租住适当的住房。这些人的居住问题没有得到妥善解决，影响了社会稳定和新型城市化政策的落实。目前，很多城市已经把外地农村户籍人口纳入住房保障体系。例如，重庆的公租房面向农村户籍人口，而杭州和合肥等城市则建设了很多蓝领公寓，专门面向农民工群体。外地非农户籍人口包括各个层次的人才群体，他们的住房支付能力和对居住条件的要求一般高于外地农村户籍人口。很多城市建设了大量的人才保障房，以吸引人才流入。但是，人才保障房也引发了重复保障和保障过度的问题，形成了新的住房不公平（王秀梅等，2020）。从以上分析可以知道，我国保障性住房受益群体也是随着时代不同和城市区域的不同而发生变化。

保障深度也是住房保障的重要维度。衡量保障深度的一个重要指标是住房面积。在我国，由于各个城市的人均住房面积不一，住房保障面积也有所不同。目前，我国各个城市的住房困难标准为13～18平方米，大约为普通人均居住面积的36%到53%（姚玲珍等，2017）。随着我国人均住房面积的变化，住房困难的标准也会进行动态调整。例如，我国目前城镇人均居住面积已经超过40平方米，保障面积也相应有所提高。衡量保障深度的另一个重要指标为房价收入比或租金收入比。政府在确定保障深度的时候，通常考虑一个家庭在满足住房支出（房租或房贷）之后，其收入是否可以满足其他基本生活的需求。如果不能满足，就认为租金或房价不具备可支付性。所以，收入与房价或租金的关系，即住房支付能力，是确定住房保障广度和保障深度的一个重要指标。

第二节　住房支付能力的概念

　　住房支付能力问题不是一个孤立的问题，而是一个系统工程。许多不同的问题，如住房价格、住房标准、房屋质量、收入水平、住房政策等，都与住房支付能力密不可分（Quigley and Raphael，2004）。住房支付能力的内涵还没有明确、统一的定义，不同领域的学者从各自的研究角度出发，对住房支付能力给出了不同的解释。

　　目前最早的关于居民住房支付能力的研究是 Hulchanski（1995）关于家庭"一周薪抵一月租"的研究，作者以此为依据来判断一个家庭的住房支付能力大小。在这之后，越来越多的学者研究了家庭收入与住房支出之间的关系。有研究者认为，随着家庭收入的增加，家庭住房成本的上升幅度小于收入的上升幅度，也就意味着支付能力变强。另外一些学者认为，家庭收入与住房成本的关系并不大。20 世纪 80 年代后，很多发达国家的低收入群体的居住条件日益恶劣，住房支付能力问题受到了政府和住房专家的广泛关注。学术界主要从规范性和行为性两个角度对住房支付能力进行了定义。

一、规范性视角下的住房支付能力

　　在规范性视角下，住房支付能力是客观的，是家庭住房消费与家庭收入的一种比例关系。如果一个家庭具有较强的住房支付能力，那么就意味着该家庭所消费的住房将不会造成超出家庭预算的额外负担。在规范性视角下，家庭在住房上的支出与家庭收入之间的比值应该控制在某一区间内。很多学者采用规范性视角来研究住房支付性的问题。例如，一些学者以 30%为限，认为住房成本与收入的比例不超过这个门槛值的家庭是具备住房支付能力的（Lerman and Reeder，1987）。另外一些学者则认为，住房支付能力是指某家庭消费某一标准的住房时，从社会或政府的视角判断，住房消费支出在该家庭的合理支付能力范围之内。Bramley（1992）则认为，家庭在消费了某一标准的住房后，依旧有足够的收入而不至于缩减非住房消费支出，则该家庭被认为具有一定的住房支付能力。Linneman 和 Megbolugbe（1992）认为，某家庭的住房支付能力在一定程度上等价于该家庭能够获得银行发放的住房贷款的能力。住房支付能力往往被当作衡量租客是否有能力并愿意支付其住房成本（房租）的参考指标之一。2004 年，哈佛大学联合住房研究中心假设购房首付款比例是一成，按揭贷款年限为 30 年，并据此计算得出月还款金额，将其与中位数房价相比，以此来衡量住房支付能力。2005 年，美国全国房地产经纪人协会（National Association of Realtors，NAR）将首付款比例调整到两成，并结合家庭中位数收入和住房中位数价格两项数据，计算出了该协会发布的住房可支付性指数（housing affordability index，HAI）。

二、行为性视角下的住房支付能力

行为性视角下的住房支付能力侧重分析家庭（或个人）在住房消费行为上的主观选择。用这个指标来度量住房支付能力，意味着一个家庭在住房上消费多少基于家庭对收入的"理性"分配。根据"理性人"假设，家庭也是理性的。也就是说，家庭成员会在家庭收入的约束下做出最优消费选择。这种假设之下，住房支付能力没有普遍适用的定义，也无法在家庭消费选择之外制定一个关于住房支付能力的标准。有学者研究发现，一方面，家庭收入越高，家庭在支出的分配上的灵活性也越高，高收入家庭在决定住房消费支出与非住房消费支出之间的比例分配时拥有很高的自主性。此时，住房支付能力具有行为上的主观性。另一方面，低收入家庭则无法自由地分配住房消费支出和非住房消费支出，他们要么选择满足最低标准的住房消费，要么选择满足最低标准的非住房消费，二者具有很强的制约性。因此，住房支付能力的主观性是普遍存在的，同时它随着收入的变化而改变。

住房支付能力的规范性和行为性存在各自对应的收入区间以及边界，如果家庭收入大于某个特定数值，则住房支付能力表现出更多主观上的行为性。因为家庭可以更自由地分配收入，家庭收入低于某特定数值，则住房支付能力会体现出更多的客观规范性，此时需要通过第三方（如政府）的介入，给予这些家庭各种形式上的补助。在规范性定义中，住房支付能力需要同时考虑住房消费和非住房消费，而行为角度定义的支付能力是对规范定义的补充（Bramley，1992）。

国内学者也从以上不同的视角对住房支付能力进行了分析。虽然对于住房支付能力的定义仍未达成一致，但是学者同意将住房支付能力表述为"家庭的住房需求得以满足的同时，仍然可以具有其他基础的非住房需求的负担能力"。由于"非住房需求"的种类多而杂，且不同地区"基础"的"非住房需求"通常也有所差别，因此难以用一个标准统一界定。此外，这一表述更适用于存在住房困难的家庭，但是无法反映中等收入家庭的住房支付能力。在行为性视角下，不同城市的家庭的非住房需求的标准难以统一，所以很难判断家庭的住房消费是出于客观的限制，还是主观的理性选择。在规范性视角下，通常以城市家庭的住房消费支出除以家庭收入得到的比值来衡量城市层面的住房支付能力，该比值还可以反映出在实际收入约束下，家庭权衡住房与非住房消费支出时的真实消费偏好。

综上所述，住房支付能力包括了三个要素，即家庭收入、家庭住房消费支出，以及家庭非住房消费支出。住房支付能力的动态变化源于这三个要素随时间和空间的改变而不断变化。住房消费和非住房消费存在一个社会认定的最低标准,尽管住房消费属于家庭(个人)的主观选择,但支付能力高低的判断标准由第三方(政府、社会)决定。因此,住房支付能力可以认为是城市中等收入家庭的住房消费支出与家庭收入之间的比例关系。具体来说,用不同城市的家庭实际用于购买或租赁住房的支出与家庭可支配收入之间的比值,可以衡量一个家庭的住房支付能力。其中,家庭住房消费支出和家庭收入水平会随时间和城市的不同而改变,因此也能够反映住房支付能力的时空变化。

第三节 住房支付能力的测量方法

住房支付能力的测量是对住房支付能力这一较为抽象的定性概念的定量化。对住房支付能力进行测量,不仅要测量家庭的住房支付能力,同时也应该测量更大尺度上(如城市、省份、国家等)的支付能力。很多学者对住房支付能力的测量进行了研究,目前比较成熟的住房支付能力测量方法包括比率法、剩余收入法和HAI法(Mulliner and Maliene, 2015)。

一、比率法

用比率法衡量住房支付能力,就是直接用住房成本与家庭收入相比得到比值,这是现有文献中使用最广泛且最直接的一种方法。比率法直接刻画了某家庭经过权衡家庭收入与必要的支出项,最终愿意将家庭收入的多少份额投入住房消费当中。比率法具有计算简单、操作方便、数据易得、便于进行跨区域对比与分析等优点,因此成为许多机构评估住房市场状况的工具,也是学者和政府检验住房政策实施有效性的重要工具。

比率法最早被提出且运用于实践的时间,可以追溯到19世纪。德国统计学家恩格尔基于对家庭收入与家庭各类消费支出的研究,提出了"恩格尔系数"(Engel's coefficient)。将该理论类比运用至住房消费上,可以将住房视为一种必需品。如果一个家庭越贫穷,那么该家庭在住房方面的消费支出占家庭收入的份额就越大。家庭的住房消费支出与家庭收入相关方面的数据易取,可以研究二者之比的长期变化情况,因此住房支出收入比被普遍使用。当时的研究通常将研究对象设定为租房群体,而购房群体的相关研究遇到许多实际操作层面上的瓶颈。美国住房机构根据历史统计数据,设定25%为住房贫困标准线,住房支出占家庭收入的比例超过这一标准线,则被认定存在不同程度的住房支付能力问题。1980年之后,美国住房机构认为以往的25%标准线已经不能反映最新的住房状况,又将这一标准线调整为30%（Lerman and Reeder，1987）。

在原有指标的基础上，又有学者研究发现，住房的价格与家庭收入之间存在某一比例关系，该比例在短期内有波动，长期内较为稳定，这便是"房价收入比"（housing price-income ratio，HPIR）的由来（Weicher，1977）。于是，学者逐渐用房价收入比来测量住房支付能力。1990年前后，房价收入比分别成为国际住房指标调研项目与联合国城市管理项目的重要参考指标。在住房价格方面，将其等同于新建住房的平均销售价格或银行等金融机构对住房的评估价格比较合适；在收入方面，则应该考虑所有家庭成员一年的总收入（Weicher，1978）。针对不同群体，住房支出收入比还可以划分为针对购房群体的还贷收入比以及针对租房群体的房租收入比。

由于我国在计划经济时期采用的是福利分房制度，住房市场化改革到了1998年才正式开启。因此，在住房市场化改革之前，住房支付能力问题在中国并不明显。进入21世纪后，我国城市化快速推进，住房价格飞速上涨，出现了不同程度的住房困难群体，学者对于住房问题的关注度也逐渐提升。国内研究通常借鉴国外的住房相关理论，常使用房价收入比指标来测度中国不同研究尺度的房价水平是否合理。例如，张清勇（2007）计算了中国的房价收入比指标（1991~2005年），发现中国住房支付能力有显著的地域特征，认为房价收入比的变化可以用于判断房地产泡沫的存在与否。杨晃和杨朝军（2015）基于永久收入假设，认为用房价收入比可以监测房地产泡沫，并推算出泡沫的临界值区间，他们还用部分城市的数据进行了实证检验。也有学者认为房价收入比并不能衡量房地产泡沫。例如，刘丹和霍德明（2010）使用面板时空模型检验相关数据后认为用房价收入比衡量房地产泡沫在中国并不适用；杨建云（2016）研究了省域范围内的房价收入比的空间分布，发现经济增长的极化效应也会导致房价收入比出现极化效应，即以省会城市为中心点，房价收入比向边缘城市呈递减状；潘竟虎和杨亮洁（2017）使用探索性空间数据分析法（exploratory spatia data analysis，ESDA）对地级市的房价收入比指标的时空分异情况以及空间关联性进行分析，发现房价收入比在地级市尺度上是不断上升的，同时城市间的空间自相关性也不断增强；刘海猛等（2015）发现城市房价收入比的时空格局、分异格局存在明显的空间尺度效应，在不同研究尺度上会得出不同的结论，还发现城市住房市场的空间联动性在逐年增强。

二、剩余收入法

剩余收入法是指某个家庭在扣除相应的购房或租房支出之后，是否有足够的剩余收入以覆盖适当的非住房（如衣、食、行等生活必需品）消费支出。假如，在扣除住房支出后，一个家庭的剩余收入无法支持家庭的其他日常生活支出，那么就可以认为该家庭不具有住房支付能力（Stone，2006）。剩余收入法本质上还是机会成本的问题；住房支付能力的概念的核心，就是住房与其他生活必需品在争夺更多的家庭收入份额，也可以理解为家庭在主观上对住房消费与非住房消费给出的分配方案（Hancock，1993）。

进入21世纪以后，微观数据资料越来越丰富，因此，各国学者也通常使用微观数据研究家庭层面的住房支付能力。例如，Rappaport（2008）使用剩余收入法测度美国中等收入家庭的支付能力，发现住房自有率从1996年到2006年一直上升，许多家庭购买了超出他们负担能力的住房；Jewkes和Delgadillo（2010）认为，第三方机构进行住房支付能力评估时，不仅要考虑住房成本，还要兼顾交通成本、家庭人员数、住房区位以及其他非住房必要支出，即使用剩余收入法更准确地测量住房支付能力；Williamson（2011）基于剩余收入法，对佛罗里达州参与低收入家庭住房税收抵扣（the low-income housing tax credit，LIHTC）项目的家庭进行了分析，发现大部分家庭存在一定的支付能力问题，少数家庭的住房支付能力问题很严重，并认为参与住房选择优惠券项目（housing choice voucher program，HCVP）的家庭也不一定能降低住房负担；Jahoda和Špalková（2012）使用欧盟收入与居住情况统计数据库（The European Union Statistics on Income and Living Conditions，EU-SILC）微观数据集，研究了捷克存在的"因住房导致贫困"问题，发现租房家庭最容易因负担住房而陷入困境。

与国外相比，由于国内家庭微观数据的匮乏，剩余收入法的研究进展缓慢，相关研究从2010年以后才开始逐渐增多。Yang和Wang（2011）基于剩余收入法，使用住户调查数据评估北京家庭的住房支付能力；董昕（2012）将家庭收入扣除住房消费支出后得到"剩余收入"，即逆向使用剩余收入法，考虑其能否覆盖适当的住房消费支出，从逆向角度度量了中国的住房支付能力，发现剩余收入法与比率法的结果基本一致。与传统的比率法相比，剩余收入法更贴近人们对于住房消费的认知（陈杰和朱旭丰，2010），它同时考虑了住房消费支出以及非住房消费支出，考虑到不同区域的非住房消费支出难以用一个固定的标准去界定，因此剩余收入法适用于对同一区域内的比较分析，但不太适合使用在跨区域的比较分析中。

三、HAI

HAI考察的是中等收入家庭对中等住房的支付能力，以此为基准来判断同一地区内其他家庭的支付能力。具体计算方法是，将中等收入家庭刚好能支付得起中等住房时的HAI定义为1（有些学者定义为100），若某家庭能消费得起更高价格的住房，则该家庭的HAI大于1；反之，则小于1。

HAI是一个较为成熟的指标，影响范围最广的是由NAR发布的HAI。HAI通常被用于分析住房市场的运行情况，它综合考虑了多方面因素，包括但不限于住房价格、家庭收入、抵押贷款利率、贷款期限等，通过 HAI 能够了解家庭的住房支付能力及其变动的趋势（张清勇，2012）。

国内的研究中，宏观经济研究院投资研究所课题组（2005）较早对中国的 HAI 进行了测算。他们发现 2003 年中国 HAI 的均值超过 100，这表明中国人民有较好的住房支付能力。该研究还发现，HAI 与房价、家庭收入及利率息息相关。王延龙（2006）使用 1998～2004 年中国的房价数据，研究发现商品住宅整体上处于可以承受的水平。向肃一和龙奋杰（2007）利用 HAI，按照住房支付能力强弱对城市进行了分类及排序，发现城市的 HAI 远低于 100，居民对新建住宅的购买能力弱，住房价格难以支付。

第四节 住房支付能力的影响因素

住房支付能力的影响因素可以从微观和宏观两个层面入手。如果测量城市尺度的住房支付能力，那么从宏观层面来分析影响因素比较合适。根据现有的文献，住房支付能力的影响因素可以分为制度因素、经济因素、住房市场因素和区位因素。

一、制度因素

一个城市的各种政策制度，包括税收政策、住房保障政策、土地政策等，都可能影响其住房支付能力。首先，税收政策对一个城市的家庭住房支付能力影响很大。例如，个人所得税会影响家庭的可支配收入，进而影响支付能力；房地产税则直接对住房市场产生影响。其次，住房保障政策试图通过政府补助改善家庭住房支付能力。例如，有研究者通过研究荷兰的同等收入家庭在住房消费前后的基尼系数和贫困基准线，发现在扣除住房支出后，贫富差距问题会加剧。此外，住房补贴政策和税收减免制度也加剧了社会不平等（Heylen and Haffner，2012）。最后，因为住房必须依托于土地而存在，所以土地政策也会影响住房可支付性。开发企业根据地方土地政策参与土地开发及住房交易，所以住房市场上的住房供给受制于土地供应政策。很多学者发现，紧缩性土地供应政策将直接导致住房市场的供给失衡，造成住房严重不足，因此也促进了房价上涨（Peng and Wheaton，1994）。也有研究发现土地供给与房价的关系存在明显的空间变异现象，整体上为负向相关（郭贯成等，2014）。

二、经济因素

住房支付能力也取决于社会所处的经济发展阶段。很多学者论证了各国房地产行业的发展水平与国家所处的经济发展阶段有关。一般而言，房地产行业的发展速度与宏观经济的增长速度正相关，二者密不可分。以上海为例，研究者发现随着上海社会经济快速发展，居民的住房支付能力在不同阶段呈现出不同特点。对于不同收入水平的家庭，经济增长给他们的支付能力造成的影响是不同的。有的学者发现支付能力与经济增长并非正相关，而是存在微弱的负相关关系（丁祖昱，2013），也有学者认为经济发展水平越高，住房支付能力就相应越强（薛莉苇等，2010）。此外，经济结构也会影响房价和收入，进而影响住房支付能力。住房作为不可流动的要素，其价格的高低直接影响劳动力的流动方向，产业结构也因此而发生变化（席艳玲等，2013）。例如，第三产业快速发展会使大量劳动力集聚在城市中，增加了城市的住房需求，从而推高房价，影响住房支付能力（Gonzalez and Ortega，2013）。第三产业发展将更有利于提高居民收入，同时增加住房需求，促进房地产市场的繁荣（陈浩宇和刘园，2019）。

三、住房市场因素

随着住房市场化改革的推进，社会的贫富分化逐渐在住房领域显示，中低收入家庭的住房支付问题也慢慢暴露（Yang and Wang，2011）。人口对房地产市场有重大影响，城市因人而兴，人口规模的大小直接决定住房市场的需求量。城市内的人口数量越多，对应的住房交易市场上的需求就越大，这使得住房的均衡价格上升；在收入水平不变时，住房支付能力则会减弱（丁祖昱，2013）。目前，住房的买卖多采用首付款加按揭贷款的方式。衡量城市居民家庭购房的支付能力，不仅要考察家庭收入，更要考察家庭的储蓄额。对首次购买住房的家庭而言，家庭储蓄额甚至家族储蓄额是首付款的主要来源，在高房价地区，住房潜在购买者面临的最大难题是首付款，而不是每月的还款额（Quigley and Raphael，2004）。

经济的发展总是与地价或房价的波动紧密相连，而地价或房价水平受到经济发展水平制约。很多学者发现，地价上涨是导致房价上涨的一个因素（刘琳和刘洪玉，2003）。例如，Oikarinen（2009）通过芬兰赫尔辛基市的地价与房价的互动关系发现房价的上升推动了地价的上涨；反之，地价对房价的影响却很小。一般来说，在其他条件不变时，土地价格上升，住房价格也越高。

四、区位因素

根据空间均衡理论，居住环境因素能够被资本化，并体现在房价中（Albouy，2016；Rosen，1974）。房价和收入往往都具有显著的区位特征，特定城市的公共资源对房价上涨有明显的促进作用。郑思齐等（2011）发现，住房成本与城市的正向居住属性正相关，与负向居住属性负相关。也就是说，家庭对良好的居住环境的支付意愿被资本化在住房价格当中。区位不仅影响房价，还可以反映家庭的收入状况。例如，低收入群体在面临住房选择时，考虑到收入难以支撑其消费良好区位的住房，因此会选择位置偏僻、质量一般、配套设施欠缺的住房（Gür and Yüksel，2011）。在城市层面上，公共品对住房价格的影响有显著的地区分层效应，即经济发展水平越高的城市，消费者对公共品的要求也越高（李亮，2013）。空气质量、交通、噪声、到市中心距离、犯罪率、绿地覆盖面积、教育等因素，都属于影响生活质量的因素，应该统一考虑其对住房支付能力的影响（Zabel，2015）。一个城市的空气污染对房价有负向影响，清新的空气也是房价上涨的助推器，空气质量的改善会使租金上升，在区位环境有所改善时，住房所有者受益于资产增值，却不必支付任何代价，但是，这对租房家庭来说则意味着要承受更高的租金，或者选择搬离（Zou，2019）。

第五节　中国城市住房支付能力分析

纵观近几十年来国内外有关住房支付能力的研究，可以发现几个特点。第一，关于住房支付能力的概念界定多样化，衡量住房支付能力的方法、指标也不统一，对解决实际问题的作用较小。第二，不管是国外学者还是国内学者，研究时要么单纯考虑租房家庭的住房支付能力，要么单纯考虑购房家庭的住房支付能力，极少数研究同时考虑两类群体的住房支付能力，也没有两类群体的横向比较分析。第三，大多数实证研究的研究对象，要么着眼于微观的家庭层面，要么着眼于宏观的国家地区层面，抑或是研究某一地区的下属行政单元的家庭住房支付能力，而对于全中国所有城市的家庭住房支付能力的研究比较少。并且，对于中国居民住房支付能力的研究，大多忽略了空间因素的影响，未能对其时空分异格局和演变进行分析。

本节将对中国地级城市的住房支付能力的空间分布做一个系统的研究。我们使用住房消费支出占收入的比重衡量住房支付能力，同时考虑租房家庭和购房家庭两类群体来分析中国城市住房支付能力的时空演变格局。我们区分了购房家庭和租房家庭两类家庭，构建了住房消费支出占收入比重（housing expenditure-to-income，HETI）这一住房支付能力衡量指标。在时间轴上，描述了中国地级市的住房支付能力的历史变动情况；在空间层面上，分析了住房支付能力的空间分布格局。从以上两个维度，构成地级市住房支付能力的时空分异格局。本章计算了中国 271 个地级城市的住房支付能力,所需要的基础数据来自中国房价行情网,时间自 2014 年到 2018 年连续五年,包括城市房屋平均成交单价、平均租金等数据。

一、住房支付能力的测量

在本章中,住房支付能力用城市中等收入家庭的住房消费支出与家庭收入之间的比例关系来测量。具体来说,本章用不同城市的家庭实际购买或租赁住房的支出与家庭可支配收入之间的比值来衡量地级市的住房支付能力,即住房消费支出占收入的比重。本章使用住房消费支出占收入的比重而不使用常用的房价收入比有几个原因。第一,房价收入比指标只能衡量购房家庭的支付能力,它的直接含义是住房价格是家庭收入的倍数,即家庭需要工作多少年才可以购买得起一套住房。从这个角度上讲,房价收入比还不够直观。第二,住房消费支出占收入的比重能够最直观地反映家庭花费在住房上的开销是多少,该指标下的购房家庭与租房家庭的住房支付能力可以进行直接比较。第三,住房消费支出占收入的比重在国际上有常用的标准线,如 30%或者 25%。虽然中国没有官方提出某一参考基准线,但大多研究普遍使用国际上的 25%或 30%的参考线,认为超过这一比例就开始出现住房支付能力问题,如果超过 50%则说明存在严重的住房支付能力问题。

在本章中,住房支付能力的相关计算方式如下(Li et al., 2020):

$$\mathrm{HETI\_BUY} = \frac{\mathrm{HPRICE} \times \mathrm{UNITSIZE\_BUY} \times (1-\mathrm{DOWN}) \times \frac{r}{12} \times \left(1+\frac{r}{12}\right)^{12\times\mathrm{TERM}}}{\left[\left(1+\frac{r}{12}\right)^{12\times\mathrm{TERM}} - 1\right] \times \mathrm{INCOME}}$$

(3.1)

$$\mathrm{HETI\_RENT} = \mathrm{HRENT} \times \frac{\mathrm{UNITSIZE\_RENT}}{\mathrm{INCOME}} \quad (3.2)$$

其中,HETI_BUY 为还贷收入比;HETI_RENT 为房租收入比;HPRICE 为平均房价;HRENT 为平均房租;UNITSIZE_BUY 为购房家庭平均住房面积,取 90 平方米;UNITSIZE_RENT 为租房家庭平均住房面积,取 90 平方米;DOWN 为首付款比例,假设为 30%;r 为抵押贷款利率,为中国人民银行发布的长期贷款(5 年以上)基准利率 4.90%;TERM 为抵押贷款年限,假设为 30 年;INCOME 为家庭平均年收入。

在式(3.1)和式(3.2)中,平均住房面积取 90 平方米在我国有特殊原因。2006 年国务院提出"90/70"政策,即商品住房建设套型建筑面积 90 平方米以下的住房比例不少于建设总面积的 70%。由政府规定的 90 平方米,一定程度上反映了"恰当的标准",即政府认定,家庭拥有 90 平方米的住房是合适、宜居的。

另外，国家统计局的资料显示，2019年中国城镇人均住房面积为39.8平方米，2022年达到41平方米，按每户家庭有2.5人的方式估算，户均住房面积约为100平方米，略高于社会标准90平方米。因此，将90平方米认定为中国的住房标准线是有意义且有根据的。本章采用90平方米而非实际面积，是由于不同城市住房面积的方差较大，且租房家庭与购房家庭的住房面积的均值也不一样，所以，采用统一的90平方米有利于比较租房家庭与购房家庭之间的差异。

事实上，式（3.1）可以简化为式（3.3）与式（3.4）：

$$\mathrm{HETI\_BUY} = \Lambda \times \frac{\mathrm{HPRICE} \times \mathrm{UNITSIZE\_BUY}}{\mathrm{INCOME}} = \Lambda \times \mathrm{PIR} \quad (3.3)$$

$$\Lambda = \frac{(1-\mathrm{DOWN}) \times \frac{r}{12} \times \left(1+\frac{r}{12}\right)^{12 \times \mathrm{TERM}}}{\left[\left(1+\frac{r}{12}\right)^{12 \times \mathrm{TERM}} - 1\right]} \quad (3.4)$$

其中，PIR为房价收入比；在首付款比例、抵押贷款利率及抵押贷款年限均给定的前提下，Λ为常数，住房消费支出与房价收入比存在对应关系。

二、中国城市的住房支付能力的分异特征

通过计算可以发现，同一城市的还贷收入比与房租收入比横向相比，还贷收入比几乎都高于房租收入比。在研究期内，152个城市的还贷收入比有所上升，仅119个城市有所下降；房租收入比的情况较好，其中188个城市的房租收入比有所下降，仅83个城市是上升的。总体而言，购房支付能力在研究期内呈下降趋势，而租房支付能力得到较大的改善。

我们进一步对中国城市住房支付能力进行位序-规模分析。位序-规模理论模型是城市地理学中的一个经典方法，以城市所处的体系为切入点，反映不同城市的规模与其在该体系的位序。这种分析方法常被用于分析城市等级以及城市体系的分布情况，Zipf（1949）正式提出了城市位序-规模分布模式：

$$P_i = P_1 \times r_i^{-q}, \quad i=1,2,\cdots,n \quad (3.5)$$

其中，r_i为第i位城市的位置排序；P_i为排在第r_i位城市的规模；P_1为排在首位城市的规模；q为常数，又称为Zipf指数。为便于进行位序-规模分析，将公式（3.5）的两边取自然对数得

$$\ln P_i = \ln P_1 - q \ln r_i \quad (3.6)$$

式（3.6）中各变量内涵与式（3.5）保持一致。大量学者研究发现，式中常数q（Zipf指数）的变化可以反映城市位序结构的相应变化：当$q<1$时，城市的规模分布相对集中，处于中间位序的城市数量占大多数；当$q>1$时，城市的规模分布较为分散，此时处于位序前列的城市有垄断地位；当$q=1$时，城市的规模分布符合Zipf法则，

处于自然状态下的最优状态（程开明和庄燕杰，2012）。q增大时，说明位序靠前的城市的垄断地位在不断加强，$q \to +\infty$时，将仅剩首位城市；q减小时，说明位序靠中、后的城市的规模不断扩大，正缩小与位序靠前的城市的差距，$q \to 0$的极端情况下，表示所有城市的规模相同，无大小之分。

基于位序-规模理论模型，可以分析住房支付能力在不同城市间的差异。我们将式（3.6）中的P_i数据分别用还贷收入比（HETI_BUY）和房租收入比（HETI_RENT）替换，计算并绘制出研究期内还贷收入比与房租收入比的位序-规模回归曲线，见图3.1和图3.2，图中Rank表示位序。

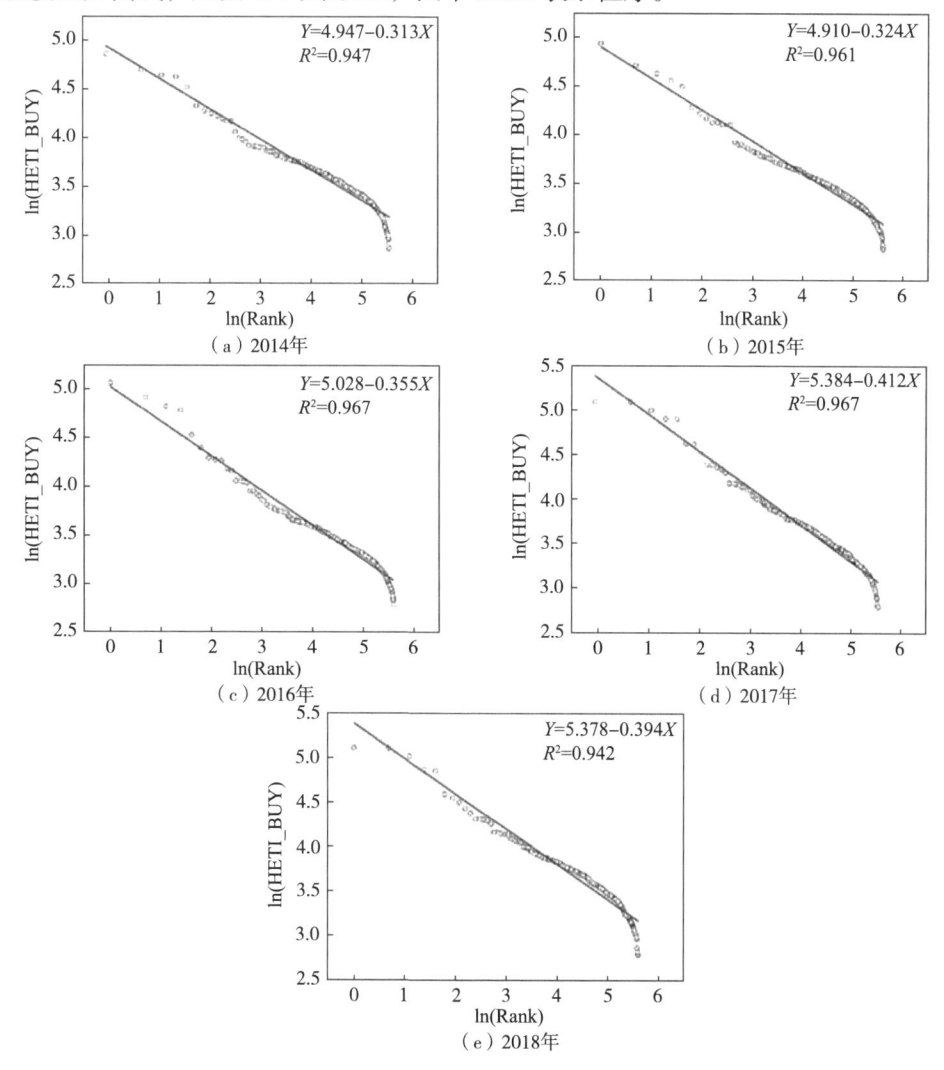

（a）2014年　$Y=4.947-0.313X$　$R^2=0.947$

（b）2015年　$Y=4.910-0.324X$　$R^2=0.961$

（c）2016年　$Y=5.028-0.355X$　$R^2=0.967$

（d）2017年　$Y=5.384-0.412X$　$R^2=0.967$

（e）2018年　$Y=5.378-0.394X$　$R^2=0.942$

图3.1　2014~2018年中国地级市还贷收入比位序-规模分析

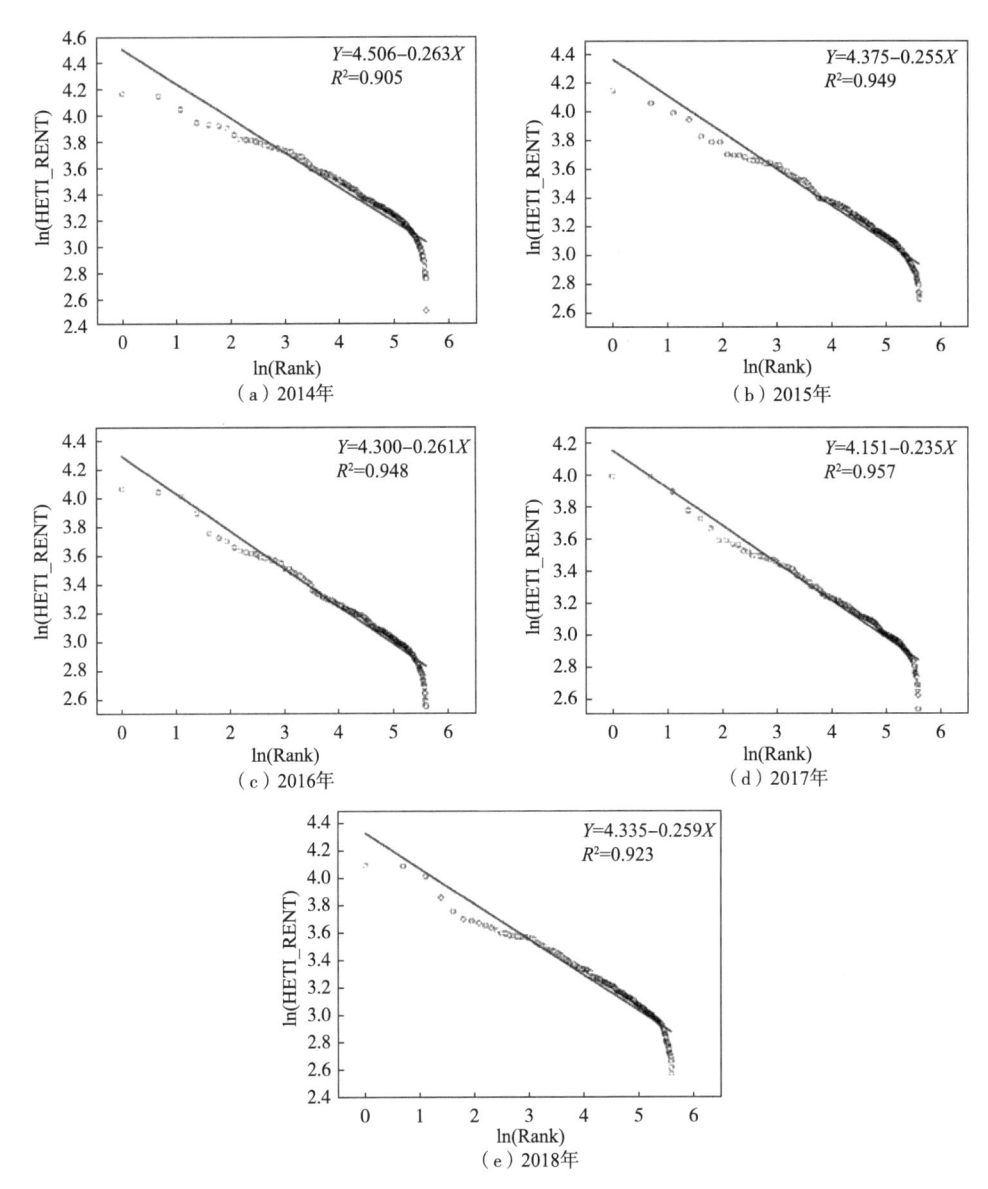

图 3.2　2014～2018 年中国地级市房租收入比位序-规模分析

2014～2018 年还贷收入比和房租收入比位序-规模回归曲线的 q 值变化，如图 3.3 所示。一方面，还贷收入比的 q 值在 2014～2017 年从 0.313 上升到 0.412，在 2018 年回落至 0.394，变化幅度较大；而房租收入比的 q 值在 2014～2018 年波动变化且波动范围很小，整体较稳定。另一方面，房租收入比的 q 值低于还贷收入比的 q 值，说明租房家庭的支付能力比购房家庭更为分散。换句话说，租房家庭的住房支付能力的规模效应比较小，即规模靠前的城市与规模靠后的城市之间的差距比较小①。

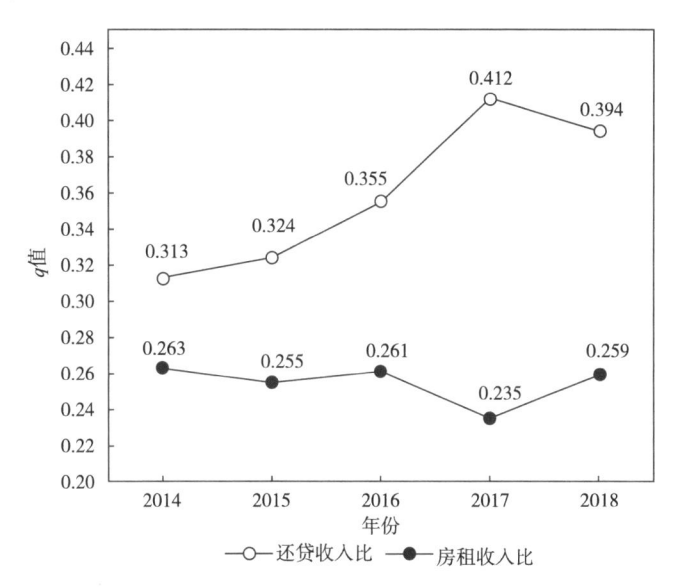

图 3.3 2014~2018 年中国地级市还贷收入比及房租收入比的 q 值变化趋势

考察中国城市还贷收入比与房租收入比的均值情况，有以下主要发现。

第一，2014~2017 年，中国各类城市的还贷收入比呈缓慢上升趋势，在所有分类方式下，城市的还贷收入比均值都大于 0.3，表明它们都存在住房支付能力问题。其中，住房支付能力最差的 5 个特殊城市（即北京、三亚、深圳、上海和厦门）的还贷收入比上升幅度高于地级市平均水平，它们的还贷收入比在研究期内均大于 1，住房支付能力问题相当严重。35 个大中型城市的还贷收入比均值在 2016 年和 2017 年两个年份的增幅较大（表 3.1、图 3.4）。

表 3.1 2014~2018 年中国各类城市还贷收入比与房租收入比均值

年份	还贷收入比				房租收入比			
	271 个地级市	35 个大中型城市	其他城市	5 个特殊城市	271 个地级市	35 个大中型城市	其他城市	5 个特殊城市
2014	0.35	0.57	0.32	1.08	0.28	0.42	0.26	0.55
2015	0.32	0.51	0.30	1.09	0.25	0.36	0.24	0.54
2016	0.32	0.54	0.29	1.27	0.23	0.33	0.21	0.52
2017	0.36	0.64	0.32	1.48	0.22	0.30	0.21	0.47
2018	0.38	0.67	0.34	1.47	0.24	0.33	0.23	0.52

① 这种较小的差距是相对于购房家庭而言的。

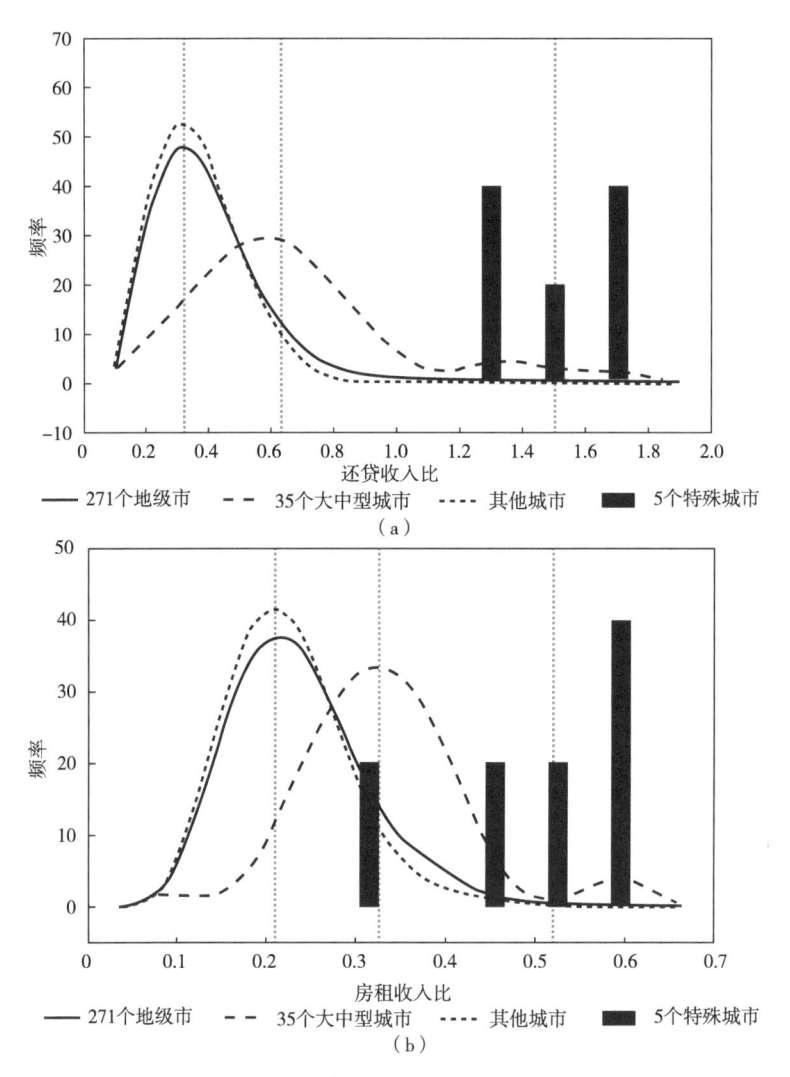

图 3.4 中国各类城市的住房支付能力核密度曲线

样本较少时用柱状图替代密度曲线

第二，以还贷收入比≤0.5的标准来看，中国约80%的城市的住房可支付性是尚可接受的。中国购房支付能力最差的城市，是北京、三亚、深圳、上海和厦门5个特殊城市，与其他城市不同，这5个特殊城市的住房支付能力一直在下降（除了2018年），还贷收入比的平均值一直大于1，甚至接近1.5。因此，中国的住房可支付性问题主要是这些城市的住房支付能力问题，以往研究大都关注中国的特殊城市、大中城市，因此可能低估了中国城市整体的住房支付能力。

第三，与还贷收入比不同的是，2014~2017年，全国城市的房租收入比整体呈下降趋势，在 2018 年才有所回升，且不同类型城市的变化幅度基本一致。除 5 个特殊城市外，其他城市的房租收入比都不超过 0.5，几乎所有城市的租房家庭的住房可支付性都是尚可接受的。其中，271 个地级城市的房租收入比均值不超过 0.3，有较好的住房支付能力，即使是 35 个大中型城市，其房租收入比也仅略高于 0.3，支付能力问题较轻。在 5 个特殊城市，房租收入比远低于还贷收入比，租房家庭的支付能力在空间分布上的不平等程度要低于购房家庭。

我们进一步总结中国城市住房支付能力的全局趋势。首先，还贷收入比在东西方向上呈现东部、西部、中部逐渐减小的格局，即购房支付能力排第一的是中部城市，第二是西部城市，第三是东部城市；南北方向上，还贷收入比呈现南方、中部、北方递减的趋势，即购房支付能力随纬度的增加而减小。其次，东西方向上，房租收入比为中部大、东西部小的分布情况，即中部城市的房租收入比高于东部和西部城市；南北方向上，房租收入比为南方＞北方＞中部的格局，即南方城市的房租收入比大于北方城市，而中部城市的房租收入比最小。换言之，东、西部城市的租房支付能力强于中部城市；南北方向上，南方城市租房支付能力最差，中部城市的租房支付能力强于北方城市。最后，购房支付能力方面，南北方向与东西方向的分异程度差异不大；租房支付能力方面，南北方向的分异程度大于东西方向的分异程度。

三、住房支付能力的全局空间自相关分析

空间自相关反映了某个地理单元上的某一特定属性或特定现象与其相邻单元的同一属性或现象的相关性及彼此之间的依赖程度。全局空间自相关分析既能够反映不同空间单元在整体上的空间差异，还能够对属性数据进行空间上的全局分析。全局空间自相关系数通常采用 Moran's I（莫兰指数）和 Geary 系数等。本章采用适用范围更广的 Moran's I。该指数由 Moran 在 1948 年提出，用于测度某空间单元的所有邻接或邻近的单元在同一属性值上的相似程度。因此，本章通过 Moran's I 检验模型是否存在空间相关性。

Moran's I 的计算表达式为

$$\text{Moran's } I = \frac{n}{S^2} \cdot \frac{\sum_{i=1}^{n}\sum_{j=1}^{n} W_{ij}(x_i - \bar{x})(x_j - \bar{x})}{\sum_{i=1}^{n}\sum_{j=1}^{n} W_{ij}} \tag{3.7}$$

$$S^2 = \sum_{i=1}^{n}(x_i - \bar{x})^2 \tag{3.8}$$

$$\bar{x} = \frac{1}{n}\sum_{i=1}^{n} x_i \tag{3.9}$$

其中，n 为空间单元的数量；W_{ij} 为城市 i 和城市 j 之间的空间权重矩阵；x_i 和 x_j 分别为城市 i 和城市 j 的属性值；S^2 表示城市属性值的方差；$\bar{x}$ 为属性值的均值。

Moran's I 的取值范围介于 –1 和 1 之间。Moran's $I>0$ 时，说明存在空间正相关；反之，存在空间负相关。Moran's I 的绝对值越接近 1，则相关性越强；越接近零，则相关性越弱。特别地，当 Moran's $I=0$ 时，说明不存在空间相关性。我们采用 GeoDa 软件对变量的空间相关性进行分析，表 3.2 展示了各个年度的还贷收入比与房租收入比的全局 Moran's I。结果显示，还贷收入比的 Moran's I 介于 0.282~0.314，房租收入比的 Moran's I 介于 0.255~0.391，它们均在 1% 的水平上显著，说明中国城市的住房支付能力具有一定的正空间相关性现象，即还贷收入比或房租收入比表现出"高-高"聚集或"低-低"聚集状态。

表 3.2　各年还贷收入比与房租收入比 Moran's I 及 p 值

年份	还贷收入比 Moran's I	p 值	房租收入比 Moran's I	p 值
2014	0.303	0.001	0.301	0.000
2015	0.285	0.000	0.279	0.000
2016	0.282	0.002	0.255	0.001
2017	0.314	0.001	0.280	0.001
2018	0.307	0.000	0.391	0.000

图 3.5 与图 3.6 展示了相关年度的 Moran's I 散点图。从图中可以看出，位于第一、三象限的城市数量比第二和第四象限的城市数量多，这进一步验证了中国城市住房支付能力存在空间正相关关系的特征。

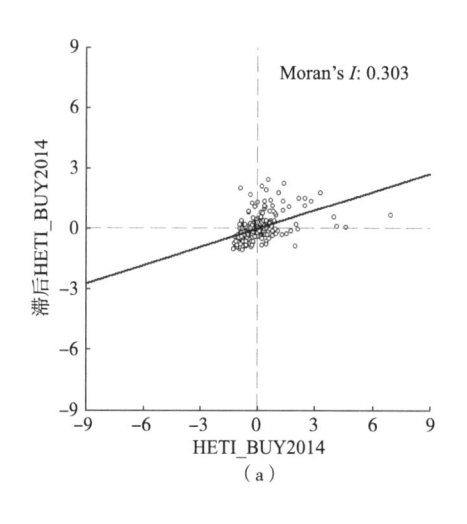

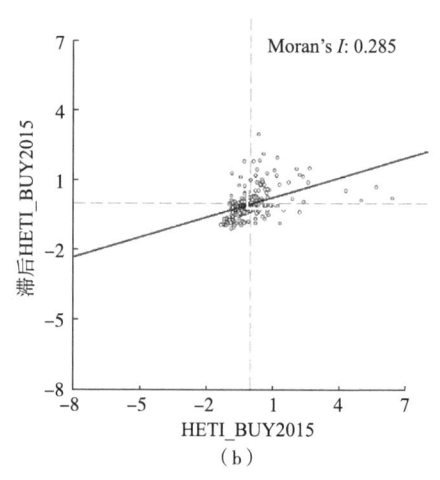

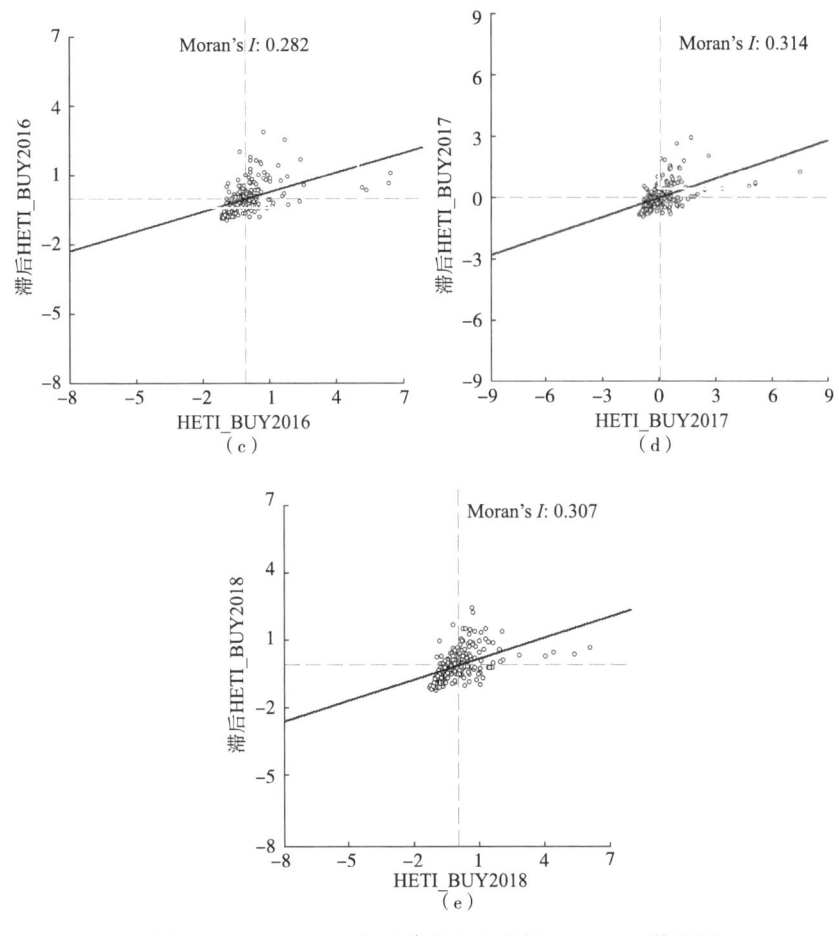

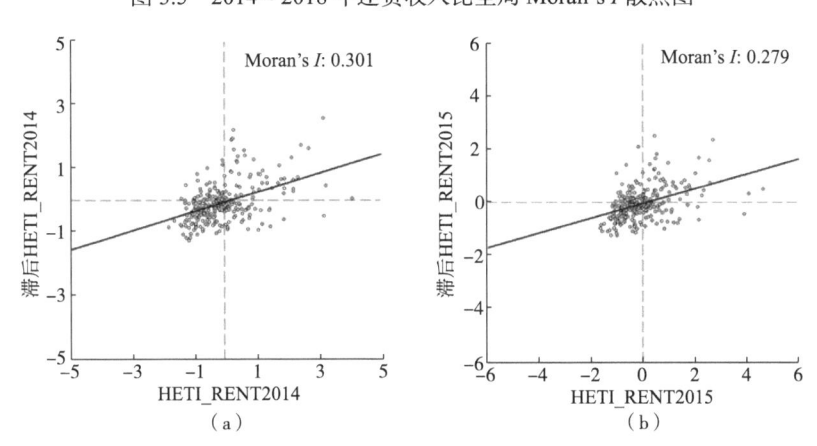

图 3.5 2014~2018 年还贷收入比全局 Moran's I 散点图

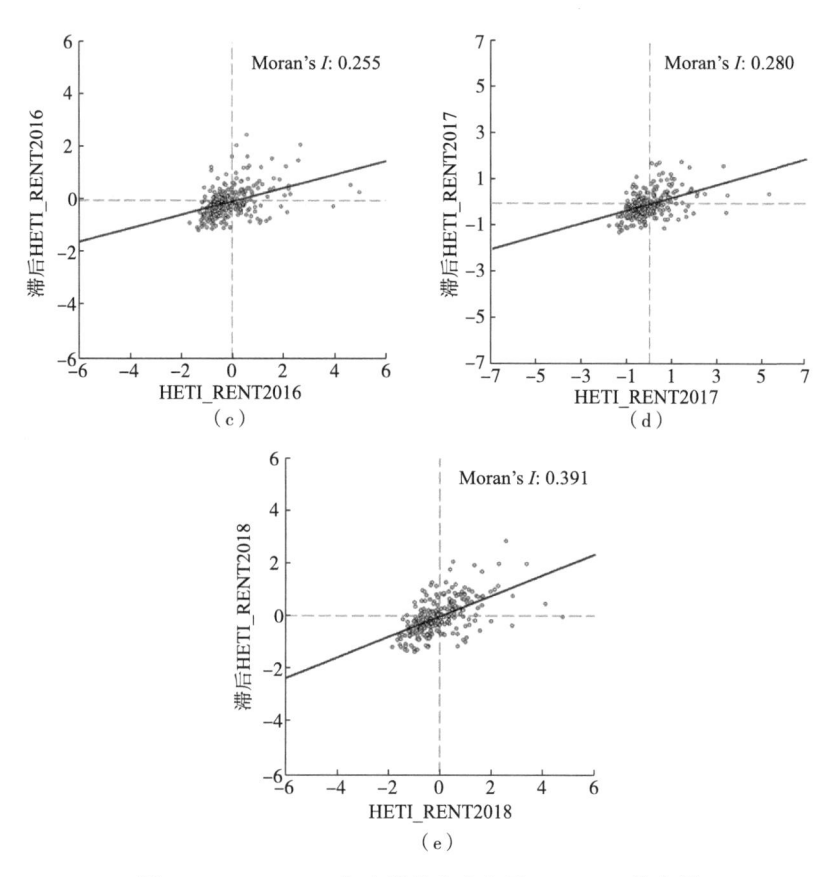

图 3.6　2014～2018 年房租收入比全局 Moran's *I* 散点图

第四章　保障性住房政策的范式

第一节　范式与范式转型

20世纪70年代，美国科学哲学家库恩（Kuhn，1970）在《科学革命的结构》一书中提出了范式（paradigm）的概念，并且对它的内涵进行了系统阐述。从广义上讲，范式可以看作一种理论框架，是开展科学研究、建立科学体系、运用科学思想的参照系与方式，也是科学体系的基本模式。Kuhn（1970）指出，范式主要关注相关问题如何被组织、科学结论如何被解释。在科学实际活动中，范式包括定律、理论、应用以及设备等要素，为科学研究传统提供了模型。

范式在理论内涵上接近于"科学共同体"，也就是说，只有各个成员遵循共有的范式，才能组成科学共同体。具体来讲，范式有以下几个特点。第一，范式在一定程度上具有公认性，是被科学共同体普遍接受和认可的。第二，范式是一个由基本理论、应用以及方法等构成的整体，它为该领域的研究者提供了一个研究纲领。第三，范式为研究者提供了可模仿的成功的先例，让后来的学习者有章可循。范式概念的提出，对自然科学和社会科学的知识创新都具有深远的影响，并以此为核心产生了科学革命论。范式形成了一套理论体系，对特定的知识领域进行了界定，明确了基本概念、分析视角和研究方法，进而确立了某个知识体系的独特性（曹胜，2021）。在库恩之后，有很多学者对范式概念的内涵进行了延伸。例如，美国社会学家Ritzer（1975）提出，范式是存在于某一科学论域内关于研究对象的基本意向，它用来界定什么应该被研究、什么问题应该被提出、如何对问题进行研究。

很多学者对范式进行了不同的分类。一个常见的分类是把范式分成四种类型，即社会事实范式、社会行为范式、社会批判范式、社会释义范式。社会事实范式的目的是理解、掌握和预测各种社会事实。社会行为范式的目的是理解社会行为及其各种因素。社会批判范式的目的是强调知识的反思性和批判性。社会释义范式的目的是理解个人行动的主观意义和对行动者的影响（周晓虹，2002）。英国剑桥学者 Masterman（1970）把范式分成了三种。一是哲学范式或元范式，即把范式作为一种信念和形而上学思辨。二是社会学范式，即把它作为一种习惯和学术传统。三是人工范式，即把它作为一种依靠研究者自身获得成功而进行示范的工具。在现代社会，范式的概念不仅用在科学领域，而且广泛地用于工业、创新、公司治理、社会研究、公共政策、城市研究等领域，成为一个具有强大解释力和丰富内涵的词。

虽然每种范式都有其自身的完备性和价值观，但是这些范式也经常会遇到各种瓶颈和面临各种挑战（岳经纶，2007）。一种范式如果不能继续对当前的问题具备解释力和为其提供解决方案，那么，这种范式就可能会面临危机，进而日渐趋弱，甚至最后被新的范式取代，这一现象就是范式转型。按照库恩的定义，范式转型就是"科学革命"；也就是说，科学将对某一类知识和活动领域采取新的框架来看待。

科学进步并不一定表现为逐步累积的过程，因而新范式的确立并不是一蹴而就的，这种转型甚至是不能提前预测和计划的。通常情况下，范式转型是由某一特别事件（即反常事件）所引发的过程。如果出现了反常事件，决策者往往会利用新的政策工具来应对挑战；而如果这些政策工具没有效果，那么就可能出现政策失败。由此，旧的范式受到危机的挑战，科学共同体也会去不断寻找新范式，从而逐步形成新的论点、论据和论证方法，并构建新的理论体系。可以说，范式转型冲破原有范式的束缚和限制，为科学共同体寻求新发现提供了可能性。

在新的范式指引下，科学研究又可能面临该范式无法解释的反常现象。这种科学危机将再一次引发新的科学革命，从而实现从该范式到更新的范式的转型，继而进入更新的科学范式时期。新理论视角和研究方法引导了知识进步，由此构成了范式转型，并再次引导科学革命。一种范式通过科学革命向另一种范式转型，是成熟科学通常的发展模式（曹胜，2021）。从这个过程可见，范式转型的过程是动态的，这也是科学革命论的关键所在。

第二节 政 策 范 式

公共政策的研究始于20世纪60年代，目的在于协助公共部门科学地决策（张浩淼，2019）。在库恩的范式概念基础上，美国政治经济学家Hall（1993）提出了政策范式（policy paradigm）的概念。根据霍尔的定义，政策范式指的是一套理念和标准的框架，它不仅用于明确政策目标和政策工具，而且明确所要解决问题的本质。在现代，政策范式已经成为政策科学领域的重要概念，它影响政策制定

第四章　保障性住房政策的范式

者所追求的目标、认识公共问题的方式和相应的解决方案。政策制定通常含有三个主要变量，即政策问题、政策目标和政策工具，这三者组成了政策制定者的理念和政策基本框架。政策范式作为分析政策演变和变迁的理论框架，体现了政策设计者不同的价值判断和思维方式，表达了政策设计者看待世界的不同价值理念。政策设计者对社会问题的看法不同，其理念框架也会不同，从而导致各种政策范式所采用的思路和工具不同（李迎生，2020）。

有关政策范式，目前流行三个基本的观点。第一，政策范式属于一种世界观、理论框架和实践的规范。在一种政策范式内，政策问题将决定政策目标的确定，并受一定价值逻辑的影响，所以，政策范式也就形成了相对稳定的价值体系。第二，政策范式由价值逻辑、权力模式、决策主体、决策模式等要素构成，这些要素之间具有紧密的关系；其中，价值逻辑属于内核性理念，权力模式属于工具性范畴，而权力模式将决定价值逻辑的实现。第三，不同的政策范式体系表达了政策制定者不同的理念，所以需要对不同阶段的政策范式体系进行区别分析（陈玮和李丹，2017）。虽然政策问题是客观存在的，但是这些问题在不同阶段会受到不同政策目标和政策工具的影响。可以说，政策问题、政策目标和政策工具等要素的互动关系将决定政策范式的变迁（李迎生，2020）。

政策范式的变迁意味着某个领域的政策发生了巨大的变革。根据霍尔的政策变迁理论，政策变迁将在三个层次展开（严强，2007）。第一层次的变迁（first order change）指的是政策工具参数的调整变化，而总体政策目标和政策工具并不改变。第二层次的变迁（second order change）强调在总体政策目标不变的情况下，政策工具将出现创新，政策工具的设置也发生了变化。第三层次的变迁（third order change）指的是总体政策目标及政策工具发生了变化，即政策制定的知识框架也发生了显著变化。将政策范式运用到政策分析时，第一层次和第二层次的政策变迁是政策均衡的结果，这些变迁不会导致第三层次的政策变迁（岳经纶，2007）。第三层次的政策变迁意味着政策出现重大变化，政策目标或理念发生了转变。在这个层次，可以认为是政策范式发生了转型（曹琦和崔兆涵，2018）。这里需要指出，公共政策的制定也是一个学习过程，政策理念的学习在政策范式变迁过程中扮演着重要角色（孙欢，2016）。政策制定可以认为是国家主体向社会学习的过程，新的政策的形成，则表明社会学习起了作用（孙欢，2016）。政策类型不同，政策学习过程也表现出不同的形式（Hall，1993）。

在保障性住房政策方面，不同阶段的政策所强调的核心价值有所不同。概括地讲，社会包含了技术经济、政治和文化三大领域，每个领域都是根据不同的原则和逻辑来组织的。在不同时代，这些领域以不同的方式发生联系。根据政策体系的逻辑，住房政策既属于政治领域，又受到技术经济条件和文化主流价值的影响。在不同核心价值观的影响下，政策范式的权力模式、决策主体、实践规范等框架均体现出差异,正是这些差异引发了住房政策范式的变迁。所以,住房政策范式的分析无法脱离各阶段的历史环境、思想理念和经济社会发展水平来讨论。可以说,每个阶段的住房政策范式都解决了特定阶段所面临的问题。自我国改革开放以来,在不同的历史阶段的住房政策范式转型进程中,效率与公平、市场与政府干预之间的平衡不断被打破,新问题不断涌现,又不断被解决。总之,在我国的保障性住房政策范式的演变进程中,经济发展和社会进步不断地推进公共政策回归公平正义。这表现为,保障性住房政策的社会公平属性受到更广泛的关注,住房政策更强调过程的科学性、多元主体的参与性,越来越注重公平公正的理念和高质量发展。

纵观世界各国保障性住房政策的变迁,其在很大程度上都受到了该国不同历史阶段的公共政策理念与经济社会发展水平的影响。例如,在20世纪30年代,世界很多国家面临住房短缺问题,受凯恩斯主义的影响,政府选择直接介入住房市场,以供给侧的住房政策为主,加大了保障性住房的建设力度。住房政策经历了从政府主导供应公共住房到社会部门供应保障性住房的转变。后来,因为住房短缺情况减缓,又转向需求方补贴的政策,如很多国家采用了住房券等方式来补贴居民。

中华人民共和国成立以来,我国的住房保障政策也经历了各种变迁,很多学者对这些变迁进行了研究。例如,有学者提出我国城镇住房保障经历了"提出、确立、缺位、发展、强化"五个阶段(姚玲珍等,2017)。也有学者认为我国的保障性住房政策从全面责任型的福利房住房政策,转向以市场为主导的自有住房形式(虞晓芬等,2018)。与其他领域一样,住房政策在新的历史阶段需要采用新的政策工具来解决新出现的问题。在不同的历史阶段,都会面临各种不同的住房问题,所以,住房政策也是围绕着解决这些问题而动态设计和实施的。

第三节 保障性住房政策的变迁动力

正如本章第二节所述,一个国家的住房保障政策并非静止不变,而是随着内部和外部条件的改变而不断发生变迁。自改革开放以来,我国的住房保障政策范式经历了多次大调整,这也表明我国的住房保障政策体系一直处在探索的过程中。只有不断调整住房政策范式,才可以真正确立可持续的保障性住房政策体系,促进住房高质量发展目标的实现。保障性住房政策范式变迁是多种力量共同作用的结果(钟荣桂和吕萍,2017)。很多理论分析了公共政策变迁的动力,主要的理论有政策周期(policy cycle)理论、多源流(multiple-streams)理论、间断均衡

（punctuated equilibrium）理论、倡导联盟（advocacy coalition）理论等（柏必成，2010）。

在政策变迁理论中，最具影响力的为政策周期理论和多源流理论。政策周期理论的代表包括拉斯韦尔（Lasswell）的七阶段论[①]和布鲁尔（Brewer）的六阶段论[②]等。这些理论后来衍生了间断均衡、路径依赖、正负反馈等政策概念。但是，这些理论也存在一些缺陷，如存在过度理想化、强调现实中政治主导、过分重视意识形态、对政策过程缺乏解释力等问题（陈贵梧和林晓虹，2021）。多源流理论是由 Kingdon（1994）在1984年提出的。这个理论是借鉴 Cohen 等（1972）提出的垃圾桶模型（garbage can model）发展而来的。按照多源流理论，政策变迁的发生主要由于问题源流（problem stream，即政策问题得到关注）、政策源流（policy stream，即政策问题的解决方案）和政治源流（political stream，即政策制定者制定政策的动机、意愿和机会）的交汇，也就是问题、政策方案和政治形势三者的结合（柏必成，2010）。这些源流相对独立，各自具有独特的生命力、属性和机制，无论哪一源流起主导作用，都可能开启政策之窗（赵静和薛澜，2017）。该理论聚焦了参与者与政策过程的相互作用，探讨一个议题如何进入政策议程，被学者和政策制定者应用于众多公共政策领域。多源流理论的核心命题为，当政策之窗由于问题之窗或政治之窗而开启，为政策企业家（policy entrepreneurship）推动解决政策问题提供了机会，从而形成政策决策议程（陈贵梧和林晓虹，2021）。也就是说，问题源流内的变化或政治源流内的变化能为政策变迁打开机会之窗。总之，问题源流、政策源流和政治源流的交汇达到问题、政策、解决方案和政治形势的结合，进而引发政策变迁（柏必成，2010）。

根据多源流理论，负面的政策效果的反馈会引起问题源流的变化，而正面政策效果的不断积累，也会导致政策的变迁。也就是说，原有问题的解决和新的危机的出现，成为政策范式变迁的关键动力要素（丁煌和柏必成，2009）。具体来讲，以下几个因素影响了政策变迁。第一，某个问题发生变化时可能引发政策变迁，也就是说，问题源流的变化开启了政策变迁的机会。第二，方案可行性的增强可能引起政策变迁，即新的政策方案有助于解决危机。第三，政治形势的变化可能引起政策变迁，即变化后政治形势为政策变化提供了推动力量。第四，外部事件的冲击，如某些国际政治经济事件可能带来新的政策机会。第五，正面政策效果的积累也是政策变迁的重要动力。例如，如果某项新的政策试点取得良好的效果，其在后期将得到更有力的支持。这些动力要素可以归纳为问题变化、政策方案、

---

① 即情报（intelligence）、动议（promotion）、规定（prescription）、启用（invocation）、应用（application）、终止（termination）和评估（appraisal）七个阶段。

② 即创始（initiation）、预评（estimation）、选择（selection）、执行（implementation）、评估（evaluation）和终止（termination）六个阶段。

政治形势、外部事件、正面政策效果等（柏必成，2010）。

多源流理论被用于很多领域的公共政策分析。但是，它也存在一些缺陷。有研究者认为该理论还存在多方面不足。首先，多源流理论是基于美国联邦政府结构所提出的，但是不同国家的政治制度和行政组织与美国有着显著区别，所以该理论的适用场景还需要进一步拓宽。其次，多源流理论认为政策之窗开启的机会具有很强的偶然性。再次，多源流理论过于强调政策企业家在问题、政策方案和政治形势三者结合上的重要性。最后，多源流理论过分强调个体的作用，把政策变化的原因归结为不同主体在某个时点发生的行为。后来的学者不断地对多源流理论进行了适应性的调整，以更好地契合我国现实和涵盖政策构建的过程（况广收和胡宁生，2017）。

很多学者认为，多源流理论也可以解释我国的保障性住房政策的变迁。社会所面临的变化（如住房改革前住房短缺严重、住房体系效率低下）、方案可行性增强（如住房改革方案的逐渐成熟）、政治形势的变化（从计划经济转型为具有中国特色的市场经济）、外部事件的冲击（金融危机和出口需求下降，政府希望能通过大规模建设保障房来拉动经济增长）、正面政策效果的积累（住房改革试点城市取得较好的效果）是我国住房市场化改革的重要推动要素。这些要素推动了社会主义福利住房政策范式的停止以及市场住房政策范式的开端。当然，这种范式转变并非终结，在新范式下会遇到新的挑战，各种新要素的汇合又将推动新一轮的住房政策范式变迁。

第四节　保障性住房政策范式转型的国际经验

一、美国

美国联邦政府对住房市场的大规模干预始于1929年开始的大萧条时期。很多学者认为，1937年《全国住房法》（National Housing Act）颁布，标志着美国保障性住房政策的开始。之后，美国保障性住房政策经过多次调整，所遵循的基本理念是重视市场机制的作用、鼓励多元参与、尊重个人选择。目前，美国保障性住房政策模式强调政府的有限责任，以提供间接补贴为主，鼓励私营部门参与保障性住房的供应和管理。自20世纪30年代以来，美国的保障性住房政策经历了不断演变，这个演变过程大致可以分成四个阶段。

第一阶段大致从20世纪30年代到1948年，美国早期的保障性住房政策体系基本形成。在大萧条中，联邦政府希望通过增加住房投资来增加就业和刺激经济增长。1932年，美国通过了《紧急援助与建设法》（Emergency Relief and Construction

Act），并成立重建金融公司（Reconstruction Finance Corporation），来提供住房建设的贷款支持；同年，设立了联邦住房贷款银行委员会（Federal Home Loan Bank Board），意味着美国住房贷款银行制度的设立。1934 年，成立联邦住房管理局（Federal Housing Administration，FHA）和联邦储蓄贷款保险公司（Federal Savings and Loan Insurance Corporation）。1937 年《全国住房法》的通过，表示保障性住房政策体系在全国形成。1938 年，联邦国民抵押贷款协会［Federal National Mortgage Association，即房利美（Fannie Mae）的前身］成立，发展了住房抵押贷款的二级市场，形成了长借期、低首付、分期还款的住房抵押贷款制度。

在罗斯福新政（The Roosevelt New Deal）期间，联邦政府投资了大量的公共住房。公共住房的资金主要来自联邦政府，由地方政府建设和管理，并通过收取租金来覆盖住房的运营成本。实物形式的公共住房是面向低收入家庭的主要住房保障形式。所以，美国早期的保障性住房政策模式表现为通过公共住房来直接干预住房市场。

第二阶段大致从 1949 年到 1964 年，这个时期政府对保障性住房的直接干预能力得到强化。二战后，美国面临严重的住房短缺问题。1949 年美国国会通过了新的《全国住房法》，明确了住房政策的目标为"每个家庭都能住在体面的住房和居住环境中"（施瓦兹，2012），形成了该阶段住房政策的基本框架。这个阶段的住房政策目标是提高全社会的住房自有率。所以，政府完善了住房金融体系和免税政策，鼓励中产阶级购买属于自己的住房。在这个背景下，政府刺激住房建设，在旧城开展了城市更新运动。20 世纪 50 年代，住房政策的目标也从增量住房建设逐渐转为对存量住房的更新。这个阶段，公共住房依然是低收入家庭的主要住房保障形式。

第三阶段为 1965 年到 1973 年，这个时期的保障性住房政策特点为鼓励私营部门参与和向政府间接干预转型。1968 年美国颁布了《公平住房法》，意味着在凯恩斯主义影响下，政府直接干预住房的方式达到了顶峰。之后，政府开始反思公共住房的缺点，认为应该用市场方式来激励私营部门参与保障性住房的供应。除了向开发商提供金融、税收等激励措施，政府还鼓励私营机构提供低利率的抵押贷款。此外，大量公共住房在这个时期开始拆除，以减少贫困集聚，说明保障性住房政策的目标已经与社会公平、社区健康等结合起来。

第四阶段自 1974 年开始，体现为需求方补贴和政府通过间接手段干涉住房市场相结合的模式。在这个阶段，保障性住房政策逐渐由供给方补贴转为需求方补贴，表现为通过住房券项目鼓励中低收入家庭在市场上自由选择租房。联邦政府在这个时期停止了公共住房的新建，同时利用税收手段吸引私营部门提供保障性住房，主要体现在政府启动了 Hope Ⅵ（希望六号计划）和 LIHTC 项目。20 世纪 80 年代以来，联邦政府在住房方面的预算减少，州政府和地方政府承担了更多的保障性住房工作。有些州政府和地方政府设立了住房信托基金（housing trust fund），使之成为保障性住房的主要资金来源（刘志林等，2016）。

目前，美国的保障性住房政策可以分为三大部分，即政府直接出资建设并运营公共住房、政府补贴私营开发商开发公共住房（包括 Section 8 和 LIHTC 项目）和通过发放住房券的方式从需求侧补贴（Deng and Zhu, 2013）。政府鼓励不同的主体参与到可支付性住房项目之中，扩大了可支付性住房的供给渠道，提升了住房政策的持续性。总之，经过长时间的演变，美国确立了政府有限责任和间接干预、强调市场机制和家庭意愿、需求方补贴和供给方补贴相结合的保障性住房政策体系。政策重点从新建住房供应和帮助贫困家庭获得住房，转向利用存量住房、扩大低收入家庭的选择，强调住房公平。保障性住房政策目标也融合了消除贫困集聚、促进社会融合、改善社会交往机会和工作机会等各种福利目标。

二、英国

英国是世界上最早大规模开始工业化和城市化的国家，早在 18 世纪，英国政府就把住房问题看作一项重要的社会问题。城市化吸引了大量的人口涌入城市，他们租住在条件恶劣的住房里，带来严峻的健康卫生问题和社会问题。1875 年英国颁布了《公共卫生法》(The Public Health Act)，对住房条件进行了规定，这可以看作英国政府干预住房问题的开始。1890 年，又颁布了《工人阶级住房法》（Housing of the Working Class Act），鼓励通过建设公共住房来改善工人阶级的居住条件（莫林斯和穆里，2012）。自 20 世纪初开始，英国受到两次世界大战的冲击，内部保守党和工党的执政理念又有差异，导致了英国保障性住房政策的范式的多轮转换。英国的保障性住房政策大致可以分为以下几个阶段。

从 1914 年到 1944 年，政府干预住房市场的力度逐渐加大。因为住房短缺和住房条件恶劣，政府采取了许多措施来加大对住房市场的干预力度，政策的调整很频繁。例如，工党执政期间采用租金控制政策，但保守党执政之后，租金控制政策逐渐放松。1919 年颁布了《住房法》(The Housing Act)，明确规定居民住房问题为公共事务，确定了中央政府要为地方的保障性住房提供财政补贴（陈杰和曾馨弘，2011），而 1921 年出台的《住房法》则要求大规模缩减中央财政补贴。另外，工党执政期间的 1924 年《住房法》和 1930 年《住房法》都鼓励地方政府建设公共住房，但保守党执政期间的 1933 年《住房法》又取消了中央对地方住房建设的补贴，要求降低政府介入住房问题的程度。1939 年到 1945 年，英国受二战的影响，保障性住房政策也基本中断。

从 1945 年到 1969 年，政府大规模建设公共住房，希望解决二战后住房短缺的问题。尽管如此，这个时期的保障性住房政策也因为各个政府的执政理念不同而不断调整。在工党执政期间，鼓励地方政府大量建设保障性住房；而保守党执政期间,又更倾向于使用市场手段,仅仅把保障性住房建设视为临时性的缓和手段。

从 1970 年到 1979 年,住房短缺问题得到缓解之后,保障性住房政策工具不断丰富,并设计了提高住房自有率、鼓励私营部门、引入需求方补贴等政策手段。与美国鼓励私有企业相比,英国更重视非营利部门参与保障性住房的建设与管理。在这个阶段,公共住房模式也开始转型,主要体现为公共住房的市场化,如将公共住房租金提升到市场水平,并引入需求方补贴的措施(唐黎标,2007)。1972 年英国颁布了《住房金融法》(Housing Finance Act),规定了公共住房的租金标准要向市场水平调整,希望通过这个方式来提高公共住房资源的利用效率。1975 年工党政府颁布了《住房租金与补贴法》(Housing Rents and Subsidies Act),提出整合各种住房补贴,并为新建项目提供贷款补贴,但要求租金水平控制在公平合理的范围内(莫林斯和穆里,2012)。但是,随着住房建设成本的上升,政府大量补贴保障性住房的方式也逐渐被抛弃。

从 1980 年到 1996 年,英国保障性住房政策经历了整体变革。在新自由主义(neoliberalism)的影响下,这个阶段的英国住房政策的重点改为提升住房自有率,减少政府的直接干预,鼓励私营部门和非营利组织参与住房供应和管理。1988 年的《住房法》改革了原有的租金减免和住房补贴体系,建立了以住房津贴为核心的需求方补贴政策,这些措施促成了住房政策整体上从供给方补贴转向需求方补贴。在 1975 年,英国 80%的住房补贴是供应方补贴;到了 2000 年,85%的住房补贴是补贴给需求方。此外,政府还致力于提升居民的住房自有率,包括放松对贷款利率减免的限制,以及不断出售存量的公共住房。在撒切尔执政期间,出现了住房私有化的浪潮,这一时期政府出售了 150 多万套公共住房,从而大幅度地提升了住房自身率。到了 20 世纪 90 年代,地方政府基本退出了公共住房的投资建设,住房协会等非营利机构成为社会租赁住房的主体,并将地方政府管理的公共住房转给住房协会管理。总之,政府大力鼓励住房协会等非营利机构提供保障性住房,使得住房协会成为英国保障性住房的供应主体。

1997 年到现在,英国保障性住房政策的重点为改善存量住房和社区更新。住房协会提供了大量的社会租赁住房,并可以申请政府提供的住房补贴,另外,住房协会也积极到资本市场上融资,进行公共住房的建设和维护(莫林斯和穆里,2012)。同时,住房协会还向租户收取社会租金,而低收入家庭可以向政府申请住房补贴,这相当于补贴了住房协会。进入 21 世纪之后,英国的住房可支付性存在较明显的空间分异,即经济高增长地区的住房供应不足、房价高昂;而在低增长地区,面临住房需求不足和社区更新等挑战。2004 年英国出台《住房法》,目标为向所有家庭提供"宜居住房",创造更公平的住房市场。2008 年出台的《住房复兴法》(Housing and Regeneration Act)则允许营利机构登记成为公共住房的提供者，于是，私营房地产商也逐渐介入了保障性住房的供应（陈杰和曾馨弘，2011）。

三、德国

早在 1847 年，德国就开始着手建设住房保障体系。1929 年开始的全球经济危机，引发了德国大面积失业。作为危机的应对手段，政府决定扩大住房保障范围，把失业者纳入住房保障体系，住房合作社在这个时期开始在德国出现（艾克豪夫，2012）。

二战结束后，德国的城市遭到大面积的破坏，面临着严重的住房短缺问题。因为政府没有财政盈余来扩大住房供给，于是制定了福利型的公共住房制度，激励居民自治团体和非营利机构参与住房供应。这种多主体的供应模式在短时间内为社会中低收入群体提供了大量应急型的福利住房，居民仅需支付低廉的租金。同时，政府也启动了税收优惠等政策，对为雇员建设住房的企业予以税收减免（黄清，2010）。当企业投资福利住房的比例达到 15%时，就可以申请免息或低息贷款（黄清，2010）；此外，还有大量由市场资金投资建设的公共福利住房。

到了 20 世纪 90 年代之后，多渠道供应的方式使得德国住房短缺问题得到了明显的缓解。在这种形势下，政府供应的福利型公共住房也大幅减少。据统计，这个时期的保障性住房比例仅仅为二战后的 20%（黄清，2010）。部分保障性住房也转型为商品住房，向社会出售。在 2005 年，保障性住房转化为商品性住房的数量达到了 15 万套（姚玲珍等，2017）。

德国保障性住房的受益群体覆盖了大部分住房困难群体。在德国，有超过 3/4 的人口可以享有社会住房或者有资格申请政府的住房补贴。保障性住房租金的价格一般为市场价格的 50%~60%；若保障对象的收入超过了规定的水平，政府允许居民不用搬离而是可以继续居住，不过租金将提高（姚玲珍等，2017）。这种方式可以减少贫困集聚，使得不同收入的群体在居住空间上实现融合。目前，房租补贴是德国对低收入群体进行住房保障的主要方式。政府提供房租补贴的主要依据包括家庭人口数量、收入、房租支出等。在 2011 年底，约有 90.3 万户家庭获得了政府所提供的住房补贴，约占德国家庭总数的 2.2%（陈洪波和蔡喜洋，2015）。

德国保障性住房的主要特点如下。第一，保障性住房的建设和运营与市场机制紧密融合。政府主要起引导作用，定位为市场的监管者。除了二战时期政府直接主导建设社会福利住房，在其他时期均主要运用市场机制。政府借助财政、税收、金融政策等手段，鼓励非营利的住房公司和住房合作社参与保障性住房的建设。第二，德国的保障性住房和其他租赁性住房均受政府的统一监管，保障性住房和其他租赁性住房在一定条件下可以相互转化。住房租赁市场供应主体包括私人、私营企业、住房合作社以及政府运营的住房公司。这种多元化的住房租赁体系，既发挥了市场机制的作用，也维持了市场的稳定。第三，德国充分发挥了住房储蓄银行的作用。住房储蓄银行具有先储蓄、后贷款、自助性、稳定性等特点，储户可以根据自身的住房需要及经济能力在住房储蓄银行存款（艾克豪夫，2012）。储户存款额度满足一定要求后将获得贷款权，之后就可以申请贷款用于购买住房。通过住房储蓄获得的贷款一般是固定利率，而且利率低于商业贷款利率。政府还规定，住房储蓄银行所吸纳的资金和储户的还款不能用于风险交易，以保障住房储蓄银行的资金安全（薛德升等，2012）。通过这种方式，居民的住房消费能力能得到较好的保障。

四、法国

从19世纪开始，受社会经济水平、市场供需关系和政治形势变化等要素的影响，法国政府不断调整其保障性住房政策。法国的保障性住房一般称为社会住房，是指在政府资助下，由公共部门、社会团体、非营利团体经营管理的，专门提供给低收入居民和家庭的低租金、低价格的福利型住房（张祎娴和张伟，2017）。从19世纪开始，法国的住房政策可以分成四个阶段。

19世纪后期到1918年，属于法国保障性住房的初始阶段。1870年普法战争后，法国进入了第三共和国时期，随后发生巴黎公社运动。执政者意识到，只有让无产者成为有产者才可能维持社会的稳定。1894年，法国通过了《施格弗莱德法》，赋予中央政府减免税收、设立公积金和向慈善机构贷款的权力，以更好地介入保障性住房的建设。当时采用的一个主要方式是通过工人集资来建设集合式住房，以缓解工人的住房问题（赵明和合雷尔，2008）。此外，政府还鼓励公益组织和个人建设廉价住房，同时给予一定的财政补贴和税收优惠。1905年法国通过了《斯特劳斯法案》，该法案规定了国家有责任对社会住房的质量进行监督，并要求政府扩大土地供应和补贴私营公司来推进保障性住房的供应。但是，由于当时的投资分担和利益共享机制还不明确，地方政府和开发商动力不足。在第一次世界大战（以下简称一战）之前，仅仅建成了几千套廉价住房。1908年法国出台《里波法》，该法规将财政优惠政策范围覆盖至中低收入家庭（杨辰，2017）。1912年颁布《保诺维法》，该法规设立了负责工人住房规划建设的专门机构，改善了工人居住区的条件，标志着法国住房保障体系基本形成（潘小娟等，2014）。

1919年到1944年，法国社会住房迅速发展。一战后法国面临住房短缺问题，开发商在郊区大量开发新住房。同时，政府也意识到建造社会住宅的紧迫性。1919年，法国《城市规划法》对住房开发提出三项规定。第一，土地出让之前必须编制详细规划，并获得地方政府的审批。第二，公共服务设施用地应占到住房项目总用地的1/4。第三，市政设施投资由政府和开发商各承担一半。1928年，法国

《卢舍尔法案》提出了国家社会住房建设的计划,即用十年的时间为工人阶级提供50万套廉价住房。在这期间,除了政府主导,社会组织(包括住房合作社和其他民间社团)也积极参与了保障性住房的提供。

二战结束(1945年)到20世纪80年代,法国经历了应对二战后住房短缺的大规模建设和鼓励多样化供给等阶段(张祎娴和张伟,2017)。二战后法国城市化进程加快,住房短缺问题变得越来越严峻。为此,政府加大了对保障性住房建设的支持力度。在重建阶段,政府设立了住房补贴制度,还制定了低租金住房制度,即地方政府强制要求开发商建设一定比例的低租金住房。在这个制度下,低租金住房成为法国保障性住房的重要组成部分(王一和张尚武,2015)。二战后,法国还设立了以储蓄金为基础的住房投资机构,通过完善住房金融市场,扩大了住房的供应和消费。随着住房短缺问题得到缓解,法国也逐渐放缓了低租金住房的建设。这之后,政府开始根据居民的家庭特征来提供不同类型的住房资助。一方面,政府向贫困家庭直接发放货币补贴;另一方面,政府也提供低息贷款,鼓励居民购买自己的住房。

20世纪80年代之后,法国经历了鼓励社会混居和城市更新的阶段。受经济危机的影响,当时法国经济增长放缓、失业率上升,引发了贫困集聚加重的现象,居住隔离进一步恶化(田野,2010)。为了缓解居住隔离,政府开始推行社会融合,制定了社会混合居住的目标。1990年,法国政府颁布了《博松法》(陆超和庞平,2013),将贫困人口重新分布、社会公正和社会混合三项目标予以整合,并提出社会混合政策及渐进式城市更新,以提升社会住房的居住质量和促进社会公平。

五、新加坡

新加坡是一个市场经济国家,但其住房建设与分配并不完全依靠市场,而是采用政府分配与市场机制相结合的形式。中低收入群体的住房由政府提供,高收入群体的住房则由市场供给。新加坡把住房政策干预与经济发展相互结合,成为东亚国家发展型社会政策实践的成功典范之一(何洪静,2014)。新加坡的保障性住房指中、低收入群体为目标,由政府投资建设并有偿提供的组屋,包括供出租的廉租房和供出售的廉价房。组屋以出售为主,具有很高的产权自有率。在2010年,新加坡约82.4%的人口居住在组屋中,其中94.8%的人口拥有组屋产权(李俊夫等,2012)。新加坡自治后的住房政策发展历程,可划分为五个阶段。

从1960年至1965年,建屋发展局供应租赁住房阶段。新加坡自治之后,将公共住房建设作为施政的优先任务。政府干预住房市场带有两个目的:一是解决住房短缺问题;二是为了拉动经济发展,促进充分就业和维护社会稳定。可以说,新加坡的住房政策是一种发展型的社会政策。1960年,新加坡成立了建屋发展局,这个非营利机构主要负责统筹住房建设和分配。在早期,公共住房的用地主要是通过拆除老旧社区和棚户区来取得。建屋发展局建造了大规模的租赁住房，并且注重提升公共住房的基础设施和周围环境。由于建屋发展局在住房供应方面的主导地位，私人开发商慢慢淡出了住房市场。

从1966年至1970年，进入中央公积金支持购买自有住房的阶段。虽然建屋发展局建设了大量的租赁住房，但当时新加坡住房短缺现象依然严重。在20世纪60年代中期，大约有1/4的人口仍然居住在棚户中（苏昭宇和郭劲光，2009）。政府要求建屋发展局加大住房供应的力度，同时提出两个重大的政策转变。首先，后期开发的住房以自有产权为主，这些住房将销售给符合收入要求的居民。其次，居民只要交付20%的首付，就可以以固定利率获得长达15年的抵押贷款。政府不断放宽收入标准，而且，从1968年开始，政府允许购房者动用部分公积金作为首付和月供，这个措施大幅度地提高了新加坡的住房自有率。

从1971年到1979年，进入以中等收入自有住房、建屋发展局建设的公共住房、私人市场为主体的三元住房供应阶段。进入20世纪70年代，新加坡迎来了一个政治稳定、经济和社会繁荣的时期。随着居民收入的大幅提高，他们对公共住房的购买能力稳步提升。政府也进一步放松了购买公共住房的家庭收入标准，使得能够享受住房保障的居民范围进一步扩大。而且，政府也给了住房租户更为灵活的选择，包括不同付款方式和利率方式，鼓励更多的家庭购买公共住房。通过这些举措，新加坡的住房保障范围拓展到了中产阶级。到了20世纪70年代末，新加坡公共住房已容纳全国2/3的人口，其保障性住房体系实现了向公众供应的自有住房社会的转型。

从1980年至1989年，新加坡以中低收入群体自有住房和私人住房市场为主体的二元住房供应结构基本形成。在20世纪80年代，新加坡开始合并建屋发展局和住房与城市开发公司，这个措施使得新加坡主要的住房供应主体实现了整合，其中，建屋发展局的服务对象同时覆盖了中低收入家庭和中产阶级（俞永学，2008）。在总体储蓄和中央公积金的支持下，政府限制公共租赁住房的供应，转而扩大住房自有率，并且提倡混合居住理念，促进社会融合（连宏萍等，2019）。政府颁布了全面提升居住环境的系列计划，重点更多地放在提供高质量的生活环境上，包括组屋更新计划和邻里重建计划等（魏宗财等，2015）。在20世纪80年代末，新加坡的公共住房的住房自有率已达到79%，公共住房可以容纳的人口占到总人口的87%，可以说，新加坡已经成为一个政府主导供应下的自有住房社会（Tu，1999）。

1990年之后，新加坡也采取了一些措施来调控私人住房市场。在这个阶段，新加坡已经解决了社会上的基本住房需求。政府在住房政策方面进行了进一步完善。首先，政府为公共住房的购买者提供了更多的选择，包括调整抵押贷款政策，使得购买者可以获得总房价的80%的抵押贷款，低收入家庭甚至可以获得总房价的95%的抵押贷款（何洪静，2014）。其次，政府调整了二手住房的交易税制度，让购买者可以在无须缴纳转让税的条件下购买转售的住房。最后，面对社会上对私人住房需求的激增，新加坡制定了相应的鼓励政策。例如，购房者可以利用中央公积金来购买私人住房。尽管私人住房价格高涨，但公共住房的涨价幅度由政府限制，以保障中低收入家庭能够购买得起公共住房，维持了居者有其屋、有恒产者有恒心的住房政策理念。

第五节　从国际经验看保障性住房政策的范式转型

世界主要国家的保障性住房政策的演变具有一定的规律性。一般来说，在快速城市化阶段，由于面临住房短缺问题，政府直接投资建设保障性住房是普遍采用的政策工具；同时，保障性住房建设也是各国政府刺激经济的手段。等到城市化发展到一定水平，随着住房短缺问题得到缓解，住房政策与社区发展相整合，政府将促进社会融合、增加社会交往和就业机会当作政策目标。各国的保障性住房政策逐渐关注提升保障性住房的供给质量，提高可支付性，促进经济增长，增加公共服务的供给，推进社区和城市的发展，减少种族隔离和社会排斥。同时，很多国家也鼓励住房自有，帮助家庭通过住房来积累财富。基于各国政府在住房保障体系中的定位，不同国家会选择不同的住房保障模式。

（1）对于新自由主义价值取向的国家，一般倾向于采用自由市场的政策模式。新自由主义主张在新的历史时期尽量鼓励个人自由，调解社会矛盾，维护自由竞争的资本主义制度。自从20世纪70年代以来，新自由主义在国际的经济政策中扮演着越来越重要的角色。新自由主义一般反对国家对于经济的干预。以美国和英国为代表，其保障性住房政策以市场化为核心、减少不必要的国家干预。

（2）对于法团主义价值取向的国家，一般强调市场经济必须承担社会责任。法团主义试图提供关于社会结构的理想型，用来描述国家和社会不同部分的体制化关系，重点强调功能单位和体制的合法化关系（顾昕和王旭，2005）。法团主义关注的不是个人的或非制度性的关系，而是一个利益代表系统。这种模式以德国和荷兰为代表，政府对住房价格采取干预机制，支持保障性住房的提供，尽量保障居民的住房权利。

（3）福利国家政策模式，主张通过国家行为最大限度地增加住房平等，政府投入大量财政予以支持。福利国家制度是资产阶级为了缓和阶级矛盾而实现的制度，政府推行各种社会福利措施（臧秀玲，2004）。二战后，这一制度广泛流行，在很多国家，私人、企业、团体和政府通过各种渠道为社会提供住房等福利。这种模式的代表国家包括瑞典和丹麦，其保障性住房政策强调政府在住房供应中的作用和普遍的公平原则。

（4）威权主义（authoritarianism）价值取向的政策模式，强调政府对住房市场供给水平和价格进行强制干预。权威主义或威权主义指政府要求人民服从其权威的原则，政府的威权主义指权力一般集中于一个小的精英团体（许瑶，2013）。这种制度以新加坡为代表，政府不仅积极参与经济发展，也积极构建包括住房在内的社会福利体系，将其作为经济发展和人们生活水平提升的组成部分。

从不同国家的保障性住房政策范式转型经验中，我们可以总结出一些规律。首先，各国的住房保障方式随着社会住房问题的发展变化而不断完善，走过了相似的路径。通常来说，政府直接投资建造的保障性住房占同期所有新建住房的比重会出现先升后降的趋势。随着社会经济水平的提高，保障性住房建设规模扩大，住房问题会得到缓解。随着住房的市场化程度不断提升，住房的公平与效率成为政府关注的焦点。政府的补贴一般会从供给侧补贴转向需求侧补贴（姚玲珍等，2017）。其次，各国的保障性住房供应方式存在很大的差异。一些国家完全由政府组织建设保障性住房，有些国家则鼓励政府与私有企业共同建设。例如，新加坡的建屋发展局致力于保障性住房的综合管理，实现组屋建设、分配、管理和维修等一体化。而在英美等国，政府为私有企业提供一定的利息补贴或税收补贴，形成了政府与市场共同运作保障性住房模式，有利于减轻政府的财政负担。最后，各国的保障性住房补贴提供方式存在明显差异（姚玲珍等，2017），主要表现为直接补贴与间接补贴的区别。一部分国家把住房补贴直接补贴给符合条件的居民，如德国房租补贴是对低收入家庭住房保障的主要方式，而以美国为代表的一部分国家通过间接方式补贴给房屋出租公司，再由房屋出租公司向中低收入家庭供应低租金住房。

分析典型国家的保障性住房政策范式变迁，对我国的住房保障工作可以有一些借鉴意义（阎明，2007）。第一，住房保障的标准和内容应随着社会经济发展的变化而及时调整。在不同的社会经济发展阶段，收入水平、住房价格、居住标准也会发生变化，住房保障的水平、保障对象也应该及时调整，这样才能实现住房保障的公平和效率。第二，政府应循序渐进地提出不同的住房保障体系目标。住房保障体系的建设涉及面广、难度大、周期长，要分阶段来逐步完善。例如，美国保障性住房政策包括了公共住房建设时期、供给端补贴时期、需求端补贴时期，新加坡的"居者有其屋"计划首先解决低收入家庭的住房问题，然后解决中等收入家庭的住房问题。第三，政府要鼓励社会力量参与保障性住房供给。很多国家的经验表明，除了政府的直接投资和建设之外，私营开发商和非营利组织也是住房保障的重要力量。政府也可以提供税收或财政补贴，要求相关企业和组织为特定的保障群体提供保障性住房。通过这些措施，不仅可以减轻政府的财政压力，也可以利用开发商或非营利机构的专业知识，提高住房保障质量，拓宽保障性住房来源。第四，通过创新住房金融产品和服务来完善保障性住房政策体系。金融创新可以为保障性住房供应和消费提供针对性的金融支持（姚玲珍等，2017）。例如，新加坡的中央公积金制度、美国的抵押贷款制度、德国的住房储蓄制度为保障性住房消费提供了资金保证，这是建立完善的住房保障制度的前提条件。第五，保障性住房政策体系离不开法治化环境。各国的住房保障经验表明，政府的法治化建设，对于推行保障性住房制度具有重要作用，包括住房权利、供应对象、保障标准、资金来源和管理机构方面的规定。例如，英国的《工人阶级住房法》、美国的《住房法》、法国的《施格弗莱德法》等法律对完善这些国家的保障性住房政策体系起到了重要推动作用。

第五章　保障性住房范式转型的动力要素

第一节　政府力量与市场力量

市场经济是依靠市场机制来调控资源配置和经济运行的经济制度。由于受市场竞争的不完全性、市场功能的局限性、市场自身的不完善和市场外部环境的限制，市场经常出现失灵，表现为资源配置失效、社会不公平加大等后果，所以需要政府介入来调节市场失灵（杨赞和沈彦皓，2010）。保障性住房体系建设通常遵循一个原则，即政府主导、发挥市场力量、鼓励社会参与。根据我国住房政策的改革目标，国家强调要构建以政府为主提供基本保障、以市场为主满足多层次需求的住房供应体系。各级政府是住房保障的责任主体，因为建立住房保障体系的出发点就是为了政治和社会稳定、满足人民的基本居住权利、弥补市场失灵。虽然市场也能起到一定的住房保障作用，但住房保障归根结底是政府的基本职责。在社会发展的各个阶段，由于具体条件不同，政府解决住房问题的实际力度有所不同。纵观世界各国保障性住房体系的发展历史，我们可以发现，政府在不同的经济社会发展阶段，都试图在政府干预和市场化之间寻求一个平衡点。

政府可以通过各种政策工具来干预保障性住房市场，主要包括明确产权关系、提供住房补贴，采用法律、税收和金融等手段来对市场进行管制。第一，通过对住房产权关系的确定来提高住房市场交易的效率。清晰的产权，对应着交易各方的权利和义务，可以有效激励业主更用心地维护房产。在这个过程中，政府通过制定相关的法规，创造一个可以清晰界定和转移产权的环境，是促进住房发展和保障质量的前提之一。第二，政府通过各类住房补贴来参与住房保障，这些补贴既包括需求方补贴，也包括供给方补贴。供给方补贴指的是政府直接投资建设的各类保障性住房，而需求方补贴指的是直接发放给住房消费者的补贴。第三，政府也通过税率变化和税收减免等方式来激励或限制住房的建设或消费。以税收工具为例，主要包括流转税和所得税，这些税种可以减少房地产市场的投机行为。在国外，主要通过房地产税来调整住房市场，房地产税往往也是地方政府的主要财政来源。政府也可以通过税收工具来鼓励住房供给，如通过对开发企业减免税收，鼓励企业进行保障性住房供给。第四，政府利用各种住房金融工具来消除保障性住房的约束，促进保障性住房的供给和消费。例如，通过各种抵押贷款让中低收入家庭能有扩大住房消费的机会。第五，政府也通常使用租金管制、土地管制、建筑用途管制等政策工具，降低市场带来的负外部性，提高中低收入家庭的住房支付能力。

在社会经济发展的不同阶段，政府对保障性住房的干预力度也不一样。通常来说，在住房短缺阶段，政府普遍采用大规模保障性住房建设的方式。这种方式不仅可以显著改善居住条件，而且还能促进固定资产投资、拉动经济。例如，在18世纪末，因为住房严重短缺，英国产生了严重的社会问题。于是，政府出台了一系列的政策，开启了大规模保障性住房的建设（刘玉亭等，2007）。20世纪30年代，美国为了克服大萧条的影响，也开始大规模地建设公共住房；二战之后，面对战后住房短缺问题，美国又开启了第二次大规模公共住房建设。

随着保障性住房建设量的增加，住房短缺问题慢慢得到解决。在政府克服了市场失灵的时候，又可能面临"政府失灵"（government failure）的问题。例如，大规模建设保障性住房之后，运营维护成本急速提高，给政府带来沉重的财政负担。很多政策研究者指出，在凯恩斯的国家干预理论的影响下，政府的大规模投资不仅投资效率低下，而且对商品房市场造成挤出效应。此外，政府职能和规模不断扩大，造成公共资源的严重浪费，导致很多国家的公共财政预算陷入困境。根据公共选择理论，官僚机构垄断了公共物品的供给，导致缺乏竞争而效率低下（张成福，2003）。面对这些问题，公共产品供给市场化的理论逐渐兴起（李文钊，2021）。后来，以诺贝尔经济学奖得主埃莉诺·奥斯特罗姆（Elinor Ostrom）为代表的新制度主义学派（new institutionalism）主张将市场机制引入公共服务领域，形成政府、市场和社会组织合作共治的公共事务多中心治理模式（张克中，2009）。受公共产品供给市场化理论的影响，很多国家开启了公共服务改革，包括通过利率和税收补贴等方式来鼓励私有开发商提供保障性住房等。以英国为例，撒切尔政府在20世纪70年代末开始推行市场化导向的公共行政改革，以应对财政危机和低下的行政效率。政府引入购屋权来推进公共住房的私有化，同时，把保障性住房的供应任务转移给住房协会。政府负责给住房协会提供土地和资金以完善社会基础设施，也对住房协会进行严格监管，形成一种"准市场"的机制（莫林斯和穆里，2012）。在美国，联邦政府在1968年推出"补贴住房建设计划"，通过利息补贴等方式鼓励开发商或非营利机构参与保障性住房建设，也推出LIHTC

项目，向开发商提供税收抵免额度，以激励他们提供保障性住房（Deng and Zhu，2013）。总之，政府干预的力度在不同社会发展阶段发生变化。政府主导的方式一般在住房严重短缺的情况下比较具有效率。在全社会住房供给不足的时候，政府往往会大规模兴建保障性住房。到了住房市场供需均衡的阶段，政府主导的模式会带来很多负面影响，如政府投资效率下降，甚至会影响商品房的正常发展，进而转向利用市场机制来进行调节。

我国保障性住房政策的制定与落实，是中央政府和地方政府共同努力的结果。中央政府承担保障性住房的基本政策和全国性规划；省级政府对本地区解决城市低收入家庭住房困难工作负总责，并对所属城市实行目标责任制管理；而城市政府具体解决保障性住房的建设和分配问题（谭羚雁和娄成武，2012）。总之，中央政府负责住房政策的顶层设计、中长期住房供应计划、法律法规建设、财政预算、政策性金融体系建设、土地指标协调、建立跨地区的住房保障信息平台、对地方政府展开监督与考核（虞晓芬等，2018），并且制定相关法律，提供相应的预算资金。地方政府主要负责保障性住房政策的落实（谭羚雁和娄成武，2012）。中央政府对地方政府不仅强调考核，也采用激励的方式。例如，近年来中央政府打破了以GDP为导向的传统考核机制，让地方政府认识到保障性住房是重要的民生问题，是社会稳定、公平正义和经济发展的重要保障。

归纳来讲，中央政府在保障性住房方面的事务主要包括以下几点。首先，通过法律和政策对住房保障对象、保障标准、责任分担等进行规定，并对资金来源、土地供给、金融支持、税收优惠等具体事务进行规定，以制定符合国情的住房保障体系。其次，中央政府负责保障性住房的投入，并发挥财政的杠杆效应，引导社会资本参与保障性住房的供给，以激发地方政府在住房保障方面的积极性。在我国，中央政府一般通过转移支付的方式，减轻经济落后地区的财政配套资金负担，争取住房保障方面财权与事权相匹配的制度环境。最后，中央政府还负责完善对地方政府的考核和激励机制，引导地方政府官员关注城市的长期发展目标，重视社会民生的发展。中央政府也给予地方政府相应的政策设计和实施的空间，鼓励地方政府进行融资工具的创新，如拓宽融资渠道等（程大涛，2013）。近年来，中央政府鼓励各个城市利用资产支持证券（asset-backed securities，ABS）和房地产投资信托基金（real estate investment trusts，REITs）等工具，这进一步完善了住房保障的融资方式和体系。

地方政府在保障性住房体系中主要落实制度、规划、建设、资金、管理等具体职责。首先，地方政府负责完善保障性住房的组织体系，包括制定基本住房保障规划和监督，市县政府具体实施。一些城市（如上海）采用分权式的组织体系，把住房保障任务下放到区县；而有些城市（如重庆）采用集中式的组织体系，由市政府统一进行组织。其次，地方政府负责住房保障的事权，如年度计划、建设质量、社区治理、资产保值增值、分配管理、退出管理等具体事务。最后，各个地方政府根据自身的经济水平和治理体系，选择具体的住房保障策略。

总之，在住房保障问题上，政府间关系的基本框架是：中央政府承担总体责任，关注社会稳定；地方政府负责具体政策的落实，在"因城施策""一城一策"的背景下，地方政府也有制定或采纳某项政策的灵活度。保障性住房政策既要考虑全国的通用性，也要考虑地方的特殊性。中央政府制定的政策对于地方政府来说，具有政治责任，同时也留出了一些灵活调整的空间。所以，中央政策与国情的结合，显得尤为重要。另外，中央政府要综合考虑不同地区的发展差异，减少责令型的政策。地方政府也不应该被动地完成中央政府的数量指标，而是应该认识到高质量的住房保障对地方经济和社会发展都能起到正面的促进作用。

虽然住房保障是政府的主要责任，但是也要防止政府干预对住房市场的过度伤害，尽量寻找政府干预与市场化的平衡点。保障性住房体系不能脱离市场体系和市场规律，所以保障性住房政策不应该忽视市场的力量。各国政府采用了不同的扶持性政策，很重要的目的是促进市场的运作。例如，在规制住房市场时，创建公平透明的环境，有利于激发各种要素来保证住房保障的效率和社会公平。

第二节 社 会 力 量

虽然政府是住房保障的责任主体，但是政府应更多地起到引导作用，动员更多的社会力量来参与保障性住房的建设与管理。政府的资金预算和其他资源是有限的，应考虑如何通过更合理的政策安排使得这些有限资金带来更大的杠杆效应。例如，如何充分地调动社会力量和资本来参与保障性住房的建设和管理（李德智等，2012）。政府在构建住房保障体系时，应该根据不同阶段的任务和使命来引导社会力量。

社会力量参与保障性住房建设时，其定位是在政府主导下的积极参与。发挥开发企业和非营利组织在保障性住房建设和管理中的作用，可以有效地减轻政府的负担，提高保障效率和质量。开发企业在住房供应方面具有专业运作力量，它们的加入可以有效缓冲住房供给相对于需求的滞后效应。当政府失灵时，一些企业和非营利机构也可以发挥市场机制的作用，提供更高质量的住房保障。市场比政府可能更高效，鼓励市场化的机构投资和运作保障性住房，可以更好地提升住房保障的公平与效率。

在我国，社会力量参加保障房建设是一个重要发展趋势（李德智等，2012）。

例如，越来越多的开发项目要求开发商配建公共租赁住房。此外，很多企业参与到公共租赁住房或者其他保障房的管理服务中。近年来，也出现越来越多的住房保障类的非政府组织，它们积极参与到保障性住房的建设和服务中。保障性住房涉及土地供给、规划、建设、融资、管理、服务等各个环节，如果只依靠政府的力量，很难满足保障性住房的供应和多样化需求。社会力量参与住房保障体系的建设，包括了开发建设、资金支持、企业自建、社会捐赠、配建等方式。总之，社会力量对完善住房保障体系起到了有益的补充作用（陈红霞等，2013）。首先，社会力量结合自身的资金实力和专业化运作水平，可以通过多种灵活的方式参与保障性住房的供给和管理。其次，社会力量的参与能够有效地稳定住房价格；随着保障性住房供给扩大，其也有利于稳定住房价格和租金价格。最后，社会力量的参与能够有效改善住房保障的治理和服务水平。在保障房申请资格审核、租金缴纳、设施维护、社区治理等环节，社会力量可以通过自身的专业化水平提高居民的满意度。

世界上许多国家在保障房的建设、运营和管理等方面，都积极发挥社会力量的作用（陈红霞等，2013）。大量的营利机构和非营利机构参与到保障性住房建设中，相当于扩大了公共产品的供给，是企业或其他社会力量履行社会责任的重要体现。此外，社会力量在参与保障性住房提供的同时，也可获得税收优惠等利益。所以，社会力量参与保障性住房建设使得政府、居民和企业可以实现多方共赢。

以美国为例，美国的住房保障体系虽然以市场机制为基础，但是政府经常通过价格补贴、利息补贴、税收减免等形式，激励社会力量参与保障性住房的建设与管理。在美国，社会力量在参与保障性住房方面积累了丰富的经验。从20世纪20年代开始，美国就创建了住房合作社，大约有1500万户家庭生活在住房合作社拥有和管理的房屋中（姚玲珍等，2017）。住房合作社采用产权股份制，住房产权归住房合作社所有，社员拥有一定的产权份额（倪虹，2013）。此外，LIHTC项目是一个很有影响力的鼓励社会力量参与保障房建设的项目。这个项目针对供给端进行税收抵免和补贴，直接与住房项目挂钩，又被称为"基于项目的税收支持方案"。依据LIHTC项目，政府和开发商共同决定项目建设的位置，设定保障范围和保障标准。住房租金的设定并不直接与某个家庭的收入相关，而是与所在城市的平均收入水平挂钩（巴曙松，2012）。美国国家税务局（Internal Revenue Service，IRS）每年向各州住房信贷机构分配返税额度，这些返税额度向一些开发商发放。在开发商获得返税额度后，项目的债务成本将降低；开发商也可以把返税额度用于交易。除了税收优惠，政府还开发了多元化的融资渠道，税收补贴的方式也非常灵活，鼓励开发商提供针对老年人和其他特殊需求人群的保障性住房。

英国保障性住房政策体系中的非营利组织代表是住房协会，它的出现改变了英国的保障性住房的供应形态,住房协会成为社会租赁住房体系中的主导角色(钟晓慧和彭铭刚,2019)。英国的住房协会创建于1844年,它的使命是以较低的价格为低收入的工人提供住房。20世纪70年代,英国通过法律形式赋予了住房协会在公共住房建设和管理方面的权利。自此,住房协会获得了政府的大量补贴,开始了大规模发展的历程。20世纪90年代开始,政府要求私营开发机构要配建一定比例的保障性住房才能获得商品房项目的开发权。后来,住房协会更名为注册社会住房业主(registered social landlords,RSLs)。住房所有权通常会转交给RSLs,再由RSLs将这些住房租给需要保障的家庭。这种方式有效地激励了社会力量参与政府主导的保障性住房发展计划。目前,英国约一半的保障性住房都是由RSLs建造,或者是由开发商建造、由RSLs管理。RSLs起到了两个作用:一是为不具备承租能力的低收入家庭提供一定的房租补贴;二是通过贷款来融资,而不受政府财政赤字的影响(虞晓芬等,2017)。RSLs在开发低成本、低租金住房方面起到了重要作用,并且合理地配置了市场资源。住房协会之间也存在着竞争关系;政府每年划拨一定的资金,由各个住房协会竞争获得,形成了一种"准市场"的机制。

德国也通过各种方式来鼓励社会力量参与保障性住房供给(卢求,2021)。在德国,住房合作社模式是保障性住房建设的主要组织形式,这种形式已经有超过200年的历史。合作建房总量已占德国每年新建住房总数的30%(姚玲珍等,2017)。由于住房合作社所发挥的积极作用,社会住房能够抑制住房市场上的投机性。政府为住房合作社提供长期低息贷款、减免税收,并提供租金补贴等政策支持,以实现为低收入家庭提供住房的目标。此外,德国形成了租赁市场占比大于销售市场的结构,大量的成本型租赁社会市场与私人租赁市场展开了竞争,这种竞争有效地稳定了市场上的租金水平。德国租房者协会也是一个重要的法团组织,与政府合作建立租金数据库,设定合理的租金标准,有力地保护了租房者的利益。

参与保障性住房体系建设的社会力量,如果按性质来分,包含营利机构和非营利机构;如果按产业链来分,则包含投资、建设、运营、管理不同阶段的机构。社会力量不仅可以减轻政府的投资负担,还能提高项目规划、建设和运营的效率。目前,我国参与住房保障的社会力量以以营利为目的的开发商为主,主要侧重投资和建设环节。他们在承担一定的社会责任的同时,也追求一定的利益,并希望与政府建立更好的关系。这也是各个企业和机构提升自身的品牌效应、扩大开发规模和市场占有率的一种策略。

在我国,企业参建保障性住房有三种主要模式。第一种方式是委托代建,也叫定制开发,即根据委托方(如政府)需求,开发商负责土地获取、住房设计、开发管理和工程施工,最终将委托方所需产品提供交付委托方的全过程。在项目建设中,企业作为代业主参与项目建设。第二种方式是配建,即在土地出让环节,政府要求开发商在商品房项目中搭配一部分保障性住房，由开发商负责建设，政府负责配租或者由开发商自持管理。第三种方式为直接招标，即政府直接出让保障性住房地块给开发商，开发商负责投资和建设，开发利润被控制在一定水平，政府负责分配、配租或配售（张跃松，2015），我国早期的经济适用房项目就采用的这种形式。

保障性住房体系的构建是一个系统工程，需要政府和社会力量之间的有效互动和合作，既要坚持政府的主导地位，又要充分调动社会力量。政府从政策指导、资金支持、实施方式、监督管理等方面对社会力量产生影响。一方面，政府需要在政策层面明确保障性住房的总体规划、建设容量和空间布局，引导社会力量参与保障性住房供给的各个环节，强调社会力量的社会责任和贡献。另一方面，政府要保证社会力量的投资回报平衡，保障它们的各种权益。例如，政府应该拓宽社会力量的资金支持渠道，通过财政补贴或者发行市政债券等，引导金融机构提供优惠贷款或是发行企业债券，实现保障性住房供应的可持续性（杨赞和沈彦皓，2010）。

对社会力量的鼓励，需要政策的制度化、长期化，同时还需要一定的灵活性，随着实际情况的变化而进行动态调整。这样，政府主导的住房保障体系与市场可以更好地进行衔接。对于可以通过市场化运作的项目，政府提供优惠政策支持，实现企业市场化运作。对单靠政策无法实现资金平衡的项目，政府还可以进行资金补贴。对于难以开展市场运作的项目，企业可以进行代建，政府再出资购买社会服务。在这些过程中，政府不能放弃对社会力量的监管。因为保障性住房具有非常强的民生属性，社会力量在进行市场化运作的时候，不能忽略社会正义，特别是要保护弱势群体的权益。所以，社会力量在这个过程中既应该承担社会责任，又应该保持一定的独立性和灵活性。

为了促进政府与社会力量的合作与分工，需要制定一些保障措施。首先，要明确各级政府和社会力量在住房保障体系之间的角色和职责。中央政府在预算、融资、税务和法规建设等方面为政府与社会力量的合作创造良好的环境；而地方政府则负责贯彻中央政府的各项政策，特别是要保障规划、土地要素落实；社会力量负责协助政府在保障性住房方面的供给，扩大供给规模、加快建设速度和提升建设质量。其次，要充分利用社会力量的专业分工，提升管理和运营的效率。例如，在保障性住房的运营方面，可以利用专业的信息管理平台，完善保障房的申请、变更和退出机制。在新型治理技术的支持下，不仅可以优化政府的保障资源，而且可以增加公平性。在实际操作中，政府部门可以通过 PPP 模式[①]把经营

---

① PPP 是 public-private partnership 的英文首字母缩写，PPP 模式即政府和社会资本合作，是公共基础设施中的一种项目运作模式。

权让渡给社会资本,社会资本为项目提供资本金,并发挥自身在建设、融资、运营等方面的技术优势,提升项目的绩效。通过这种方式,政府与企业可以分担各种风险,提升行政效率,最终实现双方利益最大化(张涛等,2014)。最后,在总体住房供给短缺的情况下,政府可以在土地、租金、贴息和税收方面吸引开发商或者机构投资者参与;在住房供需平衡的情况下,政府可以鼓励私人房东、开发商、非营利机构等提供存量住房出租,避免政府过度投资,维持市场上房源的供需平衡。

第三节 土地供应

土地是保障性住房的基本投入要素,可以说,土地投入的数量、质量和区位在很大程度上决定了保障性住房的质量。我国政府针对不同类别的保障性住房,采用不同的土地供应方式,但主要方式是以有偿使用为核心、有限权利为条件。例如,廉租房通常采用划拨的方式,公共租赁住房通常采用土地租赁、作价入股的方式。在具体操作中,政府允许投资者分期缴纳土地费用,以减少投资者的压力;政府也可以把土地作价入股,参与公租房项目的利润分成。通过这些方式,不仅降低了投资方的初始资金压力,也让它们有机会享受土地的升值潜力,增加了其投资的积极性。

在早期,我国住房保障的土地供应主要采用行政配置的方式,以行政划拨为主。例如,2007年出台的《国务院关于解决城市低收入家庭住房困难的若干意见》,就规定了廉租住房和经济适用住房建设用地实行行政划拨方式。2010年,住房和城乡建设部等部委《关于加快发展公共租赁住房的指导意见》(建保〔2010〕87号)规定,"面向经济适用住房对象供应的公共租赁住房,建设用地实行划拨供应。其他方式投资的公共租赁住房,建设用地可以采用出让、租赁或作价入股等方式有偿使用"[1]。2010年印发的《国务院办公厅关于促进房地产市场平稳健康发展的通知》提出加快推进保障性安居工程。根据国土资源部的统计,2013年全国保障性安居工程中,通过划拨方式供应的土地达到82%,而采用出让的方式供应的土地才18%[2]。以行政划拨、无偿使用为基本特征的土地供应模式,有利于大规模、高速度、低成本地推进保障房项目的建设。但是,这种土地供应模式也会造成大量的土地资源利用率不高,并可能冲击商品住房市场。例如,有些地方政府

---

[1] 《关于加快发展公共租赁住房的指导意见》,http://www.gov.cn/gzdt/2010-06/13/content_1627138.htm[2021-10-11]。

[2] 《2013年全国住房用地供应计划》,http://www.gov.cn/gzdt/2013-04/16/content_2378964.htm[2021-10-11]。

为了完成上级政府下达的保障性建设指标,仅仅在意土地供应数量,在区位较差的地方供应土地给保障性住房(杨宏山,2014)。这些地方公共服务设施配套不全,集中建设也造成了低收入人口集聚,降低了保障质量,扩大了社会不公平。

很多城市对集体建设用地用于公租房的建设进行了探索。2010年,上海在《贯彻〈本市发展公共租赁住房的实施意见〉的若干规定》中提出,"公共租赁住房运营机构可根据农村集体建设用地流转和投资建设有关规定,受让或租赁农村集体建设用地,或与农村集体经济组织合作,投资建设和经营管理公共租赁住房"。建设机构也可以与村集体合作,在集体用地上建设公租房。2011年4月,国土资源部印发《关于加强保障性安居工程用地管理有关问题的通知》指出,对于商品住房价格较高、建设用地紧缺的个别直辖市,政府必须按照控制规模、优化布局、集体自建、只租不售等原则,制定试点方案。2014年,北京和上海获批先行试点集体土地用于公租房的建设(邓宏乾等,2012)。

如何高效率地增加保障性住房的土地供应,各国政府做了很多探索,希望建立多样化的保障性住房用地供应方式。虽然许多国家和地区实行土地私有制,但其政府及相关部门会拥有一些土地,这些土地可以用于保障性住房的建设。对于实行有偿和有限土地使用的国家,保障性住房的建设受到了城市规划、建筑标准等的限制。在我国,保障性住房土地供应主体包括了代表国家行使国有土地使用权的地方政府、拥有集体土地的村集体,以及拥有土地存量的企事业单位。在很多国家,土地也是保障性住房融资的一条重要的途径。地方政府用土地市场上获得的收入来支持保障性住房建设。这种土地供给行为,往往与实行土地银行政策的地方政府联系在一起(崔新明和贾生华,2000)。土地银行可以帮助政府在预测某块土地具备升值潜力的前提下取得土地,然后待其升值,等实现土地增值收益之后,将其用于保障性住房建设。我国很多城市(如重庆)通过前期大量土地储备和后期的土地升值,有力地支持了大规模的保障性住房开发。

不同的国家和地区根据自身的土地制度,采取不同的策略参与保障性住房供应。例如,新加坡和中国香港地区一般采用划拨土地的方式,德国和法国也经常采用无偿供给土地的方式。法国政府在二战后的一段时期,为保障性住房项目直接提供了大量土地(王一和张尚武,2015)。另外一些国家和地区采用有偿供地的方式。例如,韩国以市场60%~80%的价格为公共租赁住房供应土地(陈杰和张鹏飞,2010)。英国通常采用市场价格为保障性住房提供土地,但是缴纳方式和缴纳时间可以做灵活的调整。日本采用土地银行的办法购置土地,为保障性住房项目供应土地(张运书,2011)。美国通常采用容积率奖励的办法,鼓励开发商在商业化的住房项目用地中配建保障性住房。

第四节 融资模式

除了土地之外，资金也是落实保障性住房建设的一大难题。早期保障性住房建设资金主要以公共财政为主。公共财政以国家为主体，通过政府的收支行为，集中一部分资源满足公共需要，以弥补市场缺陷、缓解社会不公平。既然保障性住房是政府的基本职责，那么就需要政府直接的资金投入，包括政府直接投资建设或购买保障性住房、提供租金补贴等，这部分资金属于显性财政资金投入；也包括划拨土地、提供税收抵扣等，这部分资金属于隐性财政资金投入（邓宏乾等，2012）。

在保障性住房政策落实初期，依托政府的融资模式占据着主导地位。由政府财政直接投入、土地出让净收益和住房公积金增值收益构成的财政资金，是我国保障性住房最主要的资金来源。住房融资是金融资本与住房市场的结合点。在公共财政投入越来越紧张的情况下，住房融资模式的创新对于促进保障性住房政策体系的完善具有重要意义。探索保障房融资模式，既要强调政府融资模式的主导性，也要强调其引导作用。

政府主导的融资模式主要包括财政资金、银行贷款和债券等形式。财政资金融资是指政府通过财政支付直接或间接支持保障房建设。在传统意义上，财政资金是保障房建设的主要资金来源，包括财政补贴、税收优惠、直接投资等。银行贷款是指政府依托保障房建设平台公司向政策性银行、商业银行以及住房公积金中心申请贷款对保障性住房进行的融资。债券融资是指地方政府通过各种融资平台来发行债券，获得资金用于保障房建设，并提供相应的担保。

世界各国在多年的探索中，形成了各具特色的住房金融模式。最常见的是以政策性住房金融体系为主的模式。以法国为例，其政策性金融包括公益性住房建设优惠贷款、住房储蓄贷款、政策性贷款和担保等（常皓和邓婷，2015）。公益性住房建设优惠贷款指的是公益性住房机构向中央银行申请的利率优惠贷款；住房储蓄贷款是指储户获得的固定利率贷款；政策性贷款和担保面向低收入家庭，通过住房购置基金为住房贷款提供相应的担保。例如，韩国国民住宅基金是该国重要的政策性住房金融模式，委托韩国国民银行管理，支持保障性住房的建设和消费（黄修民，2010）。另外一种较为流行的模式为合作性住房金融体系。以德国为例，该国建立了合作性和政策性相结合的住房金融模式，住房储蓄银行通过吸收居民储蓄存款，向储户发放低利率的长期贷款，用于住房建设和消费。因为住房储蓄银行的利率稳定并且远低于市场利率，所以住房储蓄银行可以看作该国合作性住房金融体系的重要组成部分（艾克豪夫，2012）。新加坡政府以强制性储蓄的合作性住房金融为主导，并提供财税和补贴支持。该国政府要求公民缴纳公积金，并为公积金存款进行担保和免税。公积金专门由中央公积金局归集、管理和使用，并在资本市场上进行经营、获得增值。还有一种模式是以商业性住房金融体系为主，美国是典型的采取这种模式的国家，该国的住房金融体系可以分成一级市场和二级市场（温信祥和张双长，2016）。联邦住房金融委员会负责一级市场的监管，而联邦住房企业监管办公室负责二级市场的监管。一级市场由商业银行、储贷协会、互助储蓄银行等金融机构组成，这些机构向购房者发放住房抵押贷款。二级市场是住房抵押贷款证券化的过程。通过住房抵押贷款证券化，金融机构可以分散市场风险，并提高一级市场的资金流动性。例如，房地美和房利美就是美国著名的住房金融二级市场金融机构，两者也都是政府支持的企业。

纵观各国保障性住房融资的发展历程，可以发现政府在保障性住房建设领域中所扮演的角色由大变小。在初期，政府往往把财政资金直接用于保障性住房的建设和运营。例如，20世纪60年代前的美国、公共住房发展初期的英国和德国，政府都投入了大量的财政资金。随着保障房建设规模的扩大，政府财政的压力越来越大，政府运作低效率等弊端也日渐显露。于是，各国的财政资金不再大规模直接参与保障房建设，而是逐步转为间接支持。政府通过财政资金以利息补贴、贷款担保和税收减免等方式，提供优惠政策，鼓励民间企业和非营利机构参与（张勇，2014）。以英国住房协会为例，它经历了由政府投资到社会投资的转型，获得政府直接补贴的比例逐渐减少，而在市场上获得融资的比例显著提高（姚玲珍等，2017）。

对于我国来讲，创新保障性住房的融资模式，一方面，可以借鉴成熟国家的经验；另一方面，又要结合中国的国情，着眼于当前中国的经济发展水平、城市化水平、土地制度、财政制度、住房供求结构、治理体系等来创新融资模式。探索创新融资模式，根本目的在于吸纳更多资金来支持保障房建设和管理。保障房投资不仅包括建设环节，还包括后续运营环节，如果仅仅依靠政府的力量，很多保障房项目的投资是难以持续的。

自我国推进住房体制改革以来，住房供给和消费环节对金融支持的依赖度都大大增加，形成了"以商业性为主、合作性为辅、政策性为补充"的住房金融体系。但是，住房金融的发展依然存在着各种约束。首先，商业性住房金融以银行信贷为主，而且风险分担和转移机制还不健全。我国住房抵押贷款资产证券化等金融产品试点推出时间较短，住房金融二级市场发展较为缓慢。其次，有效支持住房消费的政策性金融体系还没有形成，特别是现有的住房消费融资渠道非常有限。最后，住房公积金制度面临普惠性、包容性和公平性的挑战。住房公积金主要支持住房消费，较少支持住房生产，属于强制的合作性金融，即政府通过强制归集住房公积金，服务住房融资需求，是一种封闭的融资体系，购房能力有限的家庭难以享受贷款利率优惠，而购房能力强的家庭却获得了利率补贴，形成新的社会不公平（温信祥和张双长，2016）。

在过去，我国的保障性住房由政府主导，并以新建住房为主。我国保障性住房建设资金也由财政直接投入，建设用地由政府提供，规划选址由政府决定，保障房的分配与运营由政府主导。这种方式的优点是能在短期内建设大量的保障房。但是也存在一些问题，如政府财政负担重、保障质量差、对商品房市场形成挤出效应。目前，政府越来越意识到，大规模建设保障性住房，仅靠财政"一条腿"是不够的，还要吸引更多社会资本和民间资本。为此，我国政府陆续发布了各种政策来支持社会资本参与保障性住房的建设与管理。2010年，《国务院关于鼓励和引导民间投资健康发展的若干意见》印发，提出要鼓励民间资本参与政策性住房建设。2015年，财政部印发了《关于运用政府和社会资本合作模式推进公共租赁住房投资建设和运营管理的通知》，强调运用政府和社会资本合作模式推进公共租赁住房投资建设和运营管理的重要意义,通过运用政府和社会资本合作模式,发挥政府与社会资本各自优势，逐步建立"企业建房、居民租房、政府补贴、社会管理"的新型公共租赁住房投资建设和运营管理模式。

基于以上分析，政府可以通过如下方式来提升保障性住房投融资体系。

（1）设立非营利机构和国家投融资平台等创新机构，吸引社会资金、减轻政府财政负担（臧崇晓等，2012）。可支付性住房投融资平台的搭建和完善，可以为私人资本分散还贷风险，并借助政府信用及平台的调配功能提供担保，有效降低资金成本。很多发达国家都成立了专门的公共住房金融机构，如日本的住宅金融公库、英国的住房与社区署和住房金融公司、新加坡的建屋发展局。专门的住房金融机构从多种渠道筹集资金，包括政府性基金、中央公积金和私人部门的资金，以保证保障性住房的开发和消费都能获得充足的资金。

（2）完善保障性住房金融体系。无论是德国的住房储蓄制度、新加坡的公积金制度，还是美国的以房地美和房利美为主体的二级住房抵押贷款制度，住房金融体系在住房保障政策实施中都发挥了非常重要的作用（张勇，2014）。建立完善的住房金融体系，可以充分发挥市场的力量配置资金，使多元化社会资本能够支持保障房建设。

（3）建立稳定的、低成本的保障房资金筹措渠道。对于经济困难的地区，可以通过中央预算内财政补助等方式进行支持。保障性住房的资金纳入统一的财政账户管理，专门用于保障性住房的建设、维护和治理。

（4）增加保障性项目自身的经营收入，包括保障性住房的租金收入和配套设施的经营收入，如配套的商业用房租金。

（5）利用杠杆作用来鼓励社会资本的进入，盘活社会上的存量私人资本。例如，采用PPP模式，鼓励社会资本参与保障性住房的提供，减少对政府财政资金的依赖。

（6）借助资本市场，认识到保障性住房是能产生一定经济效益的社会资产。以公共租赁住房为例，其租金收入稳定、风险低，与REITs投资标的物的特征相符。2015年印发的《住房城乡建设部关于加快培育和发展住房租赁市场的指导意见》提出，积极推进房地产投资信托基金（REITs）试点。利用住房租赁的稳定现金流和房地产的未来增值，REITs可以吸引社保基金和保险基金参与长期投资，也可以兑现政府的土地收益。通过这种模式，政府没有直接投入资金，但引入了社会资金，获得了土地的增值收益。

（7）制定税收减免政策。税收政策是政府进行宏观调控的措施之一，税收政策的变动可以反映政府对经济发展的引导（贾康和刘军民，2007）。为了鼓励私营资本参与保障房建设，有必要通过税收减免等政策来进行推动。私营资本的目标是要实现必要的收益率，保障性住房的利润空间有限，可以通过税收减免的手段来吸引私营资本。此外，为开发商发行的债券、金融机构发放的贷款提供税收优惠，也可以对保障性住房的融资起到积极的推动作用。

第五节　规划方式、房源筹集、治理体系

一、规划方式

保障性住房政策的范式转型还与很多因素有关，包括规划方式、房源筹集方式和治理体系的变化。以保障性住房的规划为例，在初期，集中建设往往是保障性住房的主要规划方式。对于地方政府来说，"单独选址、集中新建"的方式较容易实现保障房建设任务与单一项目资金的平衡。许多城市在郊区建设大型保障房居住区，可以加快基础设施的配套建设，有效地提升周边土地的出让价格。这种集中规划建设的模式，在短期内增加了保障性住房的供给，但容易造成低收入人口集聚和社会隔离。面对这个问题，学者认为分散和混合居住的规划方式更适合保障性住房社区。为了实现保障房的分散和混合布局，很多地方政府对商品房中的保障房配建比例进行了规定，要求按项目面积的5%~10%来配建廉租住房和公共租赁住房。分散配建虽然缓解了低收入人口集聚的问题，但是不同收入的居民居住在同一个小区又带来了新的社会隔离甚至是社会排斥问题。

世界各国政府都希望通过规划手段来鼓励保障性住房的建设和促进社会公平。这样，保障性住房的供应就不必单纯依靠政府的财政投入。例如，英国1990年的《城乡规划法》（Town and County Planning Act）规定，规划部门应该在开发

规划中，对当地保障性住房的需求进行评估，要求开发商提供一定比例的保障性住房（莫林斯和穆里，2012）。也就是说，开发商若要获得规划许可证，就要承担一些义务，包括配建一定数量的保障性住房，以低于市场水平的价格出售（刘志林等，2016）。英国的《城乡规划法》将保障性住房作为公共利益的一部分，该政策反映的是规划法律制度对"规划得益"征税的理念，即土地增值收益并不是来自土地所有者的投入，而是来自政府的规划行为，所以，应该把规划得益归还给公众（孙施文，2005）。

在美国，主要采用包容性规划的方式来激励或补偿开发企业。包容性规划（inclusive zoning）是区别于排斥性规划（exclusive zoning）的一个概念。美国最早的包容性规划出现在1974年的马里兰州，政府强制要求开发商将12.5%~15%的住房向中低收入家庭供应，而作为补偿，开发商可以获得不超过22%的密度补贴。概括地讲，包容性规划是通过规划条件的调整，强制性或者鼓励开发商在其开发项目中提供一定的保障性住房。包容性规划的内容包括套数和供应比例、密度奖励、目标人群收入、住房价格等（刘志林等，2016）。为了减少居住隔离和贫困集聚，包容性规划不仅鼓励提供廉价住房，而且鼓励不同收入水平和族裔背景的居民混合居住。包容性规划也是一种推动保障性住房供应的社会融合的政策手段，可以有效地提升公共服务质量，为中低收入家庭创造更公平的社会交往、教育和职业发展机会。

我国采用开发项目规划许可证制度，这为我国推行保障性住房配建政策提供了制度准备。配建可以让开发商承担公共产品供给的责任，保障性住房在这里可以视为一种公共产品（王敏，2018）。我国2010年开始大规模建设公租房，公租房的建设在解决部分群众住房问题的同时，也引发了因居住区位产生的贫富分化。公租房建设还导致很多地方政府资金出现短缺，土地供应压力加大，一段时间以来严重影响了公租房建设的可持续发展。面对这个挑战，很多城市开始探索在商品房小区配建公租房，这也是我国利用包容性规划理念来支持保障性住房供应的重要举措。

二、房源筹集

保障性住房的房源筹集方式也在逐渐发生转变。在初期，我国的保障性住房都是新建住房，这种模式的成本投入巨大，投资回收期很长。此外，在配套完善的地段，很难找到足够的土地供应给保障性住房。面对这个情况，很多城市利用存量住宅来提供住房保障（常州市住房保障和房产管理局，2013）。根据政府在房源筹集中的角色以及社会组织参与的程度和方式，房源的筹集可以分为政府主导和政府引导社会经营两种方式。政府主导的房源筹集方式中，政府拥有房屋的所有权和使用权，然后将其出租给保障对象，租金通常低于市场租金。而在政府引导社会经营的筹集方式中，政府不直接参与保障房的建设过程，只实行审核和监督，通过土地政策、税收、金融优惠政策等方式来引导社会组织参与保障房的供应和管理。

政府可以通过存量转化的方式来筹集房源，如改建其他性质的房屋（包括城中村、厂房、棚户区）等，将其作为房源纳入保障性住房体系（常州市住房保障和房产管理局，2013）。存量住房的收储以江苏省常州市最为典型。2012年，常州市政府颁发了《常州市市区保障性住房社会化收储管理暂行办法》，该市的保障房收储管理中心专门成立了"保障性住房收储管理领导小组"，总体部署和组织实施公租房收储工作。政府搭建桥梁来联系出租方和租住方。后来，上海市也开展了保障性住房房源多元化的筹集，通过社会力量定向投资、利用农村集体建设用地建造、闲置非居住房屋改建等方式，以市场化手段筹集公租房源出租给住房困难家庭，有效地拓展了保障渠道。

三、治理体系

保障性住房治理体系也是影响政策范式转型的重要因素。保障性住房的治理体系包括多种要素。首先是保障性住房管理机构的设置、土地指标、资金来源、配套政策，需要优化保障房管理机构，保障人员和预算。其次是对住房保障的准入机制的设定，如租户收入和住房状况申报、审核、公示等，以及轮候、货币补贴发放。除了准入机制，保障性住房的退出机制对住房治理也很关键，目前的退出机制包括强制退出、协商退出等。此外，对地方政府的住房保障执行情况进行监督和考核，也在完善保障性住房体系中扮演了重要的角色（马秀莲和张黎阳，2019）。

在以前，我国的保障性住房的治理过程重融资和建设、轻运营与管理。为了推进保障房的可持续发展，很多地方政府探索如何从建设向运营服务转型，激发保障房作为巨额资产的收益潜力。以上海为例，政府对准市场化的保障房运营方式开展了多种探索。2011年，上海各区成立了公共租赁住房投资运营有限公司，公司坚持"国有独资、独立法人、封闭运作"的原则，以市场化运作的机制负责公共租赁住房投资、建设、运营和治理，重在强调公租房的服务功能。例如，上海临港地区公共租赁住房运营管理有限公司就是上海港城开发（集团）有限公司直属子公司，负责临港地区的配建保障房的运营管理，取得了很好的经济效益和社会效益。

我国地方政府在住房保障供应方面受到了来自上级政府的巨大压力。很多地方政府倾向于采用以新建为主的保障方式，其组织架构也主要侧重于住房的开发建设。在大规模保障性住房建设告一段落之后，政策制定者也越来越意识到要从建设功能变成资产管理，特别是提高保障性住房资产运营的能力。总之，在目前大量的保障性住房建成交付使用之后，对存量保障房的治理又提出了新要求。地方政府既面临着如何满足住房保障需求的压力，也面临着巨额存量资产的有效运营的问题。在新形势下，住房保障理念和体系设计需要更多的考量，包括如何调动决策机构、金融机构、私有开发企业、社会组织、基层政府的协同治理能力。

在过去十几年，我国保障性住房的治理理念发生了重要变化（李德智等，2015）。很多学者建议将新公共管理思想用于保障房管理考核。新公共管理的一个特征就是在公共部门中引入竞争机制，以提高服务质量、降低管理成本，实现公共服务的市场化（陈振明，2000）。住房保障也与其他公共服务一样，具有公共行政的特点。可以通过聘用专业人员和机构的参与，推动公共行政转变为公共管理。在这里，公共服务领域的管理理念以反映社会共同意愿为服务宗旨，所以，公共管理机构应依据公共意愿来决定其管理措施。在这个理念指导下，保障性住房领域也开始了市场化运作，以满足居民的各种需求。

除了治理理念的变化，我国保障性住房的治理工具也引来了很多创新。特别是，数据技术被广泛用于保障性住房的体系建设（赵晓旭和谢彬弘，2016）。典型的案例是杭州的保障性住房体系，该体系以数字化改革为牵引，形成杭州特色的"三房三补"现代住房保障体系。"三房"即公租房、人才专项租赁房和蓝领公寓，"三补"即公租房（含廉租房）货币补贴、新就业大学毕业生租房补贴和高层次人才购房（租赁）补贴。依托杭州的数据资源优势，住房管理部门创新推出了公租房"公证云选房"，形成了更为便捷、高效、人性化的选房服务模式。截至2021年，杭州主城区3.6万余套公租房都实现了"一房一码"管理，工作人员通过应用程序（application，App）管理端就可以定位，为入户巡查和物业服务提供数据支持。引入信息技术之后，可以有效破解保障性住房管理难题，保障房的非法占用、欠缴租金等情况也大幅减少。这些创新的治理工具整合了多部门公共服务，引入了社会力量。总之，保障性住房的治理，体现在以新公共管理理论为基础，借鉴市场化的力量，有效配置保障资源上，也体现在利用新兴治理工具来规范管理机制，实现从保障房的"管理"转变为"治理+服务"上。这些治理措施的创新，不仅提高了住房保障质量，更是实现了公共资源的公平善用。

第六章　我国保障性住房政策的主要范式转型

第一节　福利住房范式向市场化范式转型

中华人民共和国成立后，我国逐步建立起了一套与社会主义计划经济体制相适应的住房制度。社会主义住房制度的特征是以国家供给住房的公有制为主导、以单位制为基础、按照行政等级进行分配（朱亚鹏，2008）。在农村地区，保留了农民的宅基地政策，这实际上是对农民的一种住房保障。在城市地区，对单位职工和部分市民实行福利分房，这是城市住房保障的主要形式。

在计划经济期间，我国城镇长期实行的是低水平、覆盖面广的福利住房保障制度（文林峰，2011）。20世纪50年代，我国开展了私有住房社会主义改造。那个时候，城市内大部分住房转变为公有住房，私有住房所占比例很小。公有住房分为两类：一类是单位直接管理的住房，这类住房占绝大多数；另一类是城市住房行政机构直接管理的住房，也称为城市直管公房，是单位直接管理住房的补充（柏必成，2010）。在社会主义福利住房制度下，国家及单位统一建设公有住房，按单位职级和家庭人口等要素进行分配，仅收取低廉的租金。所以，社会主义福利住房政策特征可以概括为低租金和实物分配。

在这个阶段，我国城市住房严重短缺，中央要求地方政府尽力建设新房、修理旧房，满足人民的需要，政府也希望通过收取公有住房的租金来解决住房短缺问题（张清勇和郑环环，2012）。但是，在计划经济框架下，我国住房建设所遵循的是"先生产，后生活""高积累，低消费""先治坡、后治窝"的思想（柏必成，2010），住房被看作纯粹耗费资源的非生产性支出。每年，国家安排的住房投资规模都很小。例如，从1949年到1978年，我国住房投资占国民生产总值的比例平均仅为1.5%（张清勇，2014）。福利住房制度为城市居民提供了基本住房，但收取的房租根本无法覆盖住房的维护成本，更无力通过大规模新建住房来解决普遍的住房短缺问题。

在计划经济时代，住房投资主要来自政府的财政预算。在住房投资环节，政府90%以上的住房预算都是直接拨给了单位，只有10%左右的预算拨给了城市住房行政机构（柏必成，2010）。在住房分配环节，单位也起到了主导的作用，分配的依据主要为单位的级别、职工的职级以及实际的住房困难。职工的象征性租金大约仅占家庭收入的1%。这种状况长期维持，引发了城市住房的普遍严重短缺（张清勇，2014）。1977年，全国城市缺房户达626万户，约占城市总户数的37%（孙尚清等，1979）。改革开放前，全国人均住房面积甚至由中华人民共和国成立之初的4.5平方米下降到3.6平方米（于思远，1998）。

在社会主义福利住房政策范式下，职工的住房困难主要由各单位自行解决。对于那些没有单位的住房困难户，国家仅提供一种较低层次的保障。通过这两种途径，大多数城市居民具备了基本的居住条件，维护了社会的稳定。但是，严重的住房短缺、住房质量差、住房维护能力不足、住房分配不公平等问题没有得到根本解决（朱亚鹏，2008）。具体来讲，首先，住房投资给政府带来了沉重的财政负担，由于住房投资无法及时得到回收，所以难以维持住房的再生产。其次，住房质量普遍低劣，住房分配环节也存在腐败和不公平。由于公房分配主要依据工龄、厂龄和家庭人口数量等因素，产生了很多寻租问题，激化了社会矛盾。最后，由于住房的低流动性将职工和企业绑定在一起，阻碍了劳动力的自由流动（丁长艳，2020）。总之，在高度集中的计划经济体制下，当时的住房制度若不能得到根本性的改变，那么城镇居民的住房困难问题就无法彻底解决。

社会主义福利住房制度所带来的各种问题，促使了我国住房政策范式的转型。特别是当时的政治形势的转变成为住房政策范式转型的根本动力。1978年，我国召开了党的十一届三中全会，强调以经济建设为中心，打破了高度集中的计划经济体制。在这个背景下，国家不再把市场化视为计划经济的对立面。考虑到福利住房制度制约了市场经济的发展，国家开启了出售公房、提高租金、停止单位分房等一系列市场化改革措施。

改革开放的总设计师邓小平同志针对住房问题进行的两次谈话，拉开了我国住房改革的序幕（丁长艳，2020）。邓小平的谈话全面地阐释了住房政策改革的总体设想，对我国后来的住房制度改革产生了深远的影响。配合这些指示，我国政府出台了一系列住房改革和住房保障的政策（张清勇，2014）。

从1978年到1987年，我国启动了福利住房制度的改革，经历了出售公房试点、民建公助建房试点，以及提租补贴试点等方面的探索。1980年6月，中共中央、国务院在批转《全国基本建设工作会议汇报提纲》中正式提出并允许实行住房商品化政策。同年，深圳开了收取土地使用费与国有土地有偿使用的先河。1981

年，城镇房产折价出售的政策在全国各个城市铺开。1982年全国总工会、国家城市建设总局鼓励采取"公建民助""民建公助"等方式，扩大住房的供应（朱亚鹏，2008）。1985年至1986年，住房制度进入"提租补贴"的改革阶段。1987年11月，经国务院批准，确定土地使用制度改革的试点城市，开启了我国土地使用制度的改革；1987年12月，深圳首次敲响公开拍卖土地使用权的"第一槌"。改革开放之后，政府刻意压缩住宅投资的局面得到了扭转。从1981年到1989年，我国每年的住宅投资占国民生产总值的比例超过了7%（张清勇和郑环环，2012）。

在20世纪80年代，我国企事业单位的住房投资比例也逐渐增加。1985年，政府投资住房的比例仅为20%，企事业单位的投资占60%~70%，而个人的投资增加到了10%。与此同时，职工的住房消费额度也逐渐增加。我国住房市场化的改革一直在稳步推进，但是直到1988年才出台全国住房改革统一政策。1988年2月，《国务院住房制度改革领导小组关于在全国城镇分期分批推行住房制度改革的实施方案》印发，成为我国改革开放后首个全国性的住房改革方案。该方案提出，用三五年的时间，在全国城镇分期分批把住房制度改革推开。这一方案也标志着全面住房改革的开始（朱亚鹏，2007）。1988年的住房改革遵循"提租补贴，租售结合"的基本思路，指出要改变原来租金过低的做法，提出要将折旧费、维修费、管理费、投资利息和房产税作为成本计入租金。但是由于面临的阻力太大，该方案并没有得到有效执行（柏必成，2010）。

1988年至1997年，我国基本形成了住房双轨制，不断促进房地产市场的发展（丁长艳，2020）。1990年9月，建设部、全国总工会印发《解决城镇居住特别困难户住房问题的若干意见》，将解决城镇居民住房困难这一问题纳入政府的重要议程（朱亚鹏，2008）。1991年5月，上海成为第一个探索实施公积金制度的城市，并尝试把该制度向全国推广。1991年6月，《国务院关于继续积极稳妥地进行城镇住房制度改革的通知》印发；同年，召开了第二次全国住房制度改革工作会议，确立了租、售、建三措并举；1991年11月，国务院办公厅批转了国务院住房制度改革领导小组《关于全面推进城镇住房制度改革的意见》，要求全国继续推进住房制度改革。到1992年，全国商品房销售额比上年增长80%。1994年7月，《国务院关于深化城镇住房制度改革的决定》印发，这是我国住房制度改革进程中具有里程碑意义的文件。到1995年底，全国35个大中城市中，33个建立了公积金制度。1996年8月，国务院办公厅转发国务院住房制度改革领导小组《关于加强住房公积金管理意见》的通知，1999年3月，国务院第15次常务会议通过了《住房公积金管理条例》。

可以说，在1998年之前，我国的住房制度改革一直在稳步推进，公房的租金逐渐提高，但是住房改革的目标远未达成，主要表现为两点：一是公房的租金和售价还是远低于市场价格；二是职工的住房问题还是主要依赖单位解决。因为单位实物福利分房问题还没有得到根本性解决,所以住房市场化的关键问题也就无法得到根本性解决。

我国保障性住房政策从福利住房范式向市场化范式转型的过程中,采用了很多种试点方案。在住房市场化正式改革之前,集资建房和安居工程为我国主要的两种住房保障方式。

一、集资建房

我国的集资建房制度最早由住宅合作社演变而来(邓宏乾等,2012)。1986年住房制度改革之初,为解决国有企业职工的住房困难,上海市成立了我国第一家住宅合作社,即新欣住宅合作社(王思锋和金俭,2011)。之后,北京、天津、武汉等城市也开始了相似的尝试。住宅合作社有两种类型:一种是系统型或单位型住宅合作社;另一种是社会型住宅合作社,面向没有购房渠道的职工。根据住宅合作社和社员个人出资情况,合作社住宅分为三种,即全部由住宅合作社出资建设、由社员个人出资建设、由住宅合作社和社员出资建设,其产权为住宅合作社和社员共同所有(邓宏乾,2009)。合作社住宅不能向社会出租和出售。社员家庭不需要住宅时,要将住宅退还给住宅合作社。不过,住宅合作社很快退出了历史舞台,被后来的集资建房取代(邓宏乾等,2015)。

集资建房是在共同制定协议的基础上,自筹资金、合作建房和管理的一种住房供应模式,是转轨时期改善职工住房条件的重要手段(包宗华,2005)。这种模式体现了过去职工住房由单位负责转向由国家、单位、个人三者共同负担的原则。集资建房的目的包括推进住房制度改革、把企业从社会的负担中解脱出来和改善城镇职工的居住条件(文林峰,2011)。集资建房一般是国家划拨土地,单位提供一定的建房补贴,职工则按优惠价购房,从而解决职工住房困难。1991年,国务院办公厅转发国务院住房制度改革领导小组《关于全面推进城镇住房制度改革的意见》。各地政府应大力支持单位或个人的集资、合作建房,特别是结合"解危""解困"进行的集资、合作建房。

1992年,国务院住房制度改革领导小组、建设部、国家税务局印发了《城镇住宅合作社管理暂行办法》,明确界定了住宅合作社,是指经市(县)人民政府房地产行政主管部门批准,由城市居民、职工为改善自身住房条件而自愿参加,不以盈利为目的的公益性合作经济组织,具有法人资格。1993年8月10日,《建设部、国家土地管理局、国家工商行政管理局、国家税务总局关于加强房地产市场宏观管理促进房地产业健康持续发展的意见》印发,再次重申"要实行集资建房、合作建房等多种形式加快经济适用房的建设,保持住宅建设稳定增长"。

1994年,《国务院关于深化城镇住房制度改革的决定》印发,该决定全面阐述了我国城镇住房改革"三改四建"的思路。"三改四建"即"把住房建设投资由国家、单位统包的体制改变为国家、单位、个人三者合理负担的体制；把各单位建设、分配、维修、管理住房的体制改变为社会化、专业化运行的体制；把住房实物福利分配的方式改变为以按劳分配为主的货币工资分配方式；建立以中低收入家庭为对象、具有社会保障性质的经济适用住房供应体系和以高收入家庭为对象的商品房供应体系；建立住房公积金制度；发展住房金融和住房保险，建立政策性和商业性并存的住房信贷体系；建立规范化的房地产交易市场和发展社会化的房屋维修、管理市场，逐步实现住房资金投入产出的良性循环，促进房地产业和相关产业的发展"。①

集资、合作建房依照经济适用房的办法管理。2004年，建设部等四部委发布《经济适用房管理办法》，规定："集资、合作建房是经济适用住房的组成部分，其建设标准、优惠政策、上市条件、供应对象的审核等均按照经济适用房的有关规定，严格执行。集资、合作建房应当纳入当地经济适用住房建设计划和用地计划管理。"2007年，建设部等七部委发布修订后的《经济适用房管理办法》，规定"距离城区较远的独立工矿企业和住房困难户较多的企业，在符合土地利用总体规划、城市规划、住房建设规划的前提下，经市、县人民政府批准，可以利用单位自用土地进行集资合作建房"；但是也规定"任何单位不得利用新征用或新购买土地组织集资合作建房；各级国家机关一律不得搞单位集资合作建房"。

二、安居工程

1991年6月，《国务院关于继续积极稳妥地进行城镇住房制度改革的通知》中提出，大力发展经济实用的商品住房，优先解决无房户和住房困难户的住房问题。1994年，《国务院关于深化城镇住房制度改革的决定》印发。这时，国家计划实施国家安居工作，探索以安居工程为主要形式的保障性住房建设。安居工程是根据城镇小康居住目标，为中低收入者和住房困难户提供适应其经济承受能力的社会保障商品住房。国家无偿划拨土地，住房售价相当于或略低于成本价，地方财政予以补贴。这个政策的目标是要探索一条住房的社会保障新路径，以实现"居者有其屋"的目标（文林峰，2011）。

1995年1月，国务院住房制度改革领导小组发布了《国家安居工程实施方案》，这被认为是中国保障房政策的开始（李俊波，1995）。根据该方案，国家安居工程从1995年开始实施，在原有住房建设规模基础上，新增安居工程建筑面积1.5亿平方米，用5年左右时间完成。这些住房将按成本价出售给中低收入家庭。政府要求优先出售给无房户、危房户和住房困难户，在同等条件下优先出售给离退休

---

① 《国务院关于深化城镇住房制度改革的决定》，http://www.gov.cn/zhengce/content/2010-11/15/content_4901.htm?trs=1[2021-10-11]。

职工、教师中的住房困难户（刘志林等，2016）。安居工程建设的资金主要由地方政府解决。但是，由于当时地方财政面临困难，很多地方政府的积极性不高，安居工程一直没有得到顺利执行。只有深圳等地方财政状况较好的城市执行了一些项目。1998年住房改革之后，大规模的经济适用房项目取代了安居工程。但是，安居工程通常被认为是我国最早实施的保障性住房计划。

第二节 市场化范式下的保障性住房政策

1998年7月3日，《国务院关于进一步深化城镇住房制度改革加快住房建设的通知》，宣布"1998年下半年开始停止住房实物分配，逐步实行住房分配货币化"。虽然住房改革1988年就在全国铺开，但是福利住房制度的基础（即住房实物分配体制）始终没有动摇，所以，直到1998年的住房分配货币化改革才标志着福利住房制度的终结，我国市场化的住房分配制度也才开始正式确立（朱亚鹏，2008）。

住房市场化改革的主要目的是解决住房严重短缺的问题，减少国家财政负担。停止住房的实物分配，切断了单位与职工住房之间的联系，也就消除了住房的福利色彩。住房供给的重心转为由市场解决，市场在住房资源的配置中将发挥基础性的作用，这是改革开放以来住房改革的质的转变。政府的住房保障融入重视低收入群体住房的各种住房改革措施之中，并且，随着住房体制改革的深入，具有中国特色的住房保障体系得以逐渐发展和完善（朱亚鹏，2008）。

1998年的住房市场化改革也有效地推动了居民的住房消费，帮助很多居民通过拥有住房实现了财富积累。同时，政府也提出建立和完善以经济适用房为主的多层次城镇住房供应体系，对不同收入家庭实行不同的住房供应政策，即向最低收入家庭（占总人口的10%~15%）提供廉租房，向中低收入家庭（占总人口的70%~80%）提供经济适用房，中高收入家庭（占总人口的10%~15%）则购买市场化开发的商品房。通过这个改革，我国希望建立与社会主义市场经济体制相适应的新的住房制度。归纳来说，这个制度主要包括以下内容：建立以中低收入家庭为对象、具有社会保障性质的经济适用住房供应体系和以高收入家庭为对象的商品房供应体系；建立住房公积金制度；发展住房金融和保险；建立政策性和商业性并存的住房信贷体系；建立规范化的房地产交易市场和发展社会化的房屋维护、管理市场等（文林峰，2011）。

1998年的住房改革也与亚洲金融危机紧密相关。受亚洲金融危机的影响，我国经济出现了通货紧缩，出口需求也急速下降。在这种形势下，中央政府做出了拉动内需的决策，住房产业成为政府培养的新的经济增长点。在当时，不仅社会上存在大量的住房需求，而且，住房产业也可以带动上下游的很多产业，具有很大的经济拉动潜力。为了发挥住房产业的拉动作用，政府决定采取一些措施来释放居民对商品房的需求。主要措施就是通过停止单位分房来切断单位与职工住房之间的联系，鼓励居民到市场上购买商品住房，形成新的经济增长动力。可以说，亚洲金融危机是推动1998年住房市场化改革的重要外部原因。总之，1998年的住房市场化改革代表了我国住房体制的根本性变化，涉及了住房资产、利益与责任在国家、单位和城市居民之间的重新调整，打破了旧的住房分配格局，也改变了我国住房领域的治理结构。

1998年住房市场化改革之后，国家又进一步提出了深化住房市场化改革的措施。2003年9月，全国住宅与房地产工作会议召开，提出房地产业作为国民经济的支柱产业。但是，市场过热的问题又逐渐浮现出来，表现为住房价格上涨过快、房地产投资上涨过快。面对这些挑战，2003年《国务院关于促进房地产市场持续健康发展的通知》（国发〔2003〕18号）印发，文件提出"努力实现房地产市场总量基本平衡，结构基本合理，价格基本稳定"。于是，国家采取了调整住房供应结构、健全住房市场体系、发展住房信贷、调控土地供应、规范房地产市场秩序等措施。同时，提出要发挥市场在资源配置中的基础性作用，进一步调整住房供应结构，并要求多数家庭通过市场来解决住房问题，经济适用房的供应比例也开始下降。

在1998年的改革中，中央所提出的经济适用房、廉租房和住房公积金制度，构成了当时我国住房保障体系的基本框架。

一、经济适用房

经济适用房是指政府依据政策优惠，限定住房面积和销售价格，面向城市中低收入家庭供应，具有产权的保障性住房（朱亚鹏，2008）。经济适用房的出台也经历了一个逐渐发展的过程。"经济适用房"一词最早出现在1985年，当时，国家科学技术委员会在《城乡住宅建设技术政策要点》中提出"根据我国国情，到2000年争取基本上实现城镇居民每户有一套经济实惠的住宅"（姚玲珍等，2017）。1991年6月，《国务院关于继续积极稳妥地进行城镇住房制度改革的通知》（国发〔1991〕30号）提出："大力发展经济实用的商品住房，优先解决无房户和住房困难户的住房问题。"[1]1995年1月20日，国务院住房制度改革领导小组提出《国家安居工程实施方案》，安居工程成为经济适用住房政策的具体落实措施。1998

---

[1] 《国务院关于继续积极稳妥地进行城镇住房制度改革的通知》，http://www.gov.cn/zhengce/content/2015-12/20/content_10460.htm[2021-10-11]。

年 7 月 3 日,《国务院关于进一步深化城镇住房制度改革加快住房建设的通知》（国发〔1998〕23 号）中进一步明确了"建立和完善以经济适用住房为主的多层次城镇住房供应体系""中低收入家庭购买经济适用住房"①的政策。经济适用房计划作为住房分配货币化改革的主要配套措施提出之后，安居工程并入经济适用房计划。至此，经济适用房定位为我国主导的住房供应方式之一，也成为解决城镇居民住房困难的主要方案（朱亚鹏，2008）。经济适用房成为一个专有名词，代替了安居房、解困房等住房类型，成为中低收入家庭的主要住房保障方式（文林峰，2011）。

1998 年之后的几年，我国经济适用房建设迅速铺开。政府通过减免土地出让金和开发税收等渠道来鼓励经济适用房的建设。1999 年到 2002 年，经济适用房开工面积占商品住房新开工面积的比例达到了 18.8%。大规模的经济适用房建设，不仅有效地解决了中低收入家庭的住房问题，也有效地拉动了住房消费，稳定了经济增长，并对我国抗击亚洲金融危机起到了积极的作用。经济适用房虽然定位为面向中低收入家庭的商品，但涵盖了 70%左右的群体，肩负拉动住房消费和经济增长、提升住房自有率等功能。2003 年 9 月，中央召开了全国住宅与房地产工作会议，会议继续强调了 1998 年提出的多层次城镇住房供应体系，但对内容进行了调整。新的比例为，10%的低收入家庭租住廉租房，30%的家庭购买经济适用房，其余家庭在市场上购买商品房。住房体系进一步向市场化倾斜。在这个形势下，保障房供应比例下降，许多城市甚至停止了经济适用房的建设（Zou，2014a）。2007 年，经济适用房的销售面积只占总住房销售面积的 5%。

2007 年之后经济适用住房政策又经历了较大的调整。2007 年 8 月，国家印发了《国务院关于解决城市低收入家庭住房困难的若干意见》，其中较为显著的变化就是将经济适用住房的目标群体从原来的中低收入家庭调整为低收入家庭；从原来只售不租改为以出租为主，并限制出售或者内部市场交易，还要求居民在出售时补缴土地收益和减免的税费。同年 11 月，建设部等七部委出台了修订后的《经济适用住房管理办法》，继续明确了"经济适用住房制度是解决城市低收入家庭住房困难政策体系的组成部分"②，此外，对经济适用房供应对象进行了重新划定。虽然新的划定有助于避免较高收入家庭购买经济适用房而谋利，但供应对象进一步缩小，形成了大量的"夹心层"（朱亚鹏，2008），这个群体既无力直接进入私人市场购房，又不能享受经济适用房的补贴。进入 2008 年之后，经济适用房投资再次大幅增加。2010 年，住房和城乡建设部出台《关于加强经济适用住房管理有

---

① 《国务院关于进一步深化城镇住房制度改革加快住房建设的通知》，https://www.beijing.gov.cn/zhengce/zhengcefagui/qtwj/201309/t20130924_776668.html[2021-10-11]。

② 《建设部 发展改革委 监察部 财政部 国土资源部 人民银行 税务总局关于印发〈经济适用住房管理办法〉的通知》，http://www.gov.cn/zwgk/2007-12/01/content_822414.htm[2021-10-11]。

关问题的通知》，要求商品住房价格过高、上涨过快的城市，要大幅度增加经济适用住房供应，扩大经济适用住房的供应范围（邓宏乾等，2015）。但是，经济适用房也有许多缺点，表现为保障范围小、缺乏有效的退出机制，形成了新的社会不公平。很多城市停止了产权性质的经济适用房，逐渐被保障性租赁住房取代。

二、廉租房

廉租房是针对那些既无力购买或者租赁商品房，也无力购买经济适用房的城镇最低收入家庭而提供的住房，是我国多层次住房供给体系中的重要构成部分。廉租房通过实物配租的方式，向符合城镇居民最低生活保障标准且住房困难的家庭提供住房保障（韩立达和李耘倩，2009）。廉租房属于救济范围，其资金来源主要依靠财政，保障范围和保障水平也均有所限制。

1998年，国家提出对不同收入家庭实行不同的住房供应政策，即最低收入家庭租赁由政府或单位提供的廉租住房。1999年，建设部在总结各地试点经验的基础上发布《城镇廉租住房管理办法》，对廉租房的房源、廉租房租金标准、廉租房建设和申请程序问题予以明确规定，开始探索规范化的廉租房制度。但是，地方政府在当时表现并不积极。截至2005年底，在291个地级市中仍有70个城市没有建立廉租房制度。廉租房的受益家庭只为32.9万户，占全国城市低保家庭的3.1%（刘志林等，2016）。

2003年12月，建设部等五部门发布了《城镇最低收入家庭廉租住房管理办法》，该政策的目的是督促地方政府积极落实廉租房政策，强化地方政府在解决最低收入家庭住房问题中的职责，明确财政支持是建立廉租住房制度的最主要的资金来源。该办法还规定了廉租房的保障标准要以满足基本住房需要为原则，实行房租补贴为主，实物配租、租金核减为辅。2005年，《城镇最低收入家庭廉租住房申请、审核及退出管理办法》对城镇最低收入家庭廉租住房的申请、审核及退出管理工作又做出明确的规定。同年，《国务院办公厅转发建设部等部门关于做好稳定住房价格工作意见的通知》将廉租住房制度建设作为稳定住房价格的一项重要举措，文件要求城镇廉租住房制度建设情况要纳入省级人民政府对市（区）、县人民政府工作的目标责任制管理，并要求地方政府多渠道筹措廉租住房资金，着力扩大廉租住房制度覆盖面。2006年5月，国务院将城镇廉租住房制度建设置于一个更为重要的位置。自此，我国廉租住房制度已经进入深化和完善的过程中。

2007年8月，国务院印发了《关于解决城市低收入家庭住房困难的若干意见》。2007年11月，建设部等九部委出台了《廉租住房保障办法》，进一步明确了廉租住房的保障对象为"城市低收入住房困难家庭"，并明确了廉租住房保障资金来源。

2008年之后，各地的廉租房建设也加快了步伐，当年各地安排的廉租房建设投入达到了286亿元，发放了租赁补贴68亿元，开工建设、购买廉租房63万套，发放租赁补贴249万户,312万户城市低收入家庭缓解了住房困难问题。通过廉租房体系,对住房困难的低保家庭基本实现了"应保尽保"(文林峰,2011)。

廉租房的发展过程中,也面临很多挑战。主要体现在保障范围覆盖面小,一般的廉租房只能覆盖当地户籍人口。如果实物配租的标准过高,对地方财政来说又难以维持。此外,廉租房的资金来源不稳定,缺乏资金投入的长效机制。《廉租住房保障办法》规定"廉租住房保障资金采取多种渠道筹措。廉租住房保障资金来源包括:(一)年度财政预算安排的廉租住房保障资金;(二)提取贷款风险准备金和管理费用后的住房公积金增值收益余额;(三)土地出让净收益中安排的廉租住房保障资金;(四)政府的廉租住房租金收入;(五)社会捐赠及其他方式筹集的资金。"土地出让净收益是廉租房资金的重要来源。根据中央政府规定,土地出让净收益的10%要用于廉租房的建设。但是,土地出让金的收入受不同年份的经济波动影响,在土地收入下降的年份,地方政府无力再往廉租房方面投入资金(隆国强,2011)。

对于廉租房的货币补贴,很多城市的租金标准缺乏动态调整的机制。随着租金水平的提高,原来的补贴标准可能不能满足低收入家庭的租房要求。廉租房的对象是当地民政部门所确定的低保家庭中的住房困难者,但是并没有包括大量的进城农民。所以,廉租房制度急需改革,应该从推进城市化的角度来重新设计相应制度,包括廉租房的标准、成本、准入条件、退出机制、融资等方面的问题。

廉租房的退出管理是保障性住房政策的重要内容之一。2005年建设部和民政部印发了《城镇最低收入家庭廉租住房申请、审核及退出管理办法》。对于廉租房居民,若收入超过了住房保障标准,则应及时退出所享受的廉租房,以减少国家的财政负担,体现保障性住房政策的公平原则。符合退出条件的家庭,住房行政部门应收回承租的廉租房,停止发放租金补贴(文林峰,2011)。但是,在实践中,对于申请人的经济条件和住房条件的变化情况难以掌握,而且目前的约束机制还没有完善,所以退出管理的难度较大。在2010年之后,很多城市把廉租房与公租房合并,而且越来越多地采用了货币补贴的办法。

三、住房公积金制度

公积金制度是具有中国特色的保障性住房体系中的一项重要内容。公积金制度是一种强制性的住房储蓄制度,职工及其单位都必须按照职工工资的一定比例向职工的公积金账户存款。目前,我国公积金系统已经成为世界上规模最大的政策性住房金融系统(吴义东和陈杰,2020)。这项制度也是我国目前社会受益面最大的住房保障制度,覆盖了各个收入水平的购房者,帮助解决了他们的购房融资问题,为改善居民居住条件、完善住房保障体系发挥了关键作用。

1991年,上海借鉴新加坡中央公积金制度,在全国率先建立起正式的住房公积金制度。这项政策创新很快被许多城市引入。1994年,中央政府将住房公积金制度作为住房改革的重要措施在全国推广。此后,全国的公积金计划迅速发展。为了配合住房制度改革,增强居民的购房能力,1999年国务院发布了《住房公积金管理条例》,住房公积金的管理进一步规范化、制度化。2002年发布《国务院关于修改〈住房公积金管理条例〉的决定》,扩大了住房公积金制度的覆盖面,完善了公积金的管理制度(王先柱等,2020)。

作为一种强制和鼓励相结合的政策,公积金制度主要用于帮助居民弥补购买力的不足。公积金的主要内容包括单位与员工共同缴纳、对公积金部分免征个人所得税,利用公积金的优惠利率贷款购房,归集扩面的效果明显。公积金增加的收益也成为廉租房资金的主要来源。在2010年之前,各地建设廉租房、发放租金补贴的资金绝大部分来自公积金的增值收益(文林峰,2011)。

尽管公积金在提高我国住房自有率方面起到了很大的作用,但是其在实施过程中也存在着一些不容忽视的问题(朱亚鹏,2008)。第一,住房公积金制度的社会保障意义并不明显。这是一种按照权利与义务对等原则运作的住房金融制度。所以,住房公积金在本质上是一种自我保障,而不是政府所提供的额外住房保障。第二,住房公积金主要是支持住房购买,而中高收入一般更有能力先购房,也就能优先使用公积金,导致低收入家庭的公积金支持了中高收入家庭购买住房,造成了新的社会不公平。第三,住房公积金的覆盖范围比较小。一般来说,职工在正规工作单位工作,单位才会缴纳住房公积金。但是,我国还有很多非正规就业人群(如农民工、个体户、自由职业者)以及没有就业的居民,这些群体事实上被排斥在该保障制度之外。第四,住房公积金作为巨额资产,管理部门有义务保证这些资产的保值增值。但是,目前公积金的收益问题还被忽视,许多公积金余额被当作普通的储蓄,增值效果有限,反而使得很多职工所缴纳的公积金面临通货膨胀所带来的经济损失。

第三节 政府回归范式下的保障性住房政策

通过市场化的住房改革,我国城市居民大幅改善了居住条件,房地产经济得到快速发展。但是,住房市场化也引发了住房领域的各种问题,首先是房地产投资过热,住房投资的增加使得整个国民经济过分依赖房地产业。其次是住房价格迅速上涨,超出普通居民的承受能力,房价与家庭收入比远超国际标准。此外,2007~2009年,发端于美国的次贷危机演变成为全球金融危机,由于我国是一个外贸依赖度很高的国家,全球金融危机带来严峻的出口压力。国内外的经济形势对住房政策转向提出了新的可能,也为住房政策范式的转变提供了新的机会。在这个阶段,我国也提出了高质量发展的战略,希望建立完善的住房保障体系、提高保障质量。于是,我国住房政策逐渐调整,由住房市场化优先,转向保障居民居住权和社会公平优先。

2007年,《国务院关于解决城市低收入家庭住房困难的若干意见》(国发〔2007〕24号)印发,标志着我国住房制度改革的关注重心开始转向低收入群体,确立了保障低收入家庭居住权的保障性住房成为住房政策的重心。该文件要求各地政府加快建立健全以廉租住房制度为重点、多渠道解决城市低收入家庭住房困难的政策体系。此后,地方政府以改善城镇中低收入家庭住房条件为重点推进住房体制机制建设。于是,我国住房保障工作进入一个新的阶段,政府和市场重新调整对住房供应的定位,并逐渐形成了实物保障、货币补贴、棚户区改造等类型相结合的体系。

在《国务院关于解决城市低收入家庭住房困难的若干意见》于2007年出台之后,中央各部委也制定了很多相应政策,包括《经济适用住房开发贷款管理办法》(银发〔2008〕13号)、《住房和城乡建设部关于加强廉租住房质量管理的通知》(建保〔2008〕62号)和《财政部 国家税务总局关于廉租住房、经济适用住房和住房租赁有关税收政策的通知》(财税〔2008〕24号)。中央政府要求各地到2008年底之前,所有县级及以上城市对低保家庭中的住房困难户做到应保尽保,有条件的地区应再扩大住房保障的范围(文林峰,2011)。可以说,2008年是中国保障性住房政策的执行年(文林峰,2011)。中央和地方出台的各项政策,在这一年得到落实。为应对2008年全球金融危机的冲击,中央出台了四万亿元的刺激计划。在这四万亿元中,用于廉租住房、棚户区改造等保障性住房建设的资金占10%,约4000亿元(隆国强,2011)。2008年11月,住房和城乡建设部表示,自2008年之后的三年内要新增建设200万套廉租房、400万套经济适用房,并完成100多万户林业、农垦和矿区的棚户区改造工作。中央对保障性住房的供应结构做出了系统安排,并与地方政府签订责任书,增强了保障性住房政策的落实力度(刘志林等,2016)。

2009年之后,国家开始制定保障性住房发展规划,以促进保障性住房的顺利实施。2009年5月,住房和城乡建设部、国家发展改革委、财政部印发《2009—2011年廉租住房保障规划》,希望用三年的时间,基本解决747万户现有城市低收入住房困难家庭的住房问题。该规划提出多渠道、多方式解决城市低收入住房困难家庭的住房问题,通过新建、购置和改造等方式筹集房源。此外,很多城市也开始实施租赁补贴制度。在这个阶段,主要是通过新建、购置和改造等方式筹集房源,同时实施租赁补贴制度来解决城市住房保障问题(文林峰,2011)。

2010年1月,国务院办公厅印发《关于促进房地产市场平稳健康发展的通知》

(即"国11条"),指出要适当加大经济适用住房建设力度,扩大经济适用住房供应范围。国家还要求商品住房价格过高、上涨过快的城市,要切实增加限价商品住房、经济适用住房、公共租赁住房供应。限价商品住房和公共租赁住房也出现在了国家住房保障体系中。在《中华人民共和国国民经济和社会发展第十二个五年规划纲要》(2011—2015年)中,城镇保障性安居工程建设3600万套,计划到2015年末,全国保障性住房覆盖面达到20%左右。到2012年末,基本解决了1540万户低收入住房困难家庭的住房问题。

2013年10月,中共中央政治局就加快推进住房保障体系和供应体系建设进行第十次集体学习时,习近平强调"从我国国情看,总的方向是构建以政府为主提供基本保障、以市场为主满足多层次需求的住房供应体系",提出"建设城镇保障性住房和棚户区改造住房3600万套(户),到2015年全国保障性住房覆盖面达到20%左右"。[1]

在改革开放之后,我国的住房政策主要着眼于解决计划经济时代所造成的住房短缺问题。在快速城市化的阶段,我国每年都有超过1000万名农村人口进城,这些人口的居住问题是我国城市可持续发展的巨大挑战。各地政府逐渐认识到这部分群体的住房保障问题,也认识到解决这个问题有利于城市自身的发展。2014年,《国家新型城镇化规划(2014—2020年)》中首次提出"走以人为本、四化同步、优化布局、生态文明、文化传承的中国特色新型城镇化道路",提出"努力实现1亿左右农业转移人口和其他常住人口在城镇落户","大力推进棚户区改造,稳步实施城中村改造","在中西部资源环境承载能力较强地区,加快城镇化进程"。[2]新型城镇化的一个难点是如何让新增人口享受市民待遇。新市民、青年人无法在城市定居下来,住房往往是一个瓶颈问题。通过建立完善的住房保障体系,让住房保障能够覆盖全体常住人口,希望为我国推进高质量工业化和城市化奠定基础。

党的十九大报告提出,坚持房子是用来住的、不是用来炒的定位,加快建立多主体供给、多渠道保障、租购并举的住房制度,让全体人民住有所居。[3]通过一系列重大政策,中央进一步明晰了住房市场的定位,强调住房发展的首要目标是实现"住有所居",让住房回归其居住属性。在"房住不炒"这一定位下,各个城市坚持因地制宜、"因城施策",一系列政策相继出台。共有产权住房、

---

[1]《习近平在中共中央政治局第十次集体学习时强调 加快推进住房保障和供应体系建设 不断实现全体人民住有所居的目标》,https://news.12371.cn/2013/10/31/ARTI1383169750543961.shtml[2022-11-03]。

[2]《国家新型城镇化规划(2014—2020年)》,http://www.gov.cn/zhengce/2014-03/16/content_2640075.htm[2022-11-03]。

[3]《习近平:决胜全面建成小康社会 夺取新时代中国特色社会主义伟大胜利——在中国共产党第十九次全国代表大会上的报告》,https://www.gov.cn/zhuanti/2017-10/27/content_5234876.htm[2022-11-03]。

公共租赁房、限价房、棚户区改造、配建房构成了我国新时期保障性住房体系的重要内容。

一、共有产权住房

2007 年,江苏淮安在全国最早提出提供共有产权住房(袁立华和王云萍,2011)。2009 年底,上海也开始在徐汇、闵行两区实施共有产权住房试点。2014 年 4 月,北京、上海、深圳、成都、淮安、黄石等 6 个城市被国家列为共有产权住房的试点城市。2020 年 12 月 21 日,住房和城乡建设部要求,要加快构建以保障性租赁住房和共有产权住房为主体的住房保障体系。

共有产权住房,即政府与购房者共同承担住房建设资金,分配时在合同中明确共有双方的资金数额及将来退出过程中所承担的权利义务,购房者在退出时获得自己资产数额部分的变现,从而实现保障住房的封闭运行(朱亚鹏,2018)。共有产权住房的土地一般通过行政划拨,行政收费也是减免的。地方政府让渡部分土地出让收益,然后以较低的价格配售给符合条件的保障对象;配售时,保障对象与地方政府签订合同,约定双方的产权份额以及保障房将来上市交易的条件,以及所得价款的分配份额,以后购房家庭可以从政府手里购买全部产权,也可以被政府回购。

通过共有产权的方式,部分群众自己支付一部分资金解决了居住问题。共有产权住房遏制购置型保障房的牟利空间,与以往的经济适用房、限价房不同,共有产权住房是一种有限产权住房。有限产权与完全产权的住房相比,可以使投资获利的空间大为减少。政府与购房者的产权比例是共有产权住房的焦点所在,也是未来调整的空间所在。试点地区不断优化共有产权比例调节机制,个人出资比例可在 50%~95%,主要取决于购房者家庭的支付能力。

上海的共有产权住房制度发展得较成熟。在上海,共有产权住房的申请准入条件涉及多个维度,包括收入、财产、住房和户籍。对申请者的收入标准进行动态调整,保证与当地生活水平、物价水平、房价水平、住房供给的变化相匹配。共有产权住房主要是面向"夹心层",即那些有一定经济能力,但又不足以购买商品房的群体。《上海市共有产权保障住房管理办法》规定,取得不动产权证满 5 年后,共有产权保障住房可以上市转让或者由购房人、同住人购买政府产权份额。购买人按产权份额比例获得出售价款,但政府具有优先回购的权利。政府回购之后,可以继续给符合条件的家庭作为保障性住房使用。共有产权保障住房的申购流程包括申请、审核、轮候、选房、购买等部分。房源供应一般是分批次集中供应,申请审核实行"两级审核、两次公示",审核系统包括户籍、婚姻、经济、住房条件等四个方面。通过各个部门共享信息,能够开展信息对比。以申请者的经济状况信息审核为例,政府建立了居民经济状况核对平台,纳入银行、社保、证券、税务、公积金等14个部门的信息,可以精确地审核申请者的实际经济状况(崔光灿和姜巧,2015)。

二、公共租赁房

2010年,住房和城乡建设部等七部门印发的《关于加快发展公共租赁住房的指导意见》规定,公共租赁住房供应对象主要是城市中等偏下收入住房困难家庭。有条件的地区,可以将新就业职工和有稳定职业并在城市居住一定年限的外来务工人员纳入供应范围(张齐武和徐燕雯,2010)。公共租赁住房遵循"政府组织、社会参与、因地制宜、分别决策、统筹规划、分步实施"的原则。各个地方政府对公共租赁住房的房源筹集、准入审核、租赁管理等做出了具体规定,公共租赁住房也有不同的模式,典型的有重庆模式、深圳模式、黄石模式等(华佳,2011)。

2011年3月,《中华人民共和国国民经济和社会发展第十二个五年规划纲要》发布,提出重点发展公共租赁住房,逐步使其成为保障性住房的主体。公租房面向中等偏下收入住房困难家庭、新就业无房职工和在城镇稳定就业的外来务工人员,以小户型为主,单套建筑面积以40平方米为主。国家还鼓励逐步实现廉租房与公租房统筹建设、并轨运行(董新龙和林金忠,2012)。2012年5月,住房和城乡建设部发布的《公共租赁住房管理办法》对公共租赁住房的分配、运营、使用、退出和管理等做出了更加明确的规定。

三、限价房

2006年5月,国务院办公厅转发的《关于调整住房供应结构稳定住房价格的意见》中,首次提出了"限房价"。限价房是一种特殊的住房供应方式,是由政府在土地出让的时候限定户型、限定价格的商品房(彭兴庭,2009)。政府通过对房地产开发的地价、房价、套型、销售对象等加以限制,以便调节住房市场供应结构。限价房也被称作"双竞双限房",这类保障性住房政策设计最初是为了解决"夹心层"群体的住房问题,属于限制供应对象的一种特殊商品房供应制度。

限价房是地方政府落实宏观调控的结果。很多城市提出优先发展中小户型、中低价位住房政策,这些政策实质是政府对房地产开发进行有限的干预。北京、广州、上海、南京、重庆等城市积极实行限价房政策。限价房按照房价决定地价的思路,政府限定购买对象,采用政府组织监管、市场化运作的模式开发建设,可以认为是一种带有保障性质的普通商品房。限价房价格受政府管制和政府补贴,对购买对象也有限制,所以,限价房也属于保障性住房的一种(邓宏乾等,2015)。

四、棚户区改造

棚户区改造是针对城市的成片、集中的危旧住房，这些住房没有配套的公共设施。例如，对于消防出行、生产生活存在公共安全隐患的旧村、旧城，需要消除其隐患、优化生产生活环境，解决困难家庭住房与社会发展不适应等问题（张道航，2010）。在改造棚户区的同时，通常也带动了城市整体环境的改善，可以促进生产生活、就业、养老等社会问题的解决。一般来说，棚户区改造是对密度大、房屋质量差、年限久、环境卫生条件差的城市社区或城中村进行更新或拆除重建，提升居住环境。

2007年起，棚户区改造问题引起了中央政府的高度重视。2007年，《国务院关于解决城市低收入家庭住房困难的若干意见》强调要加快集中成片棚户区的改造。针对集中成片棚户区，中央要求地方政府制定改造计划，因地制宜进行改造。2009年，住房和城乡建设部等五部门在《关于推进城市和国有工矿棚户区改造工作的指导意见》中确定"以人为本，依法拆迁""科学规划，分步实施""政府主导，市场运作""因地制宜，区别对待""统筹兼顾，配套建设"的棚户区改造基本原则，提出"力争从2009年开始，结合开展保障性住房建设，用5年左右时间基本完成集中成片城市和国有工矿棚户区改造，有条件的地区争取用3年时间基本完成，特别应加快国有工矿棚户区改造，使棚户区群众的居住条件得到明显改善"。[1]

国家对棚户区改造项目实施了免征城市基础设施配套费等各种行政事业收费，并执行经济适用房的税收优惠政策，实行土地划拨，免收土地出让收入，中央财政进行专项补助（邓宏乾等，2015）。《2015年政府工作报告》把城市危房改造纳入棚改政策范围。2018年10月8日，李克强总理在国务院常务会议上强调，"棚改是重大民生工程，也是发展工程。""这项工作对改善住房困难群众居住条件、补上发展短板、扩大有效需求等发挥了重要作用，可以说'一举多得'。棚改要更好体现住房居住属性，要切实把这件好事办好。""棚户区改造是弥补历史欠账的民生工程，也是推进新型城镇化的重要途径，要积极加以推进，切实改善城镇住房困难家庭的居住条件。"[2]

棚户区改造的重点包括资源枯竭型城市、独立工矿区、三线企业集中地区、国企棚户区，安置住房实行原地和异地建设相结合，以原地安置为主，优先考虑就近安置，并规定了配套设施应与棚户区改造安置住房同步规划、同步报批、同

---

[1] 《关于推进城市和国有工矿棚户区改造工作的指导意见》，http://www.scio.gov.cn/m/ztk/xwfb/qt/04/Document/520042/520042.htm[2021-10-11]。

[2] 《李克强：棚改要更好体现住房居住属性》，http://www.gov.cn/premier/2018-10/09/content_5328911.htm[2021-10-11]。

步建设、同步交付使用（楚德江，2011）。棚户区改造按照"政府主导、市场运作"的原则实施。政府除了提供财政补贴、税费减免、土地出让收益返还等优惠政策外，还允许在改造项目里配套建设一定比例的商业服务设施和商品住房，支持让渡部分政府收益，吸引社会企业参与棚户区改造。

五、配建住房

配建住房是指开发商在获得土地时，需要在商品性住房中配建一定比例的保障性住房作为条件（岳静宜等，2015）。在早期，政府通过容积率奖励的办法来激励开发商参与保障性住房的建设。近年，越来越多的政策研究者提倡通过规划配建模式来推动保障性住房建设，减少政府的直接投入，同时推动社会融合、减少居住隔离。2010年，中央为了进一步扩大公租房的房源，要求有条件的地区推行在商品房项目中配建公租房的政策。随着该政策的实施，很多城市开始采用配建模式。为了落实配建要求，不同城市出台了不同的实施细则。我国的土地出让和规划审批制度，也为配建工作的开展提供了基础。

各个城市采用多种措施来支持住房配建，如在规划许可的范围内提高容积率，免征城市基础设施配套费或部分土地出让金。配建住房也可以为PPP模式探路，鼓励私有资本和非营利机构参与保障性住房的供应。

以杭州为例，当地政府要求在商品住宅出让用地中安排一定比例的土地用于配建保障性住房，建成后将房屋及产权无偿移交给政府保障性住房管理部门。根据2011年出台的《杭州市在商品住宅出让用地中配建保障性住房实施办法（试行）》（杭政办函〔2011〕181号），配建遵循两个原则：①坚持确保总量、合理配建原则。严格按照年度保障性住房配建计划，在全市年度商品住宅出让用地和商业住宅混合用地中的住宅供地总量中安排一定比例且具备配建条件的土地用于配建保障性住房。②坚持同步建设、同步配套原则。保障性住房及其配套设施应与所在地块商品住宅项目同步设计，并按土地出让合同及《保障性住房配建协议》的约定开工和交付。分期开发的项目，须在首期开发中落实本项目需配建的保障性住房和相应的配套基础设施、公建设施，并确保配建的保障性住房及相应的配套基础设施和公建设施先行开工、先行交付。配建的保障性住房应与所在出让地块上的商品住宅作为同一项目进行方案设计与建设，并按照《保障性住房配建协议》中明确的标准进行装修，确保保障性住房的建设标准与品质不低于商品住宅。配建的保障性住房原则上应相对集中，按幢或单元布局，且与所在出让地块上的商品住宅统筹配置并共享配套基础设施和公建设施。[1]

---

[1]《杭州市在商品住宅出让用地中配建保障性住房的实施办法（试行）》，http://www.hangzhou.gov.cn/art/2011/9/27/art_807782_1559.html[2021-10-11]。

第四节　保障性住房政策范式转型的动力分析

保障性住房政策范式转型的动力可以归结为市场力量和政府干预力量之间"拉锯"的结果。在某段时期，市场力量占上风，就体现为市场化的保障性住房政策范式。在另外一段时期，政府干预的力量占上风，就体现为政府干预的保障性住房政策范式。很多古典经济学家认为，市场具有自我调整的功能。经济的平衡一旦打破，市场机制能够迅速做出反应和调整，使经济恢复到均衡的状态。但是，金融危机的爆发引发了学者对市场万能论的怀疑。20世纪20年代起，英国经济学家凯恩斯指出国家应通过大规模的公共投资来干预经济，并宣布自由放任主义的终结（方福前，1998）。他认为，市场机制无法解决经济低迷时期的有效需求不足，而只有依靠政府的干预才能扩大社会的有效需求。由于居民收入下降和失业面扩大，很多中低收入家庭无力购买住房，所以，政府需要通过住房保障体系来帮助解决住房问题（虞晓芬等，2018）。在这里，住房问题被看作一个宏观经济问题，而住房保障被认为是刺激经济发展的重要手段之一。特别是在20世纪20年代末的世界金融危机之后，为了解决中低收入家庭的住房问题，美国的罗斯福新政纠正了国家治理中的自由放任观念，强化国家干预住房领域，这也是美国保障性住房政策的开端（方福前，1998）。

保障性住房政策实施的重要目的之一就是弥补市场的缺陷。住房市场具有竞争不完全、信息不对称、外部性和公共品属性等特征，这些特征很容易引发市场失灵。但是，政府对市场的干预也要谨慎，如果政府干预扭曲了市场，将造成政府失灵。例如，在某些阶段，政府提供的保障性住房数量过多，可能对正常的商品房住房造成挤出效应，并陷入福利陷阱，这样，不仅会影响公共投资效率，而且可能影响市场的效率。所以，从世界范围上看，各国在不同时期可能分别倾向于市场经济或政府积极干预的方式来设计保障性住房政策。

具体来讲，影响保障性住房政策的因素包括不同的经济发展阶段、住房市场供需关系、社会保障制度的完善程度和居民的住房支付能力。

第一，不同经济发展阶段的保障性住房政策是不同的。例如，在农业经济阶段，农业分散的生产方式和人口居住密度小，私人投资就可以解决各自的住房需求（姚玲珍等，2017）。而在工业化阶段，城市化快速发展导致生产的集聚效应及人口密度的提升，政府需要扩大住房保障的范围，以维持社会的稳定发展。

第二，住房市场供需关系也会导致保障性住房范式发生转换。例如，住房市场出现供求关系失衡的情况，那么会加大社会矛盾，政府面临的社会压力增大，所以，需要政府扩大保障性住房的投资和建设，以快速解决住房短缺问题。如果住房供需达到基本平衡状态，政府会采取货币补贴或住房券的方式让保障家庭在市场上解决住房问题，而不是直接由政府来建设保障性住房。

第三，社会保障制度的完善程度也会形成不同的保障性住房范式。社会保障制度由失业保障、医疗保障、养老保障、住房保障等组成。而失业保障、医疗保障、养老保障对住房保障具有很强的依赖性。在很多情况下，只有解决了住房保障，其他保障才能具备更好的基础。很多学者指出，一个国家的社会保障支出水平具有先升后降的轨迹。当国民经济发展到了较高水平，人均国内生产总值超出了生存基本需求水平线时，由于两极分化严重，社会保障水平也会迅速上升，这个阶段被学者称作"社会保障水平迅速上升阶段"（穆怀中，2003）。当低收入人口逐渐减少时，社会保障支出水平也会下降，称为"社会保障水平回落时期"（穆怀中，2003）。总之，在不同的经济发展阶段，由于社会保障水平的不同，住房保障的水平也不同。

第四，居民的住房支付能力也会影响保障性住房政策范式的转型。房价收入比是用来衡量住房支付能力的常用指标。不同收入群体、不同的城市在不同的时间对应不同的房价收入比。房价收入比偏高的群体越大，则要求政府提供保障性住房的力度就越大；反之，政府提供住房保障的压力就越小，保障性住房政策的力度也就越小。一个城市房价总体水平及其结构分布，与居民收入的总体水平和结构分布的关系，都可能影响保障性住房政策的范式选择（朱亚鹏和孙小梅，2020）。

第七章　保障性住房政策的评估

第一节　公共政策分析与评估

公共政策分析（public policy analysis）指的是对解决公共问题所选择的政策的本质、产生原因及实施效果进行的一系列研究，而公共政策评估（public policy evaluation）是公共政策分析的一个重要环节（陈世香和王笑含，2009）。从广义上讲，公共政策评估是确定一种价值的过程分析；从狭义上讲，公共政策评估是衡量某项政策的实际成就与预期成就之间的差异（张润泽，2010）。

在政策分析中，分析主体应该采用多元视角，在追求客观性的基础上保持理性。公共政策分析的路径通常包括分析性描述、价值认同和价值批判等（朱亚鹏，2008）。分析性描述是采用价值中立的观点，对公共政策进行分解，再分别对其分析。价值认同的路径认为，公共政策具有强烈的价值偏好，并且，这些价值会给政策实践带来很大的影响。实际上，任何公共政策分析都是以某种价值设定作为基础的，所以，公共政策分析中的价值批判视角也符合理性的诉求。

在一个公共政策系统中，各项政策是相互联系的，形成了具有特定结构和功能的开放体系。所以，政策分析也要坚持系统性的原则，即系统地分析各种政策要素，包括政策目标、政策价值的实现方式，政策实施的规则、组织结构、资金支持方式等。通过对这些要素进行价值分析，可以评估某项公共政策是否遵循了公平和效率的原则，判断这些政策是否实现了政策目标、是否得到了预期的影响效果等。

概括地讲，公共政策评估是评估主体通过考察各个政策环节，对政策的效果、效能以及价值进行的系统评价和判断，其目的在于评定某项公共政策方案是否达到了政策目标和预期效果（高兴武，2008）。政策评估工作可以放在政策实施的全过程进行，这样可以为设计和完善公共政策提供更为科学的依据。具体地说，公共政策评估包括以下要素。首先，明确某项公共政策的目标，并且利用具体的指标来表述。例如，该公共政策要解决哪些问题？哪些社会群体可以从该政策中受益或受损？该公共政策的执行需要投入什么资源？其次，衡量某项公共政策的实际效果，包括利用社会指标来衡量政策实施前后的变化；如果政策没有达到预期效果，还要进一步分析导致效果偏差的原因。最后，对公共政策进行成本效益分析，以科学衡量公共政策的投入和产出，帮助政策制定者选择最优的政策方案。尽管公共政策评估强调科学方法和可测量的结果，但是，需要强调的是，公共政策总是与价值判断和价值选择联系在一起（赵莉晓，2014）。公共政策效果要在经济效益与社会效益之间取得平衡，也要保护弱势群体的利益。例如，保障性住房政策既要提升公共投资的效率，也要保障居民的社会公平性。

公共政策评估关联某项政策的执行和政策修正，是政策动态运行的必要环节。政策动态运行包含了政策问题的认定、政策规划、政策执行、政策评估、政策终结等环节。只有进行了科学的公共政策评估，才能完成政策动态运行的整体过程。公共政策评估也是检测一项政策效果的必要手段。通过系统、全面的评估，才能对政策目标、效果或其他潜在问题进行评价，进而强化对政策效果的认识。在公共政策周期中，公共政策评估占有很重要的地位，它不仅有利于检验政策的效果和效率，也有利于提高决策的科学化水平，实现政策资源的有效配置。总之，公共政策评估对于得到准确的政策反馈、执行和再干预能起到重要的作用。

第二节 公共政策评估的类型和标准

政策评估也称作政策评价，是公共政策实施过程中具有重要意义的一个环节。在政策评估中，评估主体按照一定的标准和程序，对政策的各个环节进行考察，对政策效果进行评价。自20世纪70年代以后，政策评估逐渐成为社会科学领域中一个相对独立发展的领域。在世界各国，特别是西方国家，政策评估受到学术界和政府部门的普遍重视，实践范围也越来越广（陈世香和王笑含，2009）。

目前，针对政策评估的研究主要包括三种范畴。第一种是狭义的政策评估研究，仅限于对政策方案的评价。例如，对各种备选方案进行比较分析，为决策者推荐最优的政策方案。第二种是对政策全过程的评估。全过程就是既包括对政策方案的评价，也包括对政策执行过程、政策效果、政策是否可持续等方面的评价。第三种是将公共政策评估作为对公共政策效果的评价，判断某项政策效果与投入成本是否达成了政策的预期，属于后评估。总之，政策评估可以看作依据一定的标准和程序，对政策过程的效果和公众的反馈进行评价的系列活动。

在公共政策评估中，通常包含规范、测度、分析和评判四个环节。在规范环节，政策评估者要建立政策评估的标准，这也是政策评估顺利开展的前提（何植民等，2021）。在测度环节，主要任务是收集评估对象的完整信息。在分析环节，评估主体运用已收集的信息，对政策实施结果进行分析。在评判环节，评估主体的任务是对政策的变迁提出建议，进而完成政策评估。也有学者把政策评估分成四代（Lay and Papadopoulos，2007），每代均代表不同的政策评估内容。其中，第一代是测量取向；第二代是描述取向；第三代是判断取向；到了第四代，政策研究者开始重视评估不同政策利益相关者的反应态度。

如果按不同的政策评估者来划分，政策评估又可以分为对象评估、社会评估和自我评估。对象评估是指针对政策目标对象所开展的评估；由于政策目标对象对政策目标有实际感受，可以利用一手资料对某项公共政策进行评价。社会评估，又称为外部评估，即委托社会第三方专业机构对政策进行评估；因为第三方专业机构不是政策的利益相关者，所以这种评估具备一定的客观性和专业性。自我评估，也称作内部评估，即政策制定者和执行者自己开展的评估，由于他们对政策的目标和制定过程较为熟悉，所以能够得出较为完整的评估结论，这些结论可以用于后期的政策调整。

如果按政策评估的实施阶段来划分，则可以分为方案评估、执行评估和终结评估。方案评估，又称为预评估，是在政策执行前所进行的评估。这种评估是预测性的，主要目的是指导政策的执行。执行评估，又称为过程评估，指的是政策实施过程中进行的评估，主要目的是对所执行的政策进行调整。终结评估，又称为后评估，是对政策全过程的完整总结，获得对政策效果的反馈。这三种评估贯穿了整个政策过程，在不同阶段对政策的科学性和合理性进行评价（何植民等，2021）。通过对政策过程的各阶段进行考察和分析，可以总结经验和教训，为后续政策设计、完善和落实提供借鉴。

公共政策评估在本质上是一种价值判断，但是，这种价值判断需要建立在客观事实的基础之上（张润泽，2010）。所以，公共政策的评估必须遵循一定的客观标准才可以维持评估结果的科学性和公正性（和经纬，2008）。公共政策评估的标准是多维度的，包括了政策全过程的投入、绩效、效率、公平性、执行力等，在具体操作中涵盖的维度并不一样。越来越多的学者认为目标维度、投入维度、效率维度、社会公平维度和公众参与这五点是公共政策评估标准的必要维度。①目标维度，政策目标既是政策的起点，也是政策的终点。如果一项公共政策最终达成了其开始的政策目标，那么就可以说该政策是成功的。②投入维度，也就是为政策实施所投入的各种成本。不过，投入仅仅是政策成功的必要条件，而不是充分条件。政策的成功需要一定的投入，但是过度投入并不能保证政策就一定会成功。③效率维度，即政策投入与政策效果的比率，该维度能够反映出政策设计的科学性和政策落实的可行性。④社会公平维度，公共政策的一个重要任务是促进社会资源的合理分配，目的是维护社会公平。一个成功的政策，需要体现公平公正。⑤公众参与，公共政策是为了维护公众利益而制定的，所以，公众的参与程度是衡量一项公共政策是否成功的重要指标。如果一项公共政策得到了广泛的公众回应，那么就为该政策进一步完善提供了基础。尽管有这些标准，但在这些标准执行的过程中也会遇到很多挑战。例如，如果公共政策目标不确定，那么就涉及多个相关利益集团和公众群体协调和平衡的问题。如果要兼顾各方面的利益，就很难去明确地执行某个政策评估标准。

第三节 保障性住房政策的评估过程

公共政策评估的一个目的是为政策优化与实践提供依据。作为公共政策评估的重要组成部分，保障性住房政策评估是对一项住房保障政策的价值进行的衡量和判断。对保障性住房政策进行科学、有效的评估，可对政策在住房保障领域的实施效果进行评价，为进一步设计、优化、执行和改进相关政策提供依据。保障性住房政策评估可以表述为，依据一定的评估标准、方法和程序，对政府的住房保障政策在提供公共服务、履行公共职能方面的效果进行评判，为优化、改进和制定新的政策提供依据（周博颖和张璐，2020）。

住房问题是各国政府非常重视的社会民生问题，所以，保障性住房政策的落实关系着人民的基本居住权利和发展机会。如果政策落实不到位，可能影响社会和经济的健康发展。在过去几十年，我国在中央层面和地方层面都出台了一系列住房保障政策文件，国家历次的政府工作报告中也提及了住房发展和住房保障的目标及落实策略。这些政策是否合理，是否得到了真实有效落实，落实的效果如何，都需要进行科学评价。保障性住房政策评估，就是利用科学方法为后续的政策提供有效反馈，进而完善我国的住房保障政策体系、提高保障质量。

对于保障性住房政策的评估，首先要确定评估的标准，也就是衡量保障性住房政策是否达到设定的政策目标。只有参照一定的标准，才能对保障性住房政策做出科学评价。因此，标准的制定是开展评估的关键环节（孙志波和吕萍，2010）。在制定标准时，需要认识到，一方面，保障性住房政策评估是一个基于事实标准的技术判断过程；另一方面，因为政策也具有社会性特征，所以保障性住房政策的评估也是一个基于价值标准的价值判断过程。对于保障性住房政策评估的标准，首先要做到科学合理，在社会价值观念和价值规范认可的基础上，做到有据可依，要具备可行性。此外，评估标准应该遵循公平公正的理念，合理利用公共资源。

保障性住房政策是一个多环节、多阶段的过程，包含了问题的提出、政策目标的制定、政策的设计、政策的执行和政策的效果评价等环节。针对各个环节，保障性住房政策评估通常也包括政策方案评估、政策过程评估和政策结果评估三个阶段（孙志波和吕萍，2010）。①政策方案评估属于政策执行前的预评估，可以说，政策方案的优劣将直接影响政策的效果。例如，保障性住房的选址是否能保障空间公平？保障房的户型设计是否合理？保障房的居民构成是否会形成低收入人口集聚？如果能在方案阶段确定政策目标，将为政策评估提供直接的依据。当然，政策目标也要具有针对性。特别是，保障性住房政策的目标是缓解中低收入家庭的住房困难，如果保障性住房补贴没有指向中低收入家庭，那么该政策将不具备针对性。同时，政策目标也应该具有可行性，例如，不能超出某个城市的资源约束和经济能力而提出过高的住房保障标准，以免给地方政策带来过重的负担。②政策过程评估针对的是政策执行环节。例如，保障性住房的建设进度是否符合预期？保障性住房的配套服务设施是否如期完成？需要的资金是否到位？这些要素都是政策顺利执行的重要保证。③政策结果评估，主要是关注所投入资源的产出情况。保障性住房是一种公共财政投资，在项目完成后，需要评估这个项目是否保证了投资效率？在住房分配环节，是否把这些保障房分配给了真正需要保障的群体？是否符合了公平公正的价值观？居民是否满意？总之，通过多维度的评价，考虑各个环节的特点和要求来构建保障性住房政策评估的综合体系（罗雅等，2012），这是一个涉及多因素、多层次的综合评估过程。其中，评估体系是保障性住房政策评估的核心内容，它不仅是评价保障性住房政策的基本工具，也体现了特定的价值取向（孙志波和吕萍，2010）。

第四节　保障性住房政策评估的研究进展

在过去的几十年，越来越多的学者对住房保障政策评估开展了研究。国外的文献主要关注保障性住房供给、住房保障制度的阶段性特征、影响因素、效果评估等方面的理论研究，而国内的学者主要关注住房政策实施过程中面临的具体问题，如保障房居民的权利难以保障、住房政策目标群体偏差、政策利益分配不均、政策执行力度可能给政策效果带来的影响（何元斌，2010）。

在发达国家及地区，学术界对保障性住房政策评估的关注比较早，已经有很多文献采用量化指标对某项住房政策进行评价。例如，基于英国、日本、新加坡的住房保障评估指标，可以发现它们普遍采用一系列量化指标来评估住房保障政策的实施绩效。这些研究重点关注的评价点主要包括保障性住房覆盖的人口（如保障家庭的数量及占比）、保障性住房的供给（如保障性住房的历年建设规模和建设区位）、保障性住房的可支付性（如购房和租房的支付能力）、保障性住房的综合质量（如保障性住房的户型、社区基本配套设施、邻里融合度等）、保障性住房的供需关系（如申请数量、分配数量、轮候期、退出机制等）。

很多国家都建立了较为完善的保障性住房评估体系，这些经验对我国完善科学、合理的公共政策评估体系具有参考意义。例如，美国马萨诸塞州的公共住房评估体系具有程序化、规范化、权威性等特点。地方政府利用计算机系统进行事前资质审核、准入条件和政策执行阶段（如项目建设进度）的评估（邵挺和王金照，2016）。另外，各个利益相关方、第三方专家组成咨询委员会，对事后的政策效果进行评估。在后评估的基础上，保障性住房的监管部门结合反馈意见，对未来的住房政策提出修改和完善的意见。马萨诸塞州的公共住房评估体系有效地提高了其住房政策的针对性。

近年来，很多国际主流的公共政策评估理论被引入我国的保障性住房政策评估中。例如，美国著名的政策分析专家威廉·邓恩（Dunn，2002）所提出的政策评价理论被用于很多实践中。他提出了六项评价理论构建指标体系原则，即效果、效率、充足性、公平性、回应性和适宜性。其中，效果、效率和充足性属于事实标准层面，公平性、回应性和适宜性则属于价值标准层面。这些原则也可以应用到保障性住房政策领域。周博颖和张璐（2020）基于威廉·邓恩的政策评价理论，构建指标体系的基础原则，包括效益、效率、充足性、公平性、回应性五项。综合以上，我们提出以下保障性住房政策评估原则。①效果，是指该项政策是否符合政策的预期目标。例如，某项保障性住房项目的建设是否缓解了困难群体的住房问题。②效益，是指某一特定政策能否实现所期望的效益目标，通常按数量或价值来计算。例如，某项保障性住房项目是否实现了一定的经济效益和社会效益。③效率，是指为产生特定水平的效益所要付出努力的数量，包括为保障性住房付出的资金、人力、土地和环境方面的代价。④充分性，是指政策实施的成本和效益之间的关系。例如，某保障性住房项目是否覆盖了所有需要保障的家庭。⑤公平性，是指对社会群体的公平程度，包括水平公平和垂直公平。水平公平指的是不同区域的群体是否享受平等的住房保障，垂直公平是指弱势群体是否获得了必要的住房保障。⑥回应性，是指民众对住房保障的反馈情况，例如，受保障家庭对居住环境是否满意,这个反馈对于后续优化保障性住房政策能起到重要的作用。很多学者基于这六个原则，对建立科学、完善的中国住房保障政策评估体系的路径进行了探索。

此外，有些学者也把公共政策的"3E"评估理论应用到我国保障性住房政策的评估中。在20世纪80年代，英国审计委员会（The Audit Commission）认为价值是由经济（economic）、效率（efficiency）、效果（effectiveness）三者构成。经济、效率、效益在实践中逐渐发展成为绩效评估的3E标准。其中，经济是指输入成本和提供的量；效率是指产出和投入之间的比例；效果是指产出对最终目标做出的贡献，也就是政策目标的实现程度。3E 标准是公共政策和项目评估的绩效衡量标准之一，有学者基于这个标准对北京的经济适用房政策进行了评估（车士义和郭琳，2009）。

总的来说，我国学术界对保障性住房政策的效果存在较多争论（陈杰，2010）。很多学者同意中国住房保障政策总体上是成功的，认为住房政策减小了社会不公平，对社会民生和经济可持续发展产生了正面作用（罗雅等，2012）。同时，还有很多学者认为住房保障政策的实际效果没有达到预期，保障性住房政策还存在着保障对象定位模糊、覆盖面狭窄、相关配套政策不完善、监督机制不健全等问题。也有学者指出保障性住房建设用地规划不合理、交通设施不健全、人性关怀不足等问题，降低了住房保障的质量（罗雅等，2012）。

但是，大部分国内文献集中在单个住房保障政策的功能评价，或者集中在对住房保障政策制度设计和政策内容评价的理论研究上，相对而言，还比较缺乏基于证据的、利用定性或定量方法的实证研究。与政策制定和政策执行相比，政策评估还是我国保障性住房政策过程中较为薄弱的环节，相关政策评估制度、标准和体系还没有完全建立起来（张永岳等，2010）。我国住房保障政策的实际效果如何？是否发挥了其应有的住房保障政策效果呢？未来迫切需要建立一套体系来科学评估我国住房保障政策的成效。

第五节　保障性住房政策的评估体系

对保障性住房政策的评估，是一种整体性评价，应该从多个角度对其进行定性与定量相结合的综合分析。目前，我国保障性住房政策评估体系还不够系统，难以完整评价我国保障性住房政策的科学性和发展水平。住房保障体系是一项社会性、政策性、连续稳定性以及持续发展性非常强的系统工程，在设计保障性住房政策的评估体系时，涉及保障性住房的建设、运营能力、溢价效应、满意度、空间公平性、社会融合度、治理能力等多维度的内容。目前，国内的评估指标体系更多地涉及保障性住房建设这个环节，其他相关方面涉及较少，评价内容还不够全面，影响了政策的制定、落实及反馈，还没有形成一套成熟的政策评估体系（王美娜，2021）。

与国际指标相比，国内的住房保障政策评估指标数量还较少、覆盖面不够大。在联合国住房权方案建议的住房指标体系中，共涉及 14 类 69 项指标，而国内的评估指标体系远未达到这个标准（周博颖和张璐，2020）。此外，我国的住房保障政策评估体系往往只是针对政策的局部，还没有对政策内容进行全覆盖。例如，虽然用地供应量、住房数量、人均面积、住房质量等通常会列入评估指标体系，但是很少涉及对配套设施、住房治理、空间公平、社会融合等相关指标的评价。

我国目前的保障性住房评估体系还面临针对性较为模糊的问题，无法对具体政策目标进行有效回馈。此外，大部分评价指标都是在城市尺度进行的普遍性评价，而没有对不同城市的住房政策进行针对性评价。在中央鼓励"因城施策""一城一策"的背景下，政策制定者获得的反馈信息与政策目标存在较大的偏差（周博颖和张璐，2020）。所以，在未来的政策评估体系中，应该针对不同城市的不同政策目标，制定具有特色的评价指标（李君甫，2009）。

构建我国特色的保障性住房政策评估体系，需要确定政策的主要目标。例如，基于目标管理的思想，建立目标和标杆二级评估体系，或者建立目标、准则、指标三级评估体系。其中，目标层主要评价政策是否实现了预期效果，例如，保障性住房是否缓解了中低收入家庭的住房压力、是否有助于社会稳定。准则层包括宏观经济、地方财政、住房支付能力等。指标层则包括各种可以测量的指标，如居住者对保障性住房的居住满意度和居民融合度的测量。

政策评估体系指标的选取，要符合国家在某个阶段的住房政策导向。在不同的历史阶段，住房政策范式随着经济社会形势的改变而发生改变（丁煌和柏必成，2009）。2010年以来，我国住房政策的主要导向是"房住不炒"，越来越重视住房的公平性，所以，在进行政策评估的时候，要结合具体历史阶段的保障性住房政策范式。无论在哪种范式下，一些指标始终是重要的，如住房的户型设计、社区设施的配套、社区服务质量等。

总而言之，构建保障性住房政策评估体系，需要在完整性、系统性、科学性、针对性等方面进行优化完善。其中，完整性要求既覆盖国家政策导向，又覆盖具体细节的评估指标；系统性是指指标体系能对保障性住房的规划、建设、运营和治理等环节进行系统评价；科学性是指保障性住房本身应该符合人居环境的各项要求；针对性是指针对具体住房政策的具体目标进行评价。总之，建立全方面、全覆盖的评估体系是科学评估保障性住房政策的依据（周博颖和张璐，2020）。所以，在设计保障性住房政策评估体系时，要坚持政策目标与评价内容相关联的原则，尽量做到系统化，为完善未来保障性住房政策的制定提供有效的反馈。在第八章至第十一章中，本书将对保障性住房的空间公平、溢价效应、居住满意度和社会融合度进行定量评估，希望为进一步构建保障性住房政策的评估体系奠定基础。

第八章 保障性住房的空间公平性评估

第一节 保障性住房的空间公平性

从1995年开始的安居工程,再到之后的经济适用房、公共租赁房、人才租赁房、共有产权房、蓝领公寓等保障性住房项目的建设,我国逐渐形成了一套较为完善的住房保障体系。现阶段,我国社会的主要矛盾已经转变为人民日益增长的美好生活需要和不平衡不充分的发展之间的矛盾。在摆脱了物质匮乏、经济短缺之后,人民开始追求更高质量的生活,这种更高质量的生活也包含了各种高质量的公共服务。然而,"不平衡不充分"的现实也说明,我国距离能够满足人民多元化、多层次、个性化的需求还有一段距离。将这一矛盾的转变具体到住房问题上,还需要更优质的居住环境来提高居民的生活品质。保障性住房在供给上也存在不充分的问题,特别是,其空间公平性问题长期被忽略。例如,在保障性住房选址布局方面,经常存在"选址偏僻"的问题,而且配套公共服务设施不健全,增加了低收入群体的生活成本,降低了住房保障的质量。

现阶段,"住有所居"不仅意味着为居民提供充足的住房,还意味着应该能够为其提供高质量的生活空间。通过住房,能够让居民享受空间公平机会。保障性住房住区的居民不仅能够获得基本居住权,还能够通过住房享受到与普通市民一样的公共服务权利。所以,在保障性住房问题上,政府不能只关注住房的建成数量,还应该关注住房所造成的居住空间改变,以及由居住空间带来的享受社会资源的公平机会。居住空间的合理分布与居住环境的配套完善,对提高城市居民的生活条件、维护社会和谐发展具有重要意义。

伴随着现代信息技术的高速发展,特别是地理信息技术的发展,与住房空间分布和公共服务设施布局相关的研究越来越多,但是针对保障性住房项目的全面评估的研究还相对较少。本书将整合多学科理论资源，结合现阶段我国保障性住房的建设发展现状，希望提供一个可以涵盖测算空间正义、社会公平等内容的保障性住房项目评估的研究案例。

本书第八章和第九章以杭州市经济适用房社区为研究对象，分析这类住房在城市内部的空间分布特征及其带来的经济社会后果[①]。杭州市的经济适用房建设起源于 1996 年，并于 2010 年完成其历史使命。经过二十余年的不断发展与改革，经济适用房解决了杭州市许多低收入家庭的住房问题。这个已经完成的项目，也为全面地评估其经济效用和社会效用提供了基础。其中，第八章对经济适用房社区的配套公共服务设施开展空间可达性研究，由此来衡量保障房社区的空间公平性。我们利用居住分异理论、公共设施区位理论和外部性理论，通过空间分析模型，分析杭州市经济适用房社区的空间分布和公共服务设施的匹配度问题。第九章分析该类住房给周边社区房价带来的影响，以此来测算其溢价效应。通过对杭州市保障性住房的选址分布、公共服务设施匹配度、溢价效应三个方面进行评估，有助于了解保障性住房存在的问题，对未来进一步改进提出针对性建议，让保障性住房能够"满足人民日益增长的美好生活需要"。

第二节　住房空间公平性的研究进展

居住空间是城市的主要功能空间和居民的主要生活载体，而住房政策，尤其是保障性住房政策，会引起居住空间的巨大变动，从而引发人们对于住房的空间公平性的关注。国外大量学者引入空间模型来分析住房的分布情况，通过直观的数据反映住房在空间上的集聚和分散情况，以探究其背后隐含的社会问题。

在对点数据进行空间分析的时候，现有的文献通常利用 GIS 平台对矢量数据进行空间分析。常用的有 G 统计量和 Moran's I，G 统计量的常用功能之一是中和数据点的空间分布，它允许开展假设，在这些假设中，数据点的模式不会对结果造成偏差。将 G 统计量与 Moran's I 或其他空间自相关度量结合使用时，可以加深对空间序列的理解。同时，由于这两个统计量均使用正态理论进行评估，因此，可以从各种统计量的测试中获得一组标准正态变量，再对其进行比较。有学者针对美国保障性住房项目 Section 8 计划展开的相关研究，也是基于 GIS 的空间聚类分析（含 Getis-Ord 的 Gi^* 统计）和多元线性回归，结合关键的社会经济因素分析，发现住房优惠券政策未能成功地将这些城市地区的贫困家庭分散开（Song and

---

[①] 本书第八章和第九章的研究时间为 2018 年，涉及的杭州市各区和各街道均以 2018 年的行政区划为准。

Keeling，2010）。

另外的常用方法为热点分析和核密度分析。有的学者通过将热点分析、点映射和人口普查区域分析相结合，分析美国 Section 8 计划住房优惠券政策受益者空间分布变化的特征，发现 Section 8 计划受益者居住密度最高的热点位于城市边界内，这些区域存在贫困程度较高、黑人比例较高、住房单元供给量大的特征（Wang and Varady，2005）。还有的文献使用空间聚类的分析方法，发现美国 LIHTC 项目的房产比其他多户住宅单元更加集中，这些集群往往位于发展较为密集的中心城市，贫困率较高，少数族裔的比例较高，这些结果与联邦政府期望的公平住房和减少贫困的目标相矛盾（Dawkins，2013）。由此可见，空间模型在点数据分析中的应用非常广泛，这也为本书研究提供了方法基础。

城市公共服务设施的公平分配是城市规划的重要目标。在城市研究领域，分析公共服务的公平性一直是国内外学者的重要研究议题。Teitz（1968）提出了公共设施区位理论，要求公共服务设施在布局时要综合考虑福利公平和效率。随后，很多学者对公共住房空间格局及公平福利问题进行研究。例如，有学者将两个基于 GIS 的可达性方法综合到一个框架中，并将这些方法应用于分析芝加哥地区基本医疗保健的空间可达性，基于浮动集水区（floating catchment area，FCA）方法通过阈值旅行时间来定义医生的服务区域，同时根据医生的需求来考虑医生资源的分布（Luo and Wang，2003）。该方法有助于美国卫生与公共服务部和州卫生部门改善医生资源的空间分布。一项基于英国的研究通过测量沿交通网络到公共绿地的距离，并将其与私人花园空间的分布进行了比较，分析社会各个部门对绿色空间的访问方式。研究结果显示，该城市不仅存在公共绿地供应不足的问题，而且不同社会群体对公共绿地的可达性差异也很大。这项研究强调，随着开发压力的增加，城市需要创建更多的绿色空间，并保护现有的绿色空间。综上可知，学者在评估城市公共服务的公平性问题时，主要采用建立综合指数和分析空间可达性的方法。

国内学者针对保障性住房公平性的研究主要集中在居住空间格局特征和配套公共服务设施建设上。学者大都认为住房制度改革是影响中国城市居住分异的重要因素。例如，吴启焰等（2002）对城市居住分异产生的原因机制进行了系统的总结，得出了五个影响住宅市场分异的要素，包括政府与土地所有者、建筑商与开发商、金融行业、物业机构对邻里效应的强化以及城市规划思想；该研究还指出，住宅的空间分异是与个体行为交互影响的结果。刘望保和翁计传（2007）以全国 88 个城市为案例研究城镇化过程中居民住房选择和居住分异，结果显示，在经济发达和市场化程度较高的东部沿海地区，城市的居住分异程度较高；该研究还指出，由于住房的质量、配套设施和区位条件等的差异，在自由选择的过程中会形成邻里的"阶级化"，而这种"同类相聚"的社区最终会形成一种相对封闭的社会阶级群体。徐菊芬和张京祥（2007）则从住房供给的视角，指出政府调控对城市居住分异起着至关重要的作用。他们从土地制度、房产税收制度、住房制度等维度分析，认为国家应该采取更加积极的做法。基于众多学者的研究可以发现，我国居住空间的分异主要是由制度环境导致的。因此，我们在分析保障房社区的居住分异时，尤其需要关注制度、政策层面给保障性住房选址等带来的影响。

居住分异会对城市内人口的互动以及社会融合产生影响，进而改变城市的空间格局。基于住房会影响城市空间格局的观点，一些学者对保障性住房的选址及空间特征进行了研究。例如，艾建国（1999）通过建立家庭选址简化模型，发现应该在考虑居民需求意愿的基础之上将各类住房进行合理分布，而不能为了经济效益而盲目地将经济适用房建在城郊。他还强调经济适用房在选址上不仅是为了让低收入群体能够买得起房，还要努力改善他们的居住环境。张祚等（2008）通过对武汉市经济适用房的空间分布特征进行分析，提出了"集中化""边缘化"的观点。他们认为弱势群体在经济适用房上能做的空间选择很有限；经济适用房选址不合理会让居民在生活中承担更多的交通成本，并且将进一步加深这些购房者的弱势地位，这将使得原本就存在的差异进一步扩大，从而加剧社会和心理上的隔离。因此，他们提出要尽量控制保障房社区的建设面积，使其分散性布置并能够与其他商品房项目实现混合搭配。袁奇峰和马晓亚（2012）的研究发现，政策、市场、区位和自身物质结构特征这四个维度是住房影响社会空间分异的重要因素。他们从城市和居住两个层面解析保障房社区的配套服务设施问题，发现广州市保障房社区具有空间可达性不佳、供给不足等问题。杨红平和宋伟轩（2012）提出，保障房社区在建设中不应局限于关注保障低收入群体的居住问题，还应该关注如何有效地降低其生活成本，使其能够获得更多平等的发展机会，为其向上流动提供可能。但是，他们发现南京市保障性住房在选址上存在社会空间错位。申庆喜等（2018）通过空间定量方法对公共服务设施的空间分布格局进行分析，发现长春市公共服务设施与居住的空间分异具有较高的相关性，但整体的空间协调性不高，为此提出要实现公共服务设施空间与居住空间的协调配置，倡导公共服务设施引导下的城市开发模式。众多学者的研究显示，住房的空间选址对居民的生活成本和生活质量产生了重要影响。因此，研究住房的公平性问题，需要关注住房选址带来的居住分异。选址合理性的研究，对于分析居民可否享受公平的社会权益以及拓展社会流动的渠道均有重要意义。

一些学者则从公共服务配套设施建设的角度，进一步分析了各类住房的空间分布特点。例如，孙艺等（2017）对国内外城市的公共服务设施配套建设的可达性、公平性、服务绩效和居住满意度四个方面进行了综合评述，研究发现国外城市在公共服务设施建设中更加关注人与社区的关系，强调公众参与和个人发展，而国内则更多地关注物质设施的建设。张英杰等（2014）利用潜能模型量化公共服务的空间分布情况，利用大数据分析公民对公共服务的偏好，并从供需平衡的角度切入，建立公共服务设施综合质量指数。研究结果显示，北京市各街道公共服务质量水平存在明显差异，部分街道存在严重供给不足的问题。张敏（2001）通过对纽约、东京和伦敦三个城市的公共服务设施供给的空间分布分析，认为在规划时应该重点关注弱势群体，细分公共服务设施类型，强化政府托底力度，引入专业团队运营，减少负外部性的溢出。刘入嘉等（2017）通过运用两步移动搜索法，从公共服务设施的供给和需求两个方面入手，研究了南京市居住社区公共服务设施的可达性，结果显示南京市公共服务设施高可达性的地区大致呈现由中心向近郊扩散的趋势。以上学者的研究涉及了保障性住房社区空间属性的度量，也包含入户调研统计分析，通过选址空间正义性、配套设施的公平性以及居住的满意性等不同角度，开展了相关的政策评估，为保障性住房的空间公平性研究提供了方法指导。

第三节　研究内容与目标

本书从公共服务设施的空间角度入手，分析杭州市经济适用房社区的公共服务设施的分布特征，进而研究该类住房在空间分布上的社会公平性。我们在本节将提出两个主要假设，即保障房社区在空间分布上存在集聚现象，以及保障房社区的公共服务水平明显偏低。为检验所建立的假设，本书对公共服务水平进行了空间分析，目的是探讨其在地理空间分布上的差异。

保障性住房是城市住房体系中的重要组成部分，它的选址对城市空间形态的变动有着重要影响。居民入住保障性住房之后对该地区的城市交通、环境、经济等多方面都会产生不同的影响。近年来，我国保障性住房的建设得到快速发展，但是该类住房存在选址偏僻、集中建设等问题，对住户的生产、生活产生了消极影响，同时也给社会发展带来了不良效应。

本书对保障性住房的空间分布分析主要基于 GIS 平台。首先，我们运用多距离空间聚类分析（Ripley's K 函数），对杭州市保障性住房的选址情况进行总体分析。通过分析得到一个集聚的分界点，即可以知道保障性住房在什么样的尺度范围内存在集聚现象；同时，还可以与普通商品房的分布情况进行类比，分析不同住房在空间选址上的差异。为了进一步得到保障性住房的集聚区，本章通过计算核密度的方法，直观地显示出保障性住房的集聚区分布状况。以上两种方法能够对杭州市保障性住房的空间分布及空间集聚有一个清楚的了解，但是对于该类住房的集聚尺度却无法衡量。因此，我们利用最近邻分析（nearest neighbor indicator, NNI）法进一步分析，通过比较最近相邻点之间的平均距离，得到保障性住房集聚的平均尺度。

保障性住房社区周边公共服务设施配建情况对居民的生活质量会产生深远的影响。学术界开始对城市公共服务设施选址和建设公平性开展了广泛研究。保障性住房的目的是解决低收入群体的居住问题，而这类社区周边的公共服务设施建设情况，关系到这些家庭的居住品质，也关系到社会公平目标的实现。所以，完善公共服务设施对于满足低收入家庭对美好生活的需要至关重要。

公共服务设施是城市空间环境的一部分，与居民的生活有着千丝万缕的联系。公共服务设施的类型主要包括医疗卫生设施、商业购物服务场所、公共交通和通信设施、教育设施、体育与休闲娱乐设施、社会与文化设施六个大类（Mavoa et al., 2012）。城市公共服务设施一般是指由政府直接或间接为公众提供并被所有人共享的服务和设施，但具体包含的内容各有差异。一般的研究对象为在城市中呈现点状分布的、需要居民到达该设施位置才能够享受到服务的设施，主要包括学校、医院、公园、体育场馆、交通站点、商业中心等。本章在对公共服务设施可达性研究相关文献总结的基础上，同时借鉴《杭州市公共服务设施配套标准及规划导则》的相关内容，选择教育、医疗、文体、商业、行政、绿地公园这六类公共服务设施作为研究对象（王松涛等，2007），用于分析保障性住房社区的公共服务设施建设情况。

本章关于保障性住房社区的公共服务设施公平性的分析主要分为两个部分。首先，测算各类公共服务设施在街道内的分布及集聚情况，通过对比分析来说明保障性住房的分布与公共服务设施的分布是否存在错位。主要的研究方法为密度和区位熵[①]。其中，密度用于测算各街道单位面积内某项公共服务设施的密集程度，区位熵用于测量街道内特定公共服务设施的规模在该街道所有公共服务设施中的比重以及与整个研究范围内该公共服务设施规模所占比重之间的比率。其次，利用可达性研究的方法分析社区居民可获得公共服务设施的便利程度。本章采用"最短距离"来衡量住房到公共服务设施的可达性。利用GIS软件计算最短距离，可以得到保障性住房与各类公共服务设施的可达性的均值及合理区间；并且，通过强弱排序，可以得出现阶段保障性住房周边公共服务设施分布的空间公平情况。

---

① "熵"指的是比率的比率。

第四节 数据来源和研究方法

本章以杭州市经济适用房社区为例开展实证研究。2018年，杭州市共有10个市辖区、2个县，代管1个县级市，由于余杭区和萧山区的保障房项目是由区级政府单独建设，而主城区是由市政府统一规划建设，本章研究范围为杭州市主城区，包含上城区、下城区、西湖区、拱墅区、江干区、滨江区，主城区共86个经济适用房社区。

本书第八章和第九章的实证研究所需的住房数据包括商品房数据和经济适用房数据，其中商品房数据来源于房天下网站，经济适用房数据来源于杭州市城乡建设委员会官方网站，房价数据来源于杭州市物价局和财政局公布的关于杭州市区经济适用房市场评估价格的相关文件。实证分析所需的住房属性信息数据也来自房天下网站，通过网络爬虫技术，我们爬取了房天下网站上截至2018年12月31日杭州市上市出售的商品房社区，共计4398个。其中位于主城六区的商品房社区有2592个，属性信息数据包含房屋位置、经度、纬度、本月均价、竣工时间、容积率、绿化率、物业费、开发商、建筑面积、占地面积、总户数、物业类别、租金、对口小学、教育评级等基础属性。经过数据清理之后，可用于研究分析的商品房数据共1557个。研究所需的各类空间数据，如公共服务设施条件的地铁站点、医院、学校、商业中心、绿地公园等基础数据均来自政府网站和杭州市规划文件，并通过谷歌坐标系统导入ArcGIS软件中。

我们把住房数据、各类公共服务设施数据通过坐标位置进行矢量化，建立了空间信息数据库，形成专题地图，并进行空间分析。在分析保障性住房的空间分布时，利用核密度、平均最短相邻分析工具，分析保障性住房的整体分布特征和集聚特征。

一、核密度分析

核密度估计（kernel density estimation，KDE）是一种非参数的估计方法，被广泛应用于点位数据的空间分析之中。运用ArcGIS软件可以获取各类网点的KDE分布（考虑到居住小区点位数据难以体现其规模差异，所以居住空间的KDE是基于2015年杭州市用地现状图中的居住用地生成的），并提取居住与各类服务设施KDE栅格值，再进行相关性分析与显著性检验，可以得出各类服务设施空间与居住空间的Pearson（皮尔逊）相关系数，用于分析城市主要功能空间的形态格局及空间关联性特征。

二、最近邻分析法

最近邻分析法是统计不同点之间最近距离的均值。该方法以点的距离为基础，主要用于测度点分布整体的集聚与分散程度。计算公式如下：

$$d(\mathrm{NNO}) = \sum_{i=1}^{n} \frac{\min(d_{ij})}{n}$$

$$d(\mathrm{NNE}) = 0.5\sqrt{\frac{A}{n}} \quad (8.1)$$

$$\mathrm{NNI} = \frac{d(\mathrm{NNO})}{d(\mathrm{NNE})}$$

三、热点分析

热点分析工具可对数据集中的每一个要素计算 Getis-Ord Gi*统计（称为G-i-星号）。通过得到的 z 值和 p 值，可以得出高值或低值要素在空间上发生聚类的位置。计算公式如下：

$$G_i^* = \frac{\sum_{j=1}^{n} W_{ij} x_j - \bar{X} \sum_{j=1}^{n} W_{ij}}{S\sqrt{\frac{n \sum_{j=1}^{n} w_{ij}^2 - \left(\sum_{j=1}^{n} w_{ij}\right)^2}{n-1}}} \quad (8.2)$$

其中，x_j 为要素 j 的属性值；w_{ij} 为要素 i 和 j 之间的空间权重；n 为要素总数。

$$\bar{X} = \frac{\sum_{j=1}^{n} x_j}{n} \quad (8.3)$$

$$S = \sqrt{\frac{\sum_{j=1}^{n} x_j^2}{n} - (\bar{X})^2} \quad (8.4)$$

Gi*统计是 z 值，因此无须做进一步的计算。

在分析保障性住房社区周边公共服务设施布局时，利用近邻分析中的最短距离工具，分析公共服务设施的可达性。

四、可达性分析

本章可达性的测算方法见公式（8.5）。

$$A_i = \sum_{j} f(W_j, S_{ij}) \quad (8.5)$$

其中，W_j 为吸引力指数；S_{ij} 为空间隔离，一般是指从 i 到 j 的距离或出行时间。基于城市公共服务设施的服务特征及式（8.1），构建公共服务设施综合公平指数计算模型，见式（8.6）。

$$E_{ij(k)} = W_{j(k)} \times S_{ij}^{-\alpha} \quad (8.6)$$

其中，$E_{ij(k)}$ 为公共服务设施 $j(k)$ 在空间单元 i 中的空间公平指数，$i=1,2,3,\cdots$；k 为所有公共服务设施中的第 k 类设施，$k=1,2,3,\cdots$；$W_{j(k)}$ 为第 k 类公共服务设施中第 j 个设施的相对影响系数，$W_{j(k)}=Q_{j(k)}/Q_k$，$Q_{j(k)}$ 为 k 类公共服务设施中第 j 个公共服务设施的总体服务范围，Q_k 为 k 类公共服务设施的总体服务范围；S_{ij} 为公共服务设施分布与使用者区位之间的空间隔离情况，通过 ArcGIS 提取街道网络距离来表示；α 为空间隔离参数，根据已有研究，本书参数取值为 2。因此，空间单元 i 中 k 类第 j 个公共服务设施的空间分布综合指数可以表示为式（8.7）：

$$E_{ij(k)} = W_{j(k)} \times S_{ij}^{-2} \quad (8.7)$$

空间单元 i 内所有城市公共服务设施综合公平指数总值的计算公式如式（8.8）所示：

$$T_i = \sum_{k=1}^{K} \sum_{j(k)=1}^{J} E_{ij(k)} \quad (8.8)$$

其中，T_i 为第 i 个街镇空间单元内城市公共服务设施分布的总体综合公平指数。式（8.9）为整个研究范围内所有公共服务设施的综合公平指数之和，用 T 表示。

$$T = \sum_{i=1}^{I} T_i \quad (8.9)$$

第五节　杭州市保障房社区的集聚效应

我国保障性住房的建设在数量上得到了快速增长，然而，很多城市采用大型保障性住房社区的规划方式，容易出现空间隔离现象，这种隔离致使居住者享有的城市空间和公共设施出现极度不公平的结果。同时，空间隔离还会带来社会管理的成本增加以及更大的社会风险。

我们以杭州市为例，杭州市主城区经济适用房由杭州市政府规划建设，2018 年共有 86 个社区。我们假设"杭州市主城区经济适用房的空间存在集聚"，然后通过密度分析和最近邻分析法来检验该假设是否成立。

密度分析通常用于分析指定空间范围内某类要素数据的集聚状况。根据插值原理不同，密度分析分为核密度、点密度、线密度。本章根据研究数据特征选择核密度来进行空间集聚的分析。核密度属于非参数检验的一种方法，具体的方法为假设有 n 个样本数，$x_1 \sim x_n$，那么，某个数的概率核密度的计算方法如公式（8.10）所示：

$$p(x) = \frac{\sum_{n=1}^{N} N(x - X_n, z)}{N} \quad (8.10)$$

其中，$N(x,z)$ 为符合正态分布的概率密度函数；z 为参数。

我们首先对主城区的所有商品住房进行核密度分析。分析结果显示，杭州市主城区目前在售的商品房分布密度存在明显的由中心向城郊降低的分布规律，商品房密度最为集聚的地方为西湖北侧和西侧的下城区和上城区的部分地区。随后，我们又对主城区的所有经济适用房进行了核密度分析，分析结果和商品房的空间密度存在着很大的差别。第一，经济适用房没有明显的空间分布规律，但存在小范围的集聚现象，且在主城区出现了几个密度较大的集聚区；第二，经济适用房和商品房在空间选址上存在明显的错位现象，商品房密度大的城市中心没有大规模的经济适用房社区分布，而经济适用房社区较为密集的几个区域则都是商品房分布较为稀疏的地方，这两类住房在空间集聚上的分离也可能会使得居住在两类住房里的人群形成地理上的隔离，进而加剧不同收入群体之间的社会隔离。所以，本章证明了经济适用房在空间选址上存在小范围内的集聚现象，这也说明"杭州市主城区经济适用房的空间存在集聚"的假设是成立的。

集聚作为一种空间现象，无论是以城市空间范围为边界的内部设施的集中分布现象，还是以区域、大都市区为边界的空间相邻地区的资源共享现象，都存在一定的规模和尺度。了解集聚的规模和尺度对分析集聚发展的趋势以及影响力等研究都至关重要。

为了进一步分析主城区经济适用房的集聚尺度，本章采用 ArcGIS 软件的平均最近邻工具进行分析。平均最近邻工具首先通过测量研究要素的中心质点与其最近邻要素的中心质点在空间位置之间的距离，然后计算所有这些最近邻距离的平均值。如果结果中的平均距离小于假设随机分布中的平均距离，则会将所研究的要素分布视为聚类要素；反之，则会将要素视为分散要素。具体计算方法如式（8.11）所示：

$$\text{ANN} = \frac{D_0}{D_E} \quad (8.11)$$

其中，D_0 为每个要素与其最近相邻点之间观察到的平均距离。

$$D_0 = \frac{\sum_{i=1}^{n} d_i}{n} \quad (8.12)$$

D_E 为随机模式下要素提供者的预期平均距离。

$$D_E = \frac{0.5}{\sqrt{n/A}} \quad (8.13)$$

d_i 等于要素 i 与最近相邻要素之间的距离，n 等于要素总数，A 是所有要素包络线面积或指定面积值，本书采用包络线面积。

平均最近邻工具的计算结果如表 8.1 和图 8.1 所示。结果显示最近邻比率为 0.3795，小于 1，再次证明了经济适用房在空间上的表现模式为集聚，与第一步的核密度分析结果相呼应。其中 p 值为 0.0000，z 值为 -10.8143，表明随机产生该聚类模式的概率小于 1%，这在一定程度也能反映杭州市主城区现阶段保障房社区的空间分布是外力作用（如政府统一规划）的结果，而不是通过市场机制自发形成的。结果显示，平均观测距离为 474.4659 米，由此可知，主城区经济适用房存在空间集聚，集聚的尺度为 474.4659 米，数值相对较小，这也再次说明了主城区经济适用房的确存在小规模的集聚现象。

表 8.1 平均最近邻汇总

指标	数据
平均观测距离	474.4659米
预期平均距离	1250.1851米
最近邻比率	0.3795
z 值	-10.8143
p 值	0.0000

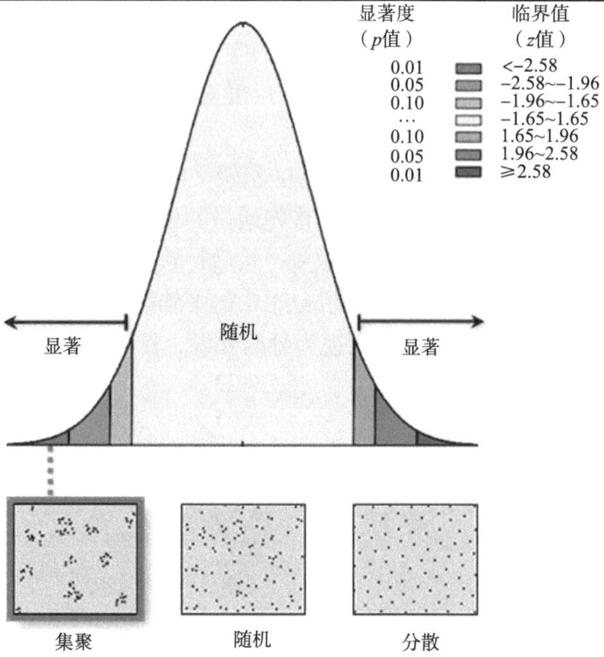

图 8.1 平均最近邻结果示意图

通过核密度分析以及平均最近邻工具分析，都可以证明杭州市主城区经济适用房在空间上存在集聚现象。与主城区商品房的分析结果相对比，经济适用房在空间上集聚的地区与商品房集聚的地区有明显的分异，这也说明经济适用房在空间分布上存在着一定的不公平。

第六节 杭州市保障房社区公共服务公平性分析

在分析了杭州市主城区保障房社区的空间公平程度之后，本节将继续分析保障房社区在公共服务配给上的公平程度。城市公共服务设施是指城市中服务于广大人民的呈点状分布的基础性服务设施，一般包含教育、医疗、文化、商业等。因为城市公共服务设施在性质上属于公共品的范畴，因此，其空间分布的合理性与社会公平紧密相连。住房作为不动产，一经建设其位置就不再发生改变，而周围公共服务设施的建设会对住房价值以及居住在房子内的个人的权益产生影响。因此，对主城区保障房社区的公共服务配给公平性的研究，对评估保障房政策是否维护了社会公平正义具有重要的意义。

本书在界定城市公共服务设施时，重点参考了 2009 年印发的《杭州市城市规划公共服务设施基本配套规定》。该文件将城市公共服务设施分为片区级和居住区级两类，包括教育、医疗、商业、文化、体育、社会福利、行政办公、社区服务和市政公用九个大类，同时参考了其他学者对于城市公共服务设施的界定。考虑到数据的可获得性，本节最终选择教育、医疗、文体、交通、商业、休闲、行政七个大类来评估城市公共服务设施的公平性，各类指标具体如表 8.2 所示。

表 8.2 城市公共服务设施指标体系及测量值　　　　　单位：米

类别	范围	指标	平均值	最大值	最小值
医疗	全市	到三甲医院距离	2 294.27	8 551.47	198.53
	区级	到一般医院距离	1 345.15	5 662.31	193.09
教育	街道	到小学距离	1 156.91	4 939.21	94.54
	街道	到中学距离	1 156.91	4 939.21	94.54
交通	街道	到地铁站距离	1 924.28	9 561.12	113.64
	街道	到公交车站距离	259.23	1 353.08	10.39
商业	区级	到金融服务距离	369.86	2 335.17	32.69
	区级	到企业公司距离	193.50	968.97	8.58
	区级	到商业大厦距离	646.79	4 110.73	48.45

续表

类别	范围	指标	平均值	最大值	最小值
文体	区级	到文博馆距离	2 010.11	6 780.73	187.57
	区级	到体育馆距离	3 794.49	15 195.24	218.38
行政	区级	到区县政府距离	3 941.57	14 510.27	141.91
	区级	到政府机构距离	425.26	2 500.38	48.45
	街道	到基层服务中心距离	447.67	1 626.18	15.80
休闲	街道	到公园广场距离	736.96	5 250.55	56.05

通过计算可达性的方式来衡量街道的公共服务获取水平。可达性的测算是在 Stewart 和 Warntz 提出的公式基础上进行改进的，如式（8.14）所示。

$$A_i = \sum_j f(W_j, S_{ij}) \tag{8.14}$$

其中，W_j 为吸引力指数；S_{ij} 为空间隔离情况，一般是指从 i 到 j 的距离或出行时间。基于城市公共服务设施的服务特征及式（8.14），构建公共服务设施综合公平指数计算模型，如式（8.15）所示。

$$E_{ij(k)} = W_{j(k)} \times S_{ij}^{-\alpha} \tag{8.15}$$

其中，$E_{ij(k)}$ 为公共服务设施 $j(k)$ 在空间单元 i 中的空间公平指数，$i=1,2,3,\cdots$；k 为所有公共服务设施中的第 k 类设施，$k=1,2,3,\cdots$；$W_{j(k)}$ 为第 k 类公共服务设施中第 j 个设施的相对影响系数，$W_{j(k)}=Q_{j(k)}/Q_k$，$Q_{j(k)}$ 为 k 类公共服务设施中第 j 类公共服务设施的总体服务范围，Q_k 为 k 类公共服务设施的总体服务范围；S_{ij} 为公共服务设施分布与使用者区位之间的空间隔离，通过 ArcGIS 提取街道网络距离表示；α 为空间隔离参数，根据已有研究，本书参数取值为 2。因此，空间单元 i 中 k 类第 j 个公共服务设施的空间分布综合指数可以表示为式（8.16）：

$$E_{ij(k)} = W_{j(k)} \times S_{ij}^{-2} \tag{8.16}$$

空间单元 i 内所有城市公共服务设施综合公平指数总值的计算公式如（8.17）所示：

$$T_i = \sum_{k=1}^{K} \sum_{j(k)=1}^{J} E_{ij(K)} \tag{8.17}$$

其中，T_i 为第 i 个街镇空间单元内城市公共服务设施分布的总体综合公平指数。式（8.18）是指整个研究范围内所有公共服务设施的综合公平指数之和，用 T 表示。

$$T = \sum_{i=1}^{I} T_i \tag{8.18}$$

如表 8.3 所示，计算出主城区各个街道的公共服务设施空间公平指数的总体水平指数。从标准差水平来看，从小到大分别为文体指数、教育指数、商业指数、行政指数、医疗指数、休闲指数、交通指数，这也反映了杭州市主城区内各类公共服务设施水平在街道层面分布存在明显的差异。文体、教育、商业类公共服务设施的内部差异性相对较小，这说明政府在完善教育服务、提供文化健身生活以及商业服务方面所做出的努力相对较为充分；而在医疗卫生服务、休闲娱乐生活和交通出行方面的建设水平存在较大的差异性。

表 8.3 杭州市主城区各街道公共服务水平指数概况（一）

指数类别	平均值	最大值	最小值	极差	标准差
商业指数	1.9434	22.2390	0.0124	22.2266	3.5692
行政指数	1.8118	27.1550	0.0099	27.1451	4.1769
医疗指数	2.6169	32.8935	0.0263	32.8672	5.1332
教育指数	1.4673	21.6936	0.0030	21.6906	3.3821
交通指数	3.7158	83.0031	0.0039	82.9992	12.7129
休闲指数	2.6817	47.9306	0.0031	47.9275	8.1774
文体指数	0.5904	6.1359	0.0060	6.1299	1.1492
总指数	14.8273	90.0053	0.1592	89.8461	18.0977

在医疗服务水平方面，医疗指数最低的五个街道中，有四个分布在西湖区，分别为三墩镇、双浦镇、蒋村街道和西湖街道，剩余一个为滨江区的浦沿街道；而医疗指数最高的五个街道分布为江干区的凯旋街道和白杨街道，下城区的长庆街道和天水街道以及上城区的南星街道。医疗指数极差为 32.8672，标准差为 5.1332，两个指标与其他指数相比位于中等水平，由此可见杭州市主城区医疗服务水平的街道分布差异相对适中。

在教育服务水平方面，教育指数最低的五个街道中三个分布在西湖区，分别为西湖街道、转塘街道和蒋村街道，和拱墅区的康桥镇，江干区的下沙街道；而教育指数最高的五个街道分别为西湖区的西溪街道、下城区的潮鸣街道、滨江区的长河街道以及拱墅区的小河街道和米市巷街道。可见，西湖区内部各街道的教育服务水平的分布差异较大。教育指数的极差为 21.6906，标准差为 3.3821，两个指标与其他指数相比偏小，由此可见，杭州市主城区教育服务水平的街道分布差异相对较小。

在交通服务水平方面，交通服务指数最高的五个街道分别分布在江干区的采荷街道、上城区小营街道和湖滨街道、西湖区的文新街道和拱墅区的拱宸桥街道；而交通指数最低的五个街道分布在西湖区的转塘街道、西湖街道、双浦镇和北山街道，以及拱墅区的半山镇。交通指数的极差为 82.9992，标准差为 12.7129，两个指标与其他指数相比偏大。由此可见，杭州市主城区交通服务水平的街道分布差异相对较大。

在商业服务水平方面，商业服务指数最高的五个街道分别分布在主城区六区中的四个，拱墅区的和睦街道、西湖区的西溪街道、上城区的湖滨街道、下城区的武林街道和天水街道。可见，商业服务的高水平街道分布相对分散。而商业服务指数最低的五个街道分别分布在西湖区的转塘街道、西湖街道和双浦镇、拱墅区的半山镇和江干区的丁桥镇。商业指数的极差为22.2266，标准差为3.5692，两个指标相对较小。由此可见，杭州市主城区商业服务水平整体差异相对较小。

在休闲服务水平方面，休闲服务指数最高的五个街道分布在下城区的朝晖街道、潮鸣街道，西湖区的古荡街道，上城区的清波街道，滨江区的浦沿街道；而休闲服务指数最低的五个街道则分布在西湖区的北山街道、西湖街道和转塘街道，拱墅区的半山镇，江干区的丁桥镇。休闲指数的极差为47.9275，标准差为8.1774，两个指标与其他指数相比均偏大。由此可见，杭州市主城区休闲服务水平的街道分布差异较大。

在文体服务水平方面，指数最低的五个街道则分布在西湖区的转塘街道、双浦镇，拱墅区的半山镇，滨江区的浦沿街道，江干区的白杨街道。文体服务指数的极差为6.1299，标准差为1.1492，两个指标与其他指数相比偏小。由此可见，杭州市主城区各街道的文体服务水平整体差异较小。

在行政服务水平方面，指数最高的五个街道分布在上城区的湖滨街道、西湖区的西溪街道以及下城区的武林街道、长庆街道和潮鸣街道。指数最低的五个街道分布在西湖区三墩镇、转塘街道、西湖街道、双浦镇以及拱墅区的半山镇。由此可见，西湖区的行政服务水平整体要偏低一点，而下城区该项服务水平相对较高。行政服务指数的极差为27.1451，标准差为4.1769，两个指标的数值相对适中。与其他服务水平相比，行政服务水平在主城区各街道内没有明显的差异。

在总体公共服务水平方面，总指数最高的五个街道分布在四个区，分别是江干区的采荷街道、下城区的朝晖街道、上城区的湖滨街道和小营街道、西湖区的西溪街道；总指数最低的五个街道则主要分布在西湖区，分别是双浦镇、转塘街道、蒋村街道和西湖街道，以及拱墅区的半山镇。总指数的极差为89.8461，标准差为18.0977，两个指标与各类公共服务相比数值最大。由此可见，杭州市主城区公共服务水平总体指数在街道层面的分布差异较大（表8.4）。

表8.4　杭州市主城区各街道公共服务水平指数概况（二）

区县	街道/镇	商业	行政	医疗	教育	交通	休闲	文体	总指数
上城区	清波街道	1.115	0.399	0.427	0.242	4.218	23.147	0.143	29.692
上城区	湖滨街道	6.490	27.155	1.030	0.153	17.305	0.318	0.164	52.615

续表

区县	街道/镇	商业	行政	医疗	教育	交通	休闲	文体	总指数
上城区	小营街道	2.308	0.990	0.552	1.710	35.217	1.038	0.852	42.667
	南星街道	0.992	0.102	8.956	0.053	0.314	0.261	0.436	11.113
	紫阳街道	0.168	0.065	0.416	3.914	0.597	0.458	0.089	5.707
	望江街道	1.566	0.395	0.791	0.573	1.602	3.516	0.176	8.621
下城区	长庆街道	4.488	4.292	12.084	2.524	0.321	0.267	2.598	26.573
	武林街道	5.519	6.690	1.368	0.211	0.370	0.314	0.350	14.822
	天水街道	4.959	3.299	11.537	0.489	0.430	0.547	0.413	21.675
	潮鸣街道	1.455	4.048	1.345	7.516	0.363	7.654	3.319	25.701
	朝晖街道	1.668	0.561	5.396	3.346	1.096	47.931	0.236	60.234
	石桥街道	0.432	0.305	0.327	0.264	0.110	0.596	0.018	2.053
	文晖街道	0.211	0.309	2.153	1.909	0.113	0.297	6.136	11.128
	东新街道	0.223	0.339	0.338	0.538	0.419	0.149	0.075	2.080
江干区	四季青街道	1.331	2.073	0.372	0.443	0.388	0.176	0.252	5.035
	闸弄口街道	1.965	1.084	1.206	0.172	2.043	0.800	0.246	7.516
	凯旋街道	1.219	4.002	32.894	0.953	0.213	0.217	0.750	40.247
	采荷街道	1.077	2.203	2.211	0.783	83.003	0.486	0.242	90.005
	彭埠镇	1.796	1.940	0.114	0.773	0.834	0.324	0.075	5.856
	笕桥镇	0.531	0.390	0.429	0.590	0.064	0.091	0.255	2.350
	丁桥镇	0.074	0.594	0.163	0.095	2.739	0.012	0.018	3.695
	九堡镇	0.307	1.594	0.139	0.083	0.281	0.684	1.513	4.599
	白杨街道	0.552	0.424	6.338	0.037	0.654	0.142	0.008	8.156
	下沙街道	0.768	0.333	1.383	0.015	0.939	0.192	0.017	3.647
拱墅区	米市巷街道	1.488	0.733	1.355	4.439	0.112	0.194	0.189	8.511
	湖墅街道	0.125	0.200	2.306	0.155	0.038	0.463	0.372	3.659
	小河街道	1.832	0.699	2.318	5.801	1.996	0.432	0.098	13.175
	大关街道	2.364	0.923	1.900	0.217	0.323	2.300	0.200	8.227
	拱宸桥街道	2.592	2.791	1.466	0.598	6.067	1.957	0.482	15.953
	和睦街道	22.239	0.096	3.330	0.059	0.097	0.302	0.079	26.203
	上塘街道	0.209	0.129	1.042	2.343	0.379	0.121	1.153	5.375
	康桥镇	1.768	0.444	4.319	0.013	0.051	0.077	0.014	6.687
	半山镇	0.016	0.010	1.571	0.072	0.007	0.070	0.008	1.755
	祥符街道	0.478	0.993	3.564	0.081	0.516	0.107	0.052	5.791
西湖区	灵隐街道	3.221	0.982	0.959	0.038	0.121	0.471	0.920	6.711
	西溪街道	11.435	11.494	2.682	21.694	0.662	1.122	0.528	49.616

续表

区县	街道/镇	商业	行政	医疗	教育	交通	休闲	文体	总指数
西湖区	翠苑街道	0.911	0.467	0.461	0.921	4.872	0.897	0.171	8.700
	文新街道	0.824	0.158	4.106	0.260	7.289	0.557	4.198	17.393
	古荡街道	0.593	0.496	1.153	0.420	0.365	26.145	0.159	29.331
	留下街道	0.305	0.085	2.275	0.061	0.036	0.150	0.044	2.956
	转塘街道	0.019	0.028	0.109	0.026	0.005	0.003	0.011	0.200
	双浦镇	0.012	0.010	0.054	0.068	0.018	0.086	0.006	0.255
	三墩镇	2.091	0.049	0.026	0.167	1.525	0.422	0.015	4.295
	蒋村街道	0.539	0.050	0.064	0.014	0.171	0.381	0.293	1.512
	西湖街道	0.015	0.011	0.072	0.003	0.004	0.007	0.047	0.159
	北山街道	0.130	0.348	0.686	0.201	0.020	0.052	0.999	2.437
滨江区	西兴街道	0.185	1.078	0.132	0.481	0.346	0.286	0.476	2.984
	浦沿街道	0.091	0.343	0.062	0.485	2.888	4.961	0.010	8.840
	长河街道	0.529	2.572	0.245	5.894	0.537	0.222	0.023	10.022

注：因为小数点位数的原因，本表数据存在一定的误差

为了分析保障型社区的公共服务总指数的得分情况，我们将杭州市主城区的街道分为两类：一类为建设有经济适用房的街道，另一类为没有建设经济适用房的普通街道。我们采用双样本独立检验的方式进行判断，一般情况采用 t 检验。t 检验通常适用于服从正态分布、满足方差齐性检验的统计数据，p 值越小越有可能拒绝原假设。但是，当统计数据不符合正态分布时，若仍然采用该检验方法就可能导致产生的结果出现误差。因此，首先对公共服务的各类指数进行正态分布检验，利用 SPSS 软件进行正态分布检验，检验方式为 Kolmogorov-Smirnov（科尔莫戈罗夫–斯米尔诺夫）检验，检验方法如下：

$$D = \max \left| F_n(x) - F_0(x) \right| \tag{8.19}$$

其中，$F_0(x)$ 为分布函数；$F_n(x)$ 为随机样本的累计概率函数。

利用 Shapiro-Wilk（夏皮罗–威尔克）检验来检验统计量 W：

$$W = \frac{\left[\sum_{i=1}^{n}(a_i - \bar{a})(X_{(i)} - \bar{X}) \right]^2}{\sum_{i=1}^{n}(a_i - \bar{a})^2 \sum_{i=1}^{n}(X_{(i)} - \bar{X})^2} \tag{8.20}$$

为了使结果更加稳健，我们将各指数数值取对数，数据通过正态分布检验，结果显示各变量的显著度均大于 0.05，这也说明了公共服务指数数据服从正态分布，因此适用于 t 检验。t 检验是对两个不同总体的均值之间的差异进行的检验。

在进行 t 检验时首先要建立原假设：H_0 为两个样本总体均值无明显差异。表

述为 H₀ 是 $\mu_1-\mu_2=0$；H₁ 是 $\mu_1-\mu_2\neq0$。μ_1 和 μ_2 分别为两个检验样本的均值。前文检验了两样本符合正态分布，之后还要对两样本的方差进行齐性检验，方差齐性检验分为两种情况。

第一种情况：当两总体方差未知且相等即 $\sigma_1=\sigma_2$ 时，采用合并的方差作为两个总体方差的估计，数学定义为

$$\text{SP}^2 = \frac{(n_1-1)S_1^2 + (n_2-1)S_2^2}{n_1+n_2-2} \quad (8.21)$$

其中，S_1^2 和 S_2^2 为两个样本的方差；n_1 和 n_2 为两个样本的样本数。此时两个样本的均值差的抽样分布方差 σ_{12} 为

$$\sigma_{12} = \frac{\text{SP}^2}{n_1} + \frac{\text{SP}^2}{n_2} \quad (8.22)$$

第二种情况：当两总体方差未知且不相等即 $\sigma_1\neq\sigma_2$ 时，采用各自的方差，此时两个样本的均值差的抽样分布方差 σ_{12} 为

$$\sigma_{12} = \frac{S_1^2}{n_1} + \frac{S_1^2}{n_2} \quad (8.23)$$

那么，两样本的 t 统计量计算为

$$t = \frac{\overline{X}_1 - \overline{X}_2 - (\mu_1-\mu_2)}{\sqrt{\sigma_{12}^2}} \quad (8.24)$$

在第一种情况下，t 统计量服从 n_1+n_2-2 个自由度的 t 分布；在第二种情况下，服从修正自由度的 t 分布，修正的自由度定义为

$$f = \frac{\left(\dfrac{S_1^2}{n_1}+\dfrac{S_2^2}{n_2}\right)^2}{\left[\dfrac{\left(\dfrac{S_1^2}{n_1}\right)^2}{n_1} + \dfrac{\left(\dfrac{S_2^2}{n_2}\right)^2}{n_2}\right]} \quad (8.25)$$

独立样本 t 检验的结果如表 8.5 所示。

表 8.5 独立样本 t 检验结果（总指数）

		方差方程的 Levene 检验		均值方程的 t 检验						
		F	Sig.	t	df	Sig.	均值差值	标准误差	差分的95%置信区间	
									下限	上限
总指数	假设方差相等	5.56	0.023	1.838	47.000	0.072	0.762	0.415	−0.072	1.596
	假设方差不相等			2.489	46.416	0.016	0.762	0.306	0.146	1.378

在方差检验中，总指数的 Sig.值小于 0.05，这说明这些样本不满足方差齐性检验，因此需要以方差不平等的假设来看结果（即第二行）。总指数 t 检验的 Sig.值为 0.016，小于 0.05，说明两个独立样本的差异明显。根据样本数据的组统计量可知，如表 8.6 所示，没有建设经济适用房的街道的均值为 6.823，而建设有经济适用房街道的均值为 6.061，这反映了没有建设经济适用房街道的整体公共服务水平要明显地高于建设有经济适用房街道的公共服务水平。由此可见，保障房社区在公共服务水平获取上可能是不公平的。

表 8.6　组统计量（总指数）

	分组	数量	均值	标准差	均值的标准误
总指数	0	34	6.823	1.549	0.266
	1	15	6.061	0.589	0.152

为了更直观地反映两类街道的公共服务水平，本书在散点图中分别将建设有经济适用房的街道和没有建设经济适用房的街道的公共服务水平以降序的方式排列，用曲线进行模拟。线性模拟的结果显示，没有建设经济适用房的街道函数整体在有经济适用房的街道的函数之上（图 8.2）。由此可见，主城区保障型社区的整体公共服务的获取水平比其他社区的公共服务获取水平要明显偏低。

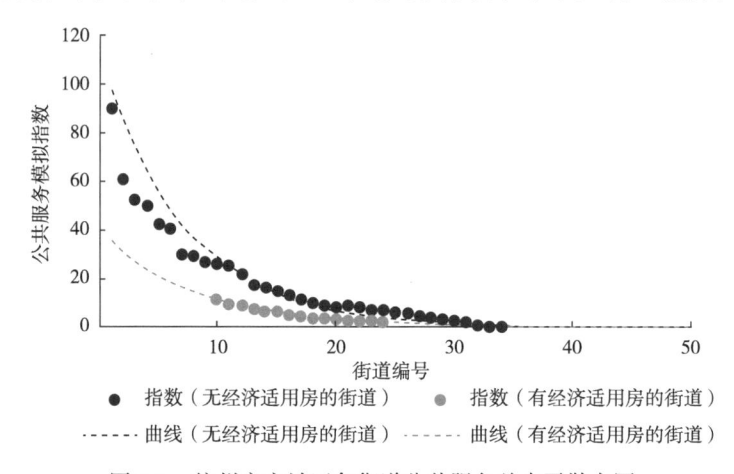

图 8.2　杭州市主城区各街道公共服务总水平散点图

在方差检验中，各类公共服务水平的 Sig.值均大于 0.05，这说明这些样本满足方差齐性检验，因此需要以方差相等的假设来看结果（即第一行）。如表 8.7 所示，商业服务指数 t 检验的 Sig.值为 0.095，大于 0.05，说明两个独立样本的差异不明显。行政服务指数 t 检验的 Sig.值为 0.298，大于 0.05，说明两个独立样本的差异不明显。医疗服务指数 t 检验的 Sig.值为 0.041，小于 0.05，说明两个独立样本的差异明显。

表 8.7 独立样本 t 检验结果（各指数）

		方差方程的 Levene 检验		均值方程的 t 检验					差分的95%置信区间	
		F	Sig.	t	df	Sig.	均值差值	标准误差	下限	上限
商业	假设方差相等	0.980	0.327	1.702	47.000	0.095	0.869	0.510	-0.158	1.896
	假设方差不相等			1.898	35.190	0.066	0.869	0.458	-0.060	1.797
行政	假设方差相等	2.685	0.108	1.052	47.000	0.298	0.571	0.543	-0.521	1.663
	假设方差不相等			1.188	36.286	0.243	0.571	0.481	-0.404	1.546
医疗	假设方差相等	0.010	0.922	2.104	47.000	0.041	1.000	0.475	0.044	1.956
	假设方差不相等			2.165	28.769	0.039	1.000	0.462	0.055	1.944
教育	假设方差相等	3.136	0.083	0.968	47.000	0.338	0.568	0.586	-0.612	1.747
	假设方差不相等			1.156	41.414	0.254	0.568	0.491	-0.424	1.559
交通	假设方差相等	0.038	0.846	0.042	47.000	0.967	0.028	0.661	-1.303	1.359
	假设方差不相等			0.045	32.222	0.964	0.028	0.614	-1.222	1.278
休闲	假设方差相等	0.604	0.441	0.927	47.000	0.359	0.528	0.570	-0.618	1.674
	假设方差不相等			1.064	37.764	0.294	0.528	0.496	-0.477	1.533
文体	假设方差相等	0.461	0.501	2.086	47.000	0.042	1.102	0.528	0.039	2.164
	假设方差不相等			1.962	23.475	0.062	1.102	0.562	-0.058	2.262
总指数	假设方差相等	5.560	0.023	1.838	47.000	0.072	0.762	0.415	-0.072	1.596
	假设方差不相等			2.489	46.416	0.016	0.762	0.306	0.146	1.378

根据样本数据的组统计量可知，如表 8.8 所示，没有建设经济适用房的街道的医疗指数均值为 4.780，而建设有经济适用房街道的医疗指数均值为 3.780，这反映了没有建设经济适用房街道的医疗卫生服务水平要明显高于建设有经济适用房街道的服务水平。从表 8.7 和表 8.8 可见，教育服务指数 t 检验的 Sig.值为 0.388，大于 0.05，说明两个独立样本的差异不明显。交通服务指数 t 检验的 Sig.值为 0.967，大于 0.05，说明两个独立样本的差异不明显。休闲服务指数 t 检验的 Sig.值为 0.359，大于 0.05，说明两个独立样本的差异不明显。文体服务指数 t 检验的 Sig.值为 0.042，小于 0.05，说明两个独立样本的差异明显。根据样本数据组统计量可知，没有建设经济适用房的街道的文体指数均值为 3.091，而建设有经济适用房街道的文体指数均值为 1.990，说明没有建设经济适用房街道的文体服务水平要明显高于建设有经济适用房街道的服务水平。

表 8.8　组统计量（各指数）

	分组	数量	均值	标准差	均值的标准误
商业	0	34	4.467	1.764	0.303
	1	15	3.598	1.330	0.343
行政	0	34	4.061	1.888	0.324
	1	15	3.490	1.376	0.355
医疗	0	34	4.780	1.565	0.268
	1	15	3.780	1.455	0.376
教育	0	34	3.611	2.093	0.359
	1	15	3.043	1.298	0.335
交通	0	34	3.725	2.243	0.385
	1	15	3.697	1.853	0.479
休闲	0	34	3.801	1.997	0.342
	1	15	3.273	1.392	0.359
文体	0	34	3.091	1.618	0.278
	1	15	1.990	1.890	0.488
总指数	0	34	6.823	1.549	0.266
	1	15	6.061	0.589	0.152

为了更直观地反映两类街道的各类公共服务水平，在散点图中分别将建设有经济适用房的街道和没有建设经济适用房的街道的各类公共服务水平以降序的方式排列，用函数的方式将其模拟出来。

医疗服务方面的情况如图 8.3 所示，在散点图中分别将建设有经济适用房的街道和没有建设经济适用房的街道的医疗服务水平以降序的方式排列，用曲线将其模拟出来。曲线拟合的结果显示没有建设经济适用房的街道曲线在建设有经济适用房的街道曲线的上面。由此可见，保障房社区所在街道的医疗服务水平整体偏低。这也反映了现阶段保障房社区配套建设时，还很少考虑保障房社区居民对于医疗的相关需求，尤其是医疗水平较高的综合医院需求，因此，在未来的规划设计中要考虑到不同阶层对于医疗服务的需求，为保障广大居民的生命健康提供更多的便利。

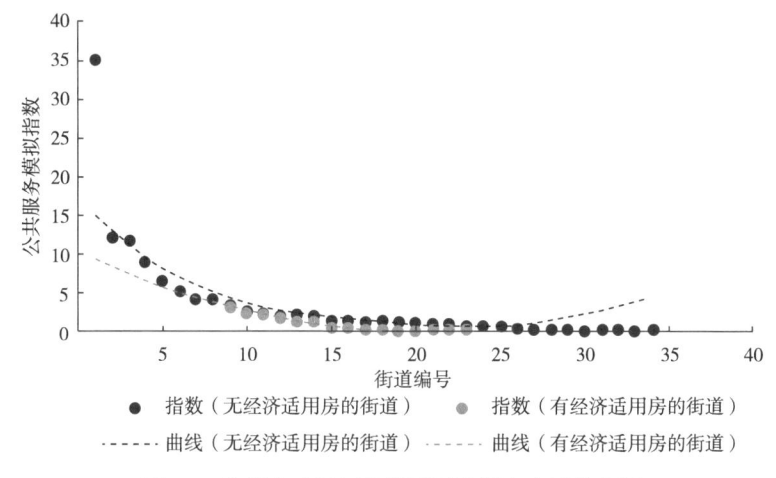

图 8.3　杭州市主城区各街道医疗服务水平散点图

教育服务方面的情况如图 8.4 所示，在散点图中分别将建设有经济适用房的街道和没有建设经济适用房的街道的教育服务水平以降序的方式排列，用曲线将其模拟出来。曲线拟合的结果显示没有建设经济适用房的街道曲线在建设有经济适用房的街道曲线的上面，但是两条曲线的斜率基本一致。由此可见，保障房社区所在街道的教育服务水平与其他街道相比基本持平。这也反映了现阶段政府对于教育资源公平性的关注，尤其是小学教育作为九年义务教育的重要内容，也属于基本公共服务的内容。因此，在主城区的各个街道小学资源的分布相对公平，能够保障各个社区内的适龄儿童的正常教育。

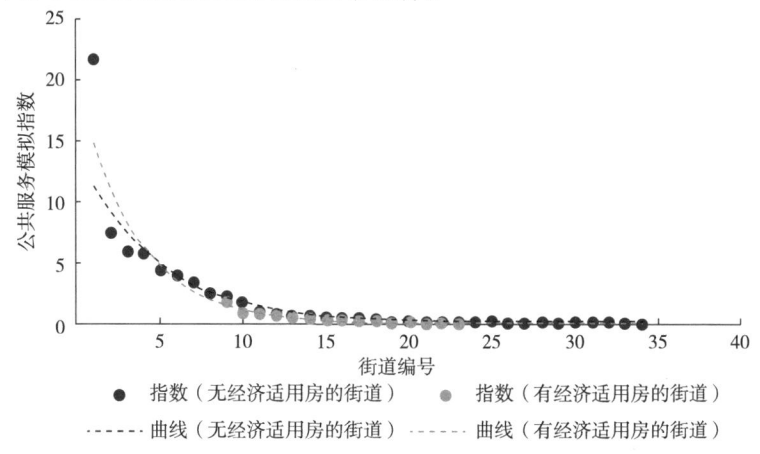

图 8.4　杭州市主城区各街道教育服务水平散点图

交通服务方面的情况如图 8.5 所示，在散点图中分别将建设有经济适用房的街道和没有建设经济适用房的街道的交通服务水平以降序的方式排列，用曲线将其模拟出来，拟合的结果显示没有建设经济适用房的街道曲线与建设有经济适用房的街道的曲线相交，且二者的模拟曲线有大部分重叠。由此可见，保障房社区所在街道的交通服务处于中等水平。地铁作为城市的重要公共服务内容，对于保障居民的出行具有重要意义，保障房社区周边设立地铁站点能够服务社区居民的日常出行、工作出行，有效地降低他们的生活成本。随着杭州市主城区的轨道交通建设的日益完善，保障房社区居民的交通出行条件将变得更加便利。

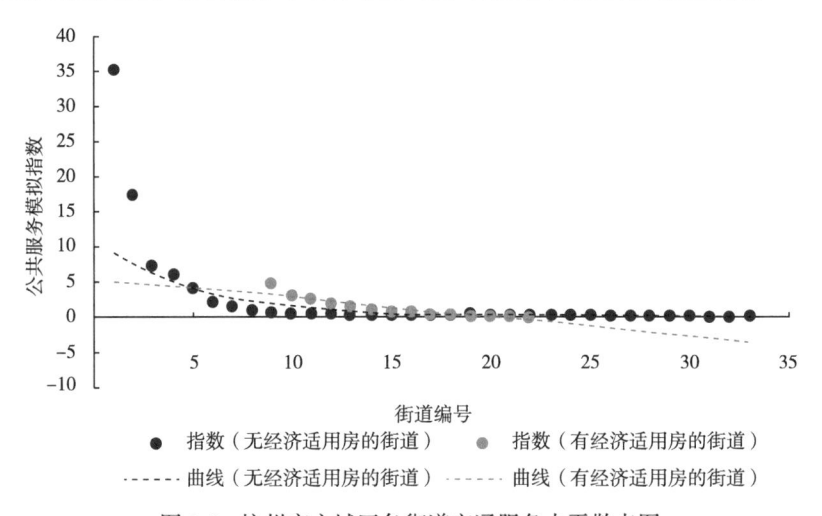

图 8.5 杭州市主城区各街道交通服务水平散点图

商业服务方面的情况如图 8.6 所示，在散点图中分别将建设有经济适用房的街道和没有建设经济适用房的街道的商业服务水平以降序的方式排列，用曲线将其模拟出来，模拟的结果显示没有建设经济适用房的街道曲线在建设有经济适用房的街道的曲线之上，但是二者的弧度基本一致。单独看散点图，保障房社区所在街道的商业服务水平与其他街道的商业服务水平基本持平。我们在统计时，所采用的商业服务指标涉及工业企业、商业中心等，这些商业服务不仅能够便捷人们的生活服务，还能够提供大量的灵活就业岗位，而保障房社区的居民多数是灵活就业。因此，保障房社区旁的商业服务水平较高，也体现了在政府保障中低收入家庭成员能够更加便捷地获取就业机会，缩短其就业通勤时间，有效降低其生活成本。

休闲服务方面的情况如图 8.7 所示，在散点图中分别将建设有经济适用房的街道和没有建设经济适用房的街道的休闲服务水平以降序的方式排列，用曲线将其模拟出来，曲线拟合的结果显示没有建设经济适用房的街道曲线与建设有经济适用房的街道曲线基本重合。由此可见，保障房社区所在街道的休闲服务水平整体适宜。本章研究的休闲服务重点分析的是社区周边的广场，或依托城市原有的

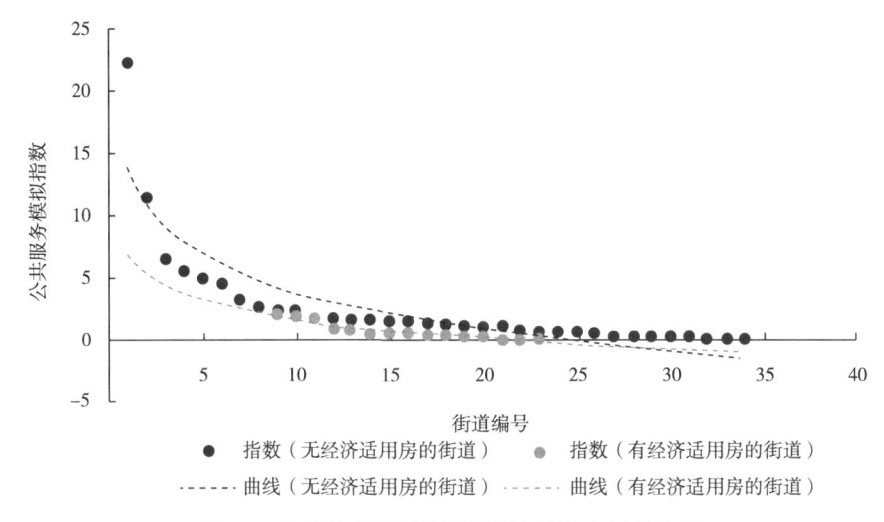

图 8.6　杭州市主城区各街道商业服务水平散点图

绿地资源修建的公园，而保障房社区的分布相对于其他社区，整体上会更偏僻一些，而城市中的公园绿地等资源相对于其他公共服务，多分布在城市边缘，因此，在一定程度上也造成了保障房社区的公园广场这类公共服务水平相对较好的结果。杭州市主城区还分布有大面积的湿地资源，而这些也在我们的统计范围内，这些湿地资源多分布在城市边缘，这也在一定程度上提高了保障房社区的休闲服务水平。

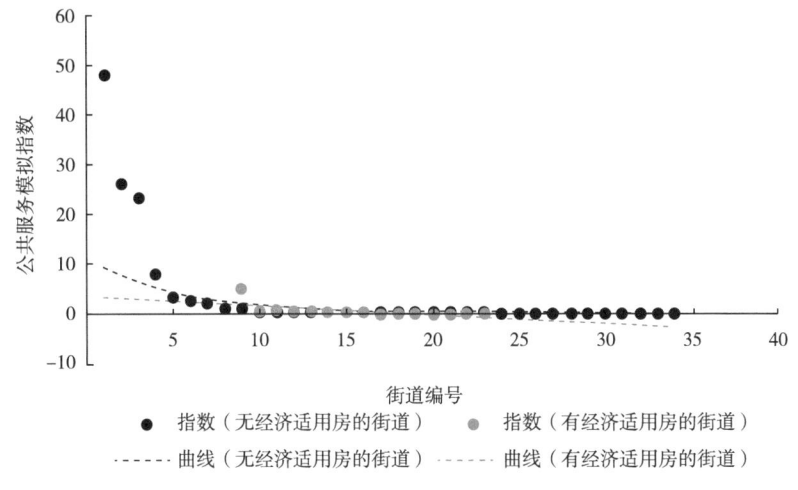

图 8.7　杭州市主城区各街道休闲服务水平散点图

行政服务方面的情况如图 8.8 所示，在散点图中分别将建设有经济适用房的街道和没有建设经济适用房的街道的行政服务水平以降序的方式排列，用曲线的方式将其模拟出来，曲线拟合的结果显示，没有建设经济适用房的街道曲线和建设有经济适用房的街道的曲线相交。由此可见，保障房社区所在街道的行政服务水平与其他街道整体水平基本一致。

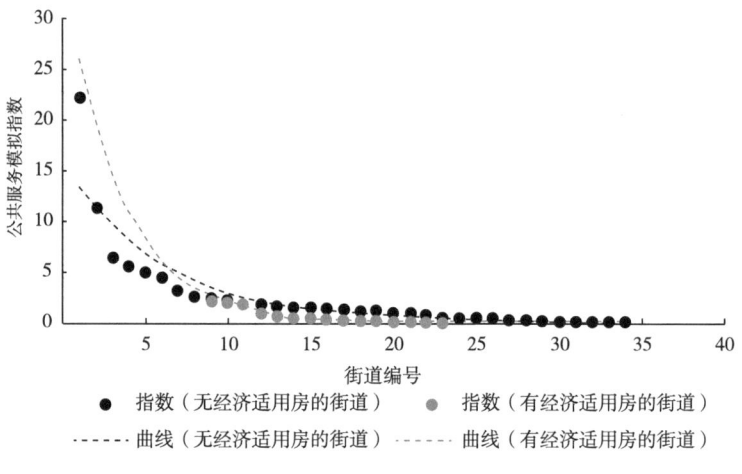

图 8.8　杭州市主城区各街道行政服务水平散点图

文体服务方面的情况如图 8.9 所示，在散点图中分别将建设有经济适用房的街道和没有建设经济适用房的街道的文体服务水平以降序的方式排列，用曲线将其模拟出来，曲线拟合的结果显示没有建设经济适用房的街道曲线在建设有经济适用房的街道曲线的上面。由此可见，保障房社区所在街道的文体服务水平整体偏低。文体服务包含与文化、体育相关的文史馆、博物馆和体育馆等设施，这些公共服务设施能够增强人民的体魄、提高审美境界，属于人民对"美好生活的需要"，属于更高层次的生活需要。这说明，现阶段政府在保障中低收入居民生活服务上，更多地关注人们的基本生活需要，而对于更高层次的生活需求的满足则考虑得较少。

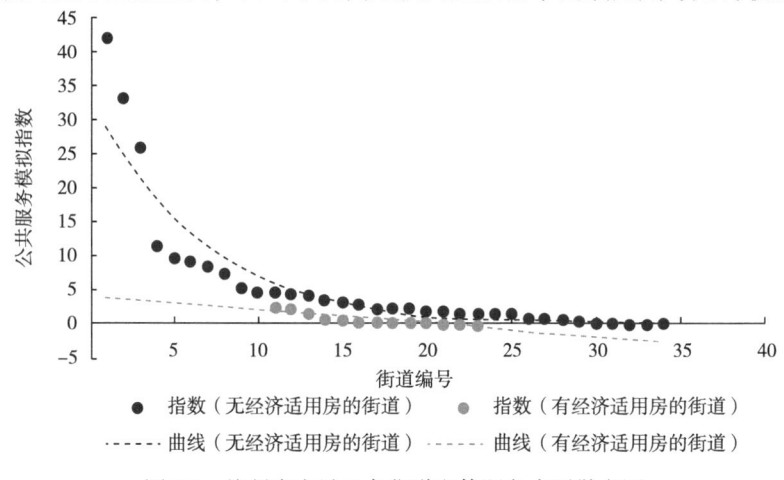

图 8.9　杭州市主城区各街道文体服务水平散点图

通过对保障房各类公共服务设施空间公平性的分析，可以发现，现阶段政府在保障房社区的选址上更多地考虑低收入人群的基本生存问题。首先，如教育资源，在九年义务教育阶段各社区按照划区分片就近上学，因此，对于一般的教育资源各个街道基本都能够满足地区的发展需要。其次，如商业资源，商业的选址与人口的密度息息相关，只要人口密度达到一定的水平该地区的商业服务就能够发展起来。因此，不管是一般街道还是保障房社区所在街道，人口聚集的地区的商业发展水平基本一致，没有较大差异。再次，如交通服务资源，因为交通是为了满足人们的出行需要，属于基本生活需求，因此随着杭州市轨道交通布局的不断发展完善，未来各街道的交通服务水平还会进一步缩小。最后，对中低收入人群更高层次的生活需求，如医疗卫生的需求、文化健身的需求则考虑得较少。因此，可以认为，现阶段保障房社区的选址建设能满足低收入群体的基本生活需求，可能还无法满足其对"美好生活的需要"。所以，政府需要对保障房社区所在地区开展更高水平的公共服务设施建设。

第七节 杭州市保障房社区公平性分析总结

本章对杭州市主城区保障房社区公共服务设施的公平性进行分析，首先从空间分布上对杭州市主城区保障房社区的分布进行了研究，其次通过计算公共服务设施的空间可达性来测量各街道的公共服务设施获取水平，最后对保障房社区所在街道的公共服务情况进行了具体分析，可以得出如下结论。

首先，经济适用房和商品房在空间选址存在明显的错位现象。商品房密度大的城市中心，没有大规模的经济适用房社区分布，而经济适用房社区较为密集的几个区域则都是商品房分布较为稀疏的地方。这也反映了杭州市主城区在现阶段的住宅规划建设中可能存在问题，经济适用房或其他保障性住房的集中建设且与其他商品住房建设相分离，容易导致低收入家庭集聚，而住房集聚一旦形成则很难再有大的改变，甚至会产生代际的延续，因此，未来在城市规划和建设的过程中要统筹考虑保障性住房的选址。

其次，主城区经济适用房存在小范围的集聚现象，目前存在四个相对较大的保障房社区集聚区，平均集聚尺度为 474.4659 米。474.4659 米的集聚尺度对于城市社区而言相对较小，未来可以通过混合建设、完善公共服务设施等措施，避免保障性住房社区的集聚尺度的进一步扩大，使之成为城市生活质量的低洼区。

再次，杭州市主城区内各类公共服务设施水平在街道层面分布存在明显的差异，交通指数、休闲指数、医疗指数、行政指数在街道层面的分布差异较大，而医疗指数、休闲指数、交通指数的差异相对较小。这说明，主城区各类公共服务存在空间上的差异性，这与地区的经济发展水平、地理条件以及交通发展规划相关。但是，与民生联系紧密的教育和商业的公共服务水平却在各街道上的差异较小，说明近年来杭州市政府为城市教育和商业服务的均衡发展做了许多努力。

最后，对保障性社区所在街道的公共服务分析显示，主城区保障房社区街道的公共服务总体水平与主城区其他街道公共服务水平相比，明显偏低。而从具体的公共服务内容来看，其中医疗卫生服务和文体服务水平也是显著偏低，而其他类别的公共服务水平与一般街道的水平没有显著的差异。像交通、教育等公共服务属于基本公共服务，是用于满足人们最基本的生活需要，而医疗卫生、文化体育等公共服务则是用于满足人们对于自身健康以及更高的物质和精神文化的追求，因此可以认为现阶段保障房社区的选址建设能满足低收入群体的基本生活需求，可能难以满足其对"美好生活的需要"。因此，未来政府需要加强对保障房社区所在地区更高水平的公共服务设施的建设。

杭州市主城区保障房社区存在集聚现象，且已经形成了一定的规模尺度。保障房社区的集聚可能会对周边社区产生一定的负面影响，甚至会给整个社会带来不良后果。针对这些问题，本节提出如下政策建议。

第一，政府在未来公共服务设施投建的过程中要更加关注中低收入弱势群体的需求。不仅要考虑到这类群体对公共交通、公立学校、公立医院的依赖性，降低他们的生活成本，还应该考虑到随着人们生活水平的提高这类群体对于更高公共服务水平的要求，如休闲娱乐、文体消费等，使他们能够平等地享受城市建设的成果。

第二，要对城市居住及公共服务集聚区进行合理的"疏散"，将城市中心过度集聚的公共服务向城郊、新城转移，如高校将主校区转移到城市外围，这不仅能够解决城市中心由人口、服务过度密集带来的拥挤等问题，还能够带动迁入地的公共服务的完善。还可以倡导通过公共服务设施建设来引导城市开发，通过在新区、开发区建立完善的公共服务设施来吸引居住区的迁入，避免传统的先建立居住区后完善公共服务设施可能出现的"睡城""鬼城"等问题。

第三，要加强社区的管理和建设能力，由于保障房社区内人口的流动性以及需求的多样性，社区的管理单位也要能够通过建立常态化的运营机制，收集居民的生活需求，加强社区内居民对于公共事务的参与度，发挥社区集体力量，同时积极吸引外部资源，从社区内部到社区周边同步提升社会整体的公共服务质量。通过分散建设、混合居住的模式来减少保障房社区的集聚，完善公共服务设施配套建设，实现空间分布公平，降低保障房社区对周边社区的负外部性影响。

合理地规划建设保障房社区，不仅能够解决中低收入人群的住房问题，还能够保障他们通过居住空间的改善来获取公平享受城市建设成果的机会，进而提升他们的社区认同感，打破隔离、促进社会融合，对城市的和谐发展具有重要意义。

第九章 保障性住房的溢价效应评估

第一节 保障性住房的溢价效应

第八章我们对保障房社区的公共服务获取水平进行了分析，发现保障房社区存在公共服务设施配套不完善等问题，而配套公共服务设施的质量和数量是影响住房价格的重要因素。本章将检验保障性住房社区所形成的社会空间环境是否对周边普通商品住房产生溢价效应。换言之，保障房社区的邻里效应是否通过房价传导给了周边住房。因为保障房属于公共投资，分析保障性住房的溢价效应，有助于实现公共投资效率的最大化。

公共服务设施具有显著的经济外部性，会促使一定空间内的住房升值或贬值，从而形成正面或负面的溢价效应。保障性住房作为政府为保障低收入群体建设的住房项目，其溢价效应也引起了学术界的广泛关注。学者认为保障性住房的建设具有辐射效应，它不仅会对保障对象产生影响，也会对周边范围内的住房价值产生影响，因此，保障性住房在选址之前要统筹多方面要素来综合评估。

随着我国各项保障性住房政策的出台，越来越多的学者开始关注住房政策的效用以及由此而引发的社会和经济问题，并通过经济学、社会学、地理学、城市规划学等方法开展实证研究。现阶段，我国的住房保障体系更加完善，保障性住房的类型也更为丰富。其中，经济适用房在杭州已经完成其使命，成为住房体系中的一种"完成时"建设，这为我们提供了一个很好的机会来研究已经存在的保障性住房社区给周边环境带来的影响。本章从经济适用房对周边住房价格影响的视角进行评估，分析公共投资的效率，并为未来保障性住房的规划选址建设提出建议。

住房增值的主要原因是人口的集聚、生产需求以及政府投资产生公共品溢价。自20世纪50年代以来，公共品对住房价格的溢价效应一直受到学术界的广泛关注（Tiebout，1956）。基于外部性理论和负担原则，本章将测算保障性住房的溢价效应。通过住房溢价效应，可以测算出经济适用房项目对周边居住环境，特别是住房价格的影响，有助于科学评估该类住房的政策效用。目前关于保障性住房溢价效应的研究大多是基于国外的社会现实，本章结合国内现实社会环境，从建成的保障性住房的价格影响角度进行系统评估，对保障性住房项目进行较为科学的历史评价。

我们所采用的研究方法为特征价格模型。住房的各个特征都带有各自的隐含价格，特征价格模型能够控制区位特征、社会经济环境等因素的作用，抽离出保障性住房对周边商品住宅的价格影响。此外，空间信息是房地产重要的属性，所以，样本之间也可能存在空间自相关和空间异质性，并引起个别参数评估结果的估计偏差。除了传统的价格特征模型之外，本章将利用空间滞后模型（spatial lag model，SLM）、空间误差模型（spatial error model，SEM）来校正空间误差的影响。

第二节 住房溢价效应的研究进展

城市地区的住房价格具有高度局部化的特征，存在明显的空间变化。早在20世纪90年代，学者就开始使用房价数据来研究房价动态中的空间效应（Clapp and Tirtiroglu，1994）。后来，学者继续研究了房价空间扩散模式，发现房价在空间上具有很高的聚合程度（Pollakowski and Ray，1997）。例如，Brady（2008）使用空间脉冲响应函数的方法，发现加利福尼亚州房价的空间自相关性在时间上具有高度的持久性，平均房价在长达30个月的时间里受到毗邻县的正向影响。Brady（2014）还使用空间自回归模型估算了1975~2011年美国各州房价的空间分布，结果表明，在1975~2011年，美国各州的房价在空间分布的特征还持续存在；此外，他还发现在1999年以后房价的空间扩散持续性比以前更明显。Holly等（2011）使用英国的房价数据来分析美国的经济溢出效应，通过金融市场的相互依存性来解释英国经济中实际房价冲突在时空上的扩散，发现纽约的房价明显地影响了伦敦的房价。Cohen等（2015）使用美国1996~2013年363个大都市统计区（Metropolitan Statistics Area，MSA）的面板数据，发现城市房价的增长率存在明显的空间扩散特征；较1996~2013年这段时期相比，2007年全球金融危机之后，空间效应更加明显，这些空间溢出结果对住房选址和企业选址产生重要的影响。这些研究均表明，房价具有明显的空间属性，即一个地区的房价分布在一定程度上符合特定的空间扩散模式。

房价的变动受到很多因素的影响。已有的文献从建筑的物理属性差异、公共服务设施建设以及居民行为等多方面进行了分析。其中，交通、学校和犯罪率是最受关注的三个带来住房溢价的因素。溢价效益被广泛地用于研究公共品对房价的影响中，通常交通如地铁、教育如优质学区、环境如公园广场等都会对住房的价格产生正溢价，而如噪声、污染、犯罪等则会对周边的房价产生负溢价。例如，Oates（1969）发现，如果政府对学校的支出增加，那么学校周边的房产价值就会增加。政府改善学校质量、改善交通状况以及降低犯罪率都能够被资本化为更高的住房价值（Gibbons and Machin，2008）。环境中的噪声也会对周边的房价产生负的溢价；Julien 和 Lanoie（2007）通过重复销售分析（repeat sales analysis, RSA）的方法，研究了噪声屏障对相邻房屋价格的影响，结果表明，在短期内，噪声屏障使统计样本中的房价下降了 6%，而从长期来看，则产生了 11% 的更大负面影响。Monkkonen（2013）对印度尼西亚住房市场进行了实证分析，发现家庭的形成与住房市场具有双向关系，即在负担得起的情况下，年轻人往往更容易形成新家庭，但形成新家庭的总需求是房价上涨的重要驱动因素。韩国研究者 Kim 和 Park（2005）通过分析首尔商业土地的价值来评估修建地铁站对土地的溢价效应，研究结果显示，公共交通对商业土地价值的影响与更高的集中度和密度密切相关。Geng 等（2015）的研究发现，北京高铁站对距火车站 11.704 千米半径内的房价产生了一定影响，其影响因地理空间范围而异。他们发现，房价的空间变化是由高铁站的正、负溢价共同造成的，负溢价包括高铁站附近地区的交通拥堵、电磁辐射污染、噪声和犯罪率增加；正溢价包括了城市间的交通便利性，更高的投资吸引力，以及使用公共服务基础设施机会的增加。

目前文献中关于住房价格空间分异及其影响因素的研究，不仅涉及城市内部之间，还有城市之间甚至国际房地产市场。比较而言，关于公共品对住房价格的溢价的研究较为丰富。这些公共品包括教育设施、交通线路、城市绿化等。也有很多研究关注公共服务设施的综合溢价分析。在这个领域，通常采用的研究方法为特征价格模型法，或者建立相关的指数开展分析。

国内许多文献都关注了公共品的溢价效应，学者认为这种溢价效应是普遍存在的。例如，梁若冰和汤韵（2008）利用 Tiebout（蒂博特）模型测量了社会公共品对房价的影响，用来衡量社会公共品指标的内容包含教育、医疗、交通、城市环境、就业；结果显示，城市房价与城市公共品的供给具有显著的相关关系。孙伟增等（2015）以成都市为研究对象，利用空间特征价格模型测算城市公共品对住房的溢价效应，发现重点小学和公园的可达性都对住房价格具有显著的影响。也有学者从单一的公共品入手，分析其具体的溢价影响。在交通公共产品的溢价研究中，多数学者认为交通会对住房产生正向的溢价。例如，郑思齐等（2014）重点分析了轨道交通的溢价理论，研究发现接近轨道交通站点的地块，凭借位置优势能够提升地价；张英杰等（2014）对城市中的各类公共品进行了研究，发现城市中的各类公共品都会对房价产生显著影响：地铁站对 1 千米范围内的住房产生 3.4%的正向溢价，重点小学对 2 千米范围内的住房价格产生 2.4%的正向溢价，公园对 2 千米范围内的住房价格产生 2.2%的正向溢价，而城中村则会对 1 千米范围内的住房产生 2.0%的负向溢价。徐涛和张明（2016）对武汉市的三条轨道交通进行溢价效应分析，发现轨道交通对住房价格的影响范围在 700～900 米，对住房价格的影响为 2.87%～4.37%，而且，在不同区域轨道交通的溢价影响不同，越往城郊轨道交通的溢价效果强度越大。在教育公共品的供给中，学区也会对住房价格产生积极的影响。例如，周京奎和吴晓燕（2009）对全国各省区市的教育投资水平进行测量，分析教育投资对住房市场的影响，发现教育投资中的中学指标对土地价格具有显著的溢价影响。郭晓旸和刘洪玉（2013）则从市场势力角度分析，发现北京商品房市场的垄断程度也会对住房价格产生正的溢价效应，住房市场的垄断程度每提高 1%，会使得商品房价格上涨 0.83%。洪世键和周玉（2016）以厦门市为研究对象，利用差分回归模型，发现学区每上升一个等级，会使得学区内的住房价格上升 1.7%，而厦门大学作为厦门市的代表性教育资源也对周边房价具有显著的影响，即在厦门大学 2 千米范围的住房会产生 1.9%的增值。由此可见，在公共品的溢价效应研究领域，国内学者多数选择从城市公共服务设施领域来分析其对住房价格的影响。在研究方法的选择上，这些文献多采用特征价格模型、空间计量模型以及建立供需平衡指数等。

很多学者也关注了保障性住房对住房市场的影响。例如，陈杰和王文宁（2011）从市场角度研究经济适用房对商品房价格影响的传导机制，他们将经济适用房的影响方式概括为两种：第一种是在商品房和经济适用房的销售相互割裂的市场均衡下，二者供应相互独立和相互竞争；第二种是在销售对象混同的市场均衡下，二者供给也相互独立和相互竞争。陈杰和农汇福（2016）对全国 29 个省区市的经济适用房数据进行分析，各省区市的结果均显示经济适用房对周边住房市场具有显著的挤出效应，体现为经济适用房建设项目的增加会抑制纯商品房项目的建设，而经济适用房人均建设面积的增加会使纯商品房的人均面积减少。王先柱和赵奉军（2009）利用 1999～2007 年的面板数据建立供需计量模型，分析保障性住房对商品房市场的影响，结果显示保障房的建设能够有效抑制地方房价的增长，但现实中房价的持续增长可能与保障房建设数量不足相关。王先柱和赵奉军（2009）通过建立住房市场供给模型，分析保障性住房对商品住房的价格影响，发现房地产开发商完成的房屋面积中经济适用房的建设比例每提高 1%，就会使得该片地的地价降低 0.03%。蒋华娟等（2013）利用十年间的面板数据分析经济适用房的挤出效用，结果显示经济适用房具有较大的挤出效用，即经济适用房的销量每增加 1%，会使得商品房销量下降 0.86%。以上研究对保障性住房的住房市场的影响做出了多维度的评估。由此可见，保障房的建设，无论是从宏观上对住房市场，还是从微观上对周边的商品房社区，都会有潜在的溢价效应，但是溢价效应会因为具体的城市和建设项目的不同而不同,需要选择具体的研究方法来具体评估。

第三节 研究方法与研究数据

本节主要通过特征价格模型和空间回归模型来分析保障性住房在一个城市内的溢价效应。首先,我们以房价的对数形式为被解释变量,建立标准的特征价格模型(hedonic price model,HPM),方程形式如式(9.1)所示。

$$\ln(\text{HP}) = \alpha_0 + \alpha_1 \cdot \text{NY} + A_1 \cdot X_{1i} + A_2 \cdot X_{2i} + A_3 \cdot X_{3i} + A_4 \cdot D_i + \varepsilon \quad (9.1)$$

其中,HP为截至2018年底杭州市主城区各商品房交易价格;NY为山区1千米范围内是否有保障房社区;X_1为区位特征向量,包括到城市中心、到西湖的距离;X_2为住宅邻里环境向量,包括公园配套、医疗配套、交通配套和教育评级,这些变量均为虚拟变量,如交通配套,定义住宅1千米范围内如果有地铁站点,则赋值1,如果没有则为0;X_3为住宅社区的结构向量,包括建筑年龄、容积率、绿化率和物业费;为了控制不同行政区水平上的不可观测变量,方程中还加入了城区(region)的虚拟变量,本样本中共包含六个城区,D_i为不同城区;ε为残差。

我们基于特征价格模型,计算得到残差的空间相关性指数,即Moran's I。如果该指数显著,则说明数据存在显著的空间依赖性,需要进一步应用空间模型进行分析来确保模型的正确设定。使用较多的空间模型包括空间误差模型和空间滞后模型。本章通过拉格朗日乘数检验来选择稳健性最佳的空间模型,其基本形式为式(9.2):

$$\ln(\text{HP}) = \alpha_0 + \rho W_1 \ln(\text{HP}) + \alpha_1 \cdot \text{NY} + A_1 \cdot X_{1i} + A_2 \cdot X_{2i} + A_3 \cdot X_{3i} + A_4 \cdot D_i + \varepsilon$$
$$\varepsilon = \lambda W_2 \varepsilon + \mu \quad (9.2)$$

其中,ρ为空间自相关系数;λ为空间误差系数;W为空间权重矩阵;ε和μ为残差。确定具体的空间模型需要进行拉格朗日乘数检验。当$W_1=0$时,模型选择空间误差模型;当$W_2=0$时,模型选择空间滞后模型。本章利用GeoDa软件进行模型估计,该软件提供了两种权重矩阵构造方法:阈值法和K近邻法。本章采用阈值法来设定空间矩阵W。其中,空间滞后模型在特征价格模型中引入空间滞后变量,用来反映样本之间的空间相关性。空间误差模型则通过引入空间误差变量来消除空间样本数据误差,校正空间误差现象。

本节所利用的商品房房价数据来源于房天下网站。我们通过网络爬虫技术获取了截至2018年12月31日杭州市4398个商品房社区的销售价格。其中,位于主城六区的商品房社区有2592个,可用于分析的变量完整的数据共有1557个。这些变量包括房屋位置、经度、纬度、本月均价、竣工时间、容积率、绿化率、物业费、开发商、建筑面积、占地面积、总户数、物业类别、租金、对口小学、教育评级等基础属性。经济适用房数据来源于政府官方网站，房价数据来源于杭州市物价局和财政局公布的相关文件。

特征变量的选择主要考虑三组因素。第一组变量为住宅的区位特征，包括住宅到市中心距离、到西湖距离等；第二组变量为住宅的邻里环境，包括公园配套、地铁配套、教育配套、医疗配套等；第三组变量包括住宅社区的建筑特征，包括建筑年龄、容积率、绿化率、物业费等。实证模型中的主要变量的名称、含义描述和统计量在表 9.1 和表 9.2 中列出。

表 9.1 住房特征变量

特征分类	特征变量	变量的量化
区位特征	NY	小区1千米范围内是否有保障房社区，有=1，无=0
	dis	商品房到保障房社区的距离（千米）
	到市中心距离	小区到市中心（武林广场）的距离（千米）
	到西湖距离	小区到西湖的距离（千米）
邻里环境	公园配套	小区1千米范围内是否有公园，有=1，无=0
	地铁配套	小区1千米范围内是否有地铁站点，有=1，无=0
	教育配套	小区1千米范围内是否有小学，有=1，无=0
	医疗配套	小区1千米范围内是否有医院，有=1，无=0
建筑特征	建筑年龄	小区的房龄（年）
	容积率	小区建筑容积率（%）
	绿化率	小区绿化率（%）
	物业费	小区物业管理费用 [元/（月·米^2）]

表 9.2 住宅特征变量统计表

特征变量	样本量	极小值	极大值	均值	标准差
距离	1557	0.00	10.89	2.94	1.89
到市中心距离	1557	0.33	22.35	5.88	4.32
到西湖距离	1557	1.54	25.48	7.13	4.24
地铁配套	1557	0.00	1.00	0.65	0.48
公园配套	1557	0.00	1.00	0.72	0.45
教育配套	1557	0.00	1.00	0.48	0.45
医疗配套	1557	0.00	1.00	0.73	0.44
建筑年龄	1557	1.00	45.00	17.78	7.85
容积率	1557	0.10	11.40	2.26	1.13
绿化率	1557	0.00	0.58	0.29	0.09
物业费	1557	0.15	19.00	1.55	1.58

首先以房价的对数形式和到保障房社区距离的对数形式为被解释变量，分别建立标准的特征价格模型，方程形式如式（9.3）、式（9.4）所示。

$$\ln(\mathrm{HP}) = \alpha_0 + \alpha_1 \cdot \mathrm{NY} + A_1 \cdot X_{1i} + A_2 \cdot X_{2i} + A_3 \cdot X_{3i} + A_4 \cdot D_i + \varepsilon \quad (9.3)$$

$$\ln(\mathrm{HP}) = \alpha_0 + \alpha_1 \cdot \ln(\mathrm{dis}) + A_1 \cdot X_{1i} + A_2 \cdot X_{2i} + A_3 \cdot X_{3i} + A_4 \cdot R_i + \varepsilon \quad (9.4)$$

其中，HP 为住房交易价格。NY 为山区 1 千米范围内是否有保障房社区。X_1 为区位特征向量，包括到市中心（武林广场）、到西湖的距离。X_2 为住宅邻里环境向量，包括公园配套、医疗配套、地铁配套和教育配套，各类配套均为虚拟变量，定义公园配套为小区 1 千米范围内是否有公园（有=1，无=0）；定义医疗配套为小区 1 千米范围内是否有医院（有=1，无=0）；定义地铁配套为小区 1 千米范围内是否有地铁站点（有=1，无=0）；定义教育配套为 1 千米范围内是否有小学（有=1，无=0）。X_3 为住宅社区的结构向量，包括建筑年龄、容积率、绿化率和物业费。为了控制不同行政区水平上的不可观测变量，方程中还加入了城区的固定效应，D_i 和 R_i 分别为两个模型的城区。

第四节 特征价格模型结果

表 9.3 列出了特征价格模型的回归结果。其中，模型 1 是研究该社区 1 千米范围内有无保障房对房价产生影响，结果非常显著（$p<0.0000$）。本书重点关注的是保障房社区建设的资本化效应，即 NY 变量的系数。结果显示，保障房社区的建设会对周边 1 千米范围的商品房价格产生显著负向影响，具体影响表现为，如果 1 千米范围内有保障房社区，则会对该地区的房价产生 9.05%的负溢价影响。

模型 1 说明了保障房社区会对周边的商品房社区的房价产生负的溢价影响，但具体的溢价影响的范围有多大，还需要利用模型 2 来证明。表 9.3 中的模型 2 用于研究商品房小区到保障房社区的距离对房价影响，结果也非常显著（$p<0.0000$）。结果表明，商品房社区到保障房社区的距离会对商品房价格产生显著的负影响，具体影响表现为，商品房社区到保障房社区的距离每减少 1%，则会使房价下降 0.05%，若换算为每千米房价的变化率，则表现为，商品房社区到保障房的距离每减少 1 千米，将会使房价下降 5.31%。

表 9.3 特征价格模型结果

变量	模型1 回归系数	t 值	模型2 回归系数	t 值
NY	−0.0905***	−4.09		
ln(dis)			0.0531***	6.64
到市中心距离	−0.0029	−0.78	−0.0078*	−2.00
到西湖距离	−0.0384***	−10.87	−0.0329***	−9.05
地铁配套	0.0858***	5.65	0.0749***	4.94
公园配套	−0.0007	−0.04	−0.0062	−0.35
教育配套	0.0196	1.20	0.0275	1.72
医疗配套	0.0675***	3.40	0.0677***	3.44
建筑年龄	−0.0040***	−3.47	−0.0046***	−3.96
容积率	−0.0414***	−6.14	−0.0428***	−6.40
绿化率	0.3230***	4.03	0.3310***	4.17
物业费	0.0142**	2.75	0.0135**	2.64
城区固定效应	已控制		已控制	
常数项	10.66203***	202.16	10.6089***	201.66
样本量	1557		1557	
R^2	0.3764		0.3871	

注：单对数回归模型系数 c 表示解释变量每变动 1 个单位，被解释变量变动 $100c\%$；双对数回归模型系数 c 表示解释变量每变动 1%，被解释变量变动 $c\%$

***、**、*分别表示通过 1%、5%、10%水平的显著性检验

首先，从住房的区位特征来看，到市中心的距离以及到西湖的距离都对房价有显著的影响。具体表现为，到市中心的距离每增加 1 千米，该社区的房价将下降 0.78%；到西湖的距离每增加 1 千米，该社区的房价将下降 3.29%，这也反映了市中心武林广场在城市区位上的优越性，以及西湖在整个城市中的重要地位。从邻里环境来看，公园配套、教育配套对房价没有显著的影响，出现这种结果的原因在于该数据为主城区住房，而主城区的教育资源以及公园设施相对比较完善。尤其是，本章所使用的教育数据为小学数据，而小学教育属于基本公共服务，在各个街道社区的分布相对较为公平。

其次，从数据统计表中可以看出，公园配套、教育配套的标准差也相对较小，说明主城区的这类配套设施的差异很小。但是，地铁配套和医疗配套对房价具有显著的正影响，具体表现为，如果 1 千米范围内有地铁站点，那么该小区的房价会比其他小区的房价高出 7.49%。由此可见，地铁交通出行对于房价的影响很大；如果 1 千米范围内有医院，那么该小区的房价就会比其他小区的房价高出 6.77%。

再次，从建筑结构来看，建筑年龄在一定程度上能够反映住房未来的维护成本以及隐患大小，因此建筑年龄越久，房价就越低。具体表现为，小区内建筑年龄每增加1年，会使得房价下降0.46%。

最后，我们还发现，由于人口越多越容易造成拥挤，容积率越大的小区，其房价则越低。具体表现为，容积率每增加1%，就会使得住房价格下降4.28%。社区绿化能够净化空气、美化环境，同时还能够为居民提供休闲娱乐的场所，因此，绿化率越高的社区，房价也越高。物业费反映了该小区的管理能力，具体表现为，物业费每月每平方米每上涨1元，对应的房价就高出1.35%。从城市区域的角度来看，不同的区域也对房价有着显著的影响，说明了空间因素是影响房价的重要因素之一。

第五节 空间模型结果

由于城市区域变量对房价具有显著的影响，说明杭州市的房价存在空间的异质性。为了使结果更加具有稳健性，我们在特征价格模型的基础上加上空间权重，通过 GeoDa 软件计算出模型残差的 Moran's I 为 0.515，结果显著，说明模型存在显著的空间依赖关系（图9.1）。我们进一步通过拉格朗日乘数检验来选择合适的空间模型，检验结果如表 9.4 所示。空间误差模型和空间滞后模型均通过拉格朗日乘数检验，并且稳健性也显著，其中，空间误差模型结果更优异一些。

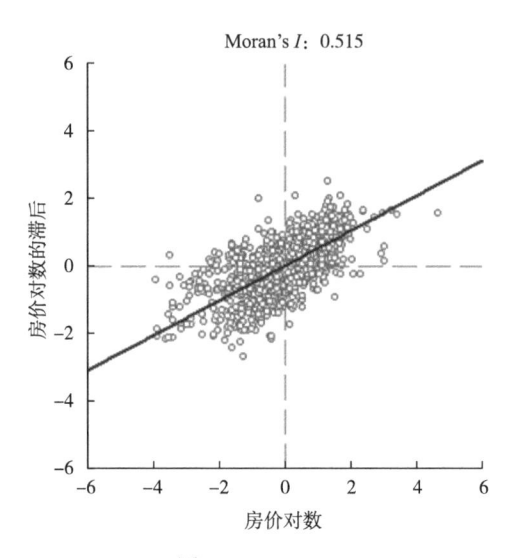

图9.1 Moran's I

表9.4 拉格朗日乘数检验结果

检验项	值	显著性
Moran's I (error)	19.2004	0.0000
Lagrange Multiplier (lag)	322.4335	0.0000
Robust LM (lag)	0.7126	0.3986
Lagrange Multiplier (error)	349.0722	0.0000
Robust LM (error)	27.3513	0.0000

我们通过拉格朗日乘数检验来选择稳健性最好的空间模型，其基本形式如式（9.5）所示：

$$\ln(\text{HP}) = \alpha_0 + \rho W_1 \ln(\text{HP}) + \alpha_1 \cdot \text{NY} + A_1 \cdot X_{1i} + A_2 \cdot X_{2i} + A_3 \cdot X_{3i} + A_4 \cdot D_i + \varepsilon$$
$$\varepsilon = \lambda W_2 \varepsilon + \mu \qquad (9.5)$$

其中，ρ 为空间自相关系数；λ 为空间误差系数；W 为空间权重矩阵；ε 和 μ 为残差。确定具体的空间模型需要进行拉格朗日乘数检验。当 $W_1=0$ 时，模型选择空间误差模型；当 $W_1=0$ 时，模型选择空间滞后模型。本章采用 GeoDa 软件进行模型估计，该软件提供了阈值法和 K 近邻法这两种权重矩阵构造方法。本章采用阈值法来设定空间矩阵 W，最终的回归结果见表 9.5。

表9.5 空间模型分析表

变量	空间滞后模型 回归系数	空间滞后模型 z值	空间误差模型 回归系数	空间误差模型 z值
ln(dis)	0.0274***	3.7815	0.0373**	3.0616
到市中心距离	−0.0062	−1.7718	−0.0090	−1.3466
到西湖距离	−0.0156***	−4.5338	−0.0355***	−5.4330
地铁配套	0.04913***	3.5802	0.0662***	3.2510
公园配套	−0.0065	−0.4158	−0.0107	−0.4915
教育配套	0.0188	1.3057	0.0263	1.1088
医疗配套	0.0545**	3.0848	0.0683**	2.8168
建筑年龄	−0.0047***	−4.5418	−0.0058***	−5.2993
容积率	−0.0394***	−6.5914	−0.0392***	−6.4872
绿化率	0.3856***	5.4056	0.4596***	6.4257
物业费	0.0092*	2.0118	0.0076	1.6361
常数项	5.2448***	16.0318	10.6627***	178.714
样本量	1557		1557	
R^2	0.5001		0.5080	

注：单对数回归模型系数 c 表示解释变量每变动 1 个单位，被解释变量变动 $100c\%$；双对数回归模型系数 c 表示解释变量每变动 1%，被解释变量变动 $c\%$

***、**、*分别表示通过 1%、5%、10%水平的显著性检验从模型的拟合效果来看，空间误差模型具有更好的解释能力，而且 R^2 明显高于特征价格模型的结果。结果显示，商品房社区到保障房社区的距离每减少 1%，就会使商品房价格下降 0.0373%，若换算为每千米房价的变化率，则表现为，商品房社区到保障房的距离每减少 1 千米，会使房价下降 3.73%。

具体来看，在反映住房区位特征的变量中，到市中心的距离在空间误差模型中不再显著，而西湖的影响力依旧显著，表现为住房到西湖的距离每增加 1 千米，就会导致房价下降 3.55%。在邻里环境变量中，和传统回归结果相似，地铁配套和医疗配套对房价具有明显的影响，即住房 1 千米范围内有地铁站点会对住房价格产生 6.62% 的正溢价影响；住房 1 千米范围内有医院会对房价产生 6.83% 的正溢价影响。在反映建筑自身特征的变量中，绿化率对房价具有显著的正影响，而建筑年龄和容积率对房价有着显著的负影响，具体表现为，容积率每上升 1%，房价相应下降 3.92%；建筑年龄每增加 1 年，房价相应下降 0.58%。

第六节 保障性住房溢价效应的影响范围

通过溢价分析，我们发现保障房社区对周边的普通商品房社区会产生负的溢价影响，但这种溢价的影响能力以及影响效果还需要进一步研究。为了计算保障房社区的空间价格影响力，我们基于空间误差模型回归分析的结果，把计算得到的各系数以及对应变量的平均值，代入空间误差模型中。这样，可以得出商品房价格与到保障房社区距离的预测函数。为了与实际房价情况进行对比，本节将商品房按照到保障房社区的距离以每 100 米为间隔进行分组，取每一组所有商品房房价的平均值作为该距离段内住房的价格。从空间误差模型中可以得到一个函数，这个函数的每个变量的系数和常数（10.6627）都已知。在分析保障房距离的影响效应时，在原有函数的基础上，除了保留 ln(dis) 为变量，其他变量都取平均数代入，通过计算可以得出一个新的常数（10.4083）。

房价预测函数具体表示为

$$\ln(price) = 10.4083 + 0.0373\ln(dis) \tag{9.6}$$

将函数转化为房价与距离的函数：

$$price = e^{10.4083 + 0.0373\ln(dis)} \tag{9.7}$$

函数曲线图如图 9.2 和图 9.3 所示。从图 9.2 中可以看出，保障房社区会对周边小区房价产生负的溢价。也就是说，当普通小区越接近保障房社区时，房价则越低。在图 9.3 中，将预测房价曲线与实际中的房价曲线进行对比，可以发现住宅的实际房价在预测房价曲线上下波动。在 2 千米范围内，实际房价的变动趋势与预测曲线的延伸方向基本一致，房价只是在小范围内上下波动。但是当距离变得更远的时候，房价的变动与预测曲线相差较大。这表明，保障房对住宅价格的影响是有一定范围的，在这个范围内，即使住宅还会受到其他因素的影响，保障性住房的负溢价效应依然是主导因素；当距离超出了保障房溢价的影响范围时，住宅价格变动的主导因素将发生改变，因而价格的实际变动将不再与预测相似。

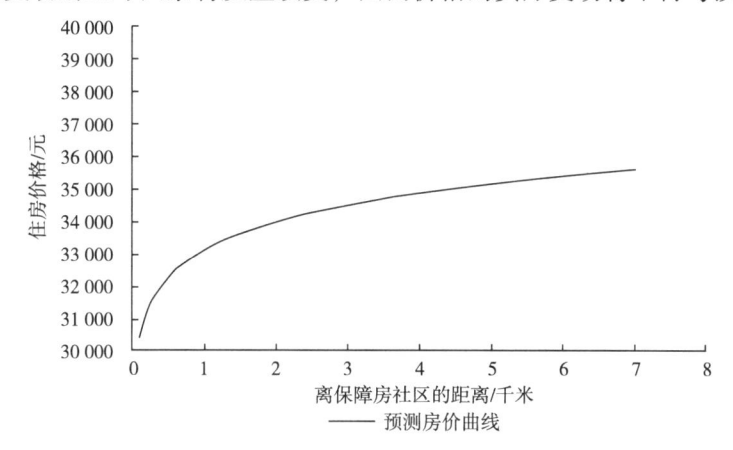

图 9.2　住房价格与到保障房社区距离的函数关系曲线图

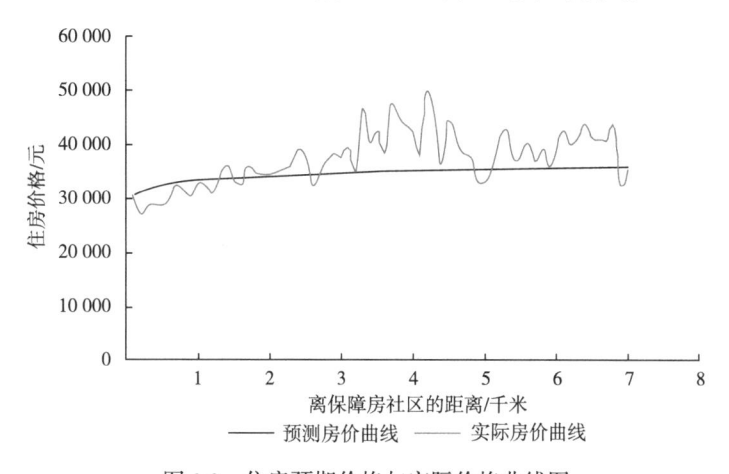

图 9.3　住房预期价格与实际价格曲线图

为了计算保障房对周边房价的具体影响范围。基于对以往文献的分析，我们假定，当距离每增加 100 米的价格变动幅度小于 0.2% 时，认为该特征因素对房价的影响可以忽略不计。因此，我们以 100 米为单位来测算保障房社区对周边社区房价每单位的影响率，计算结果如图 9.4 所示。图中显示，保障房社区对周边社区房价的影响力随着距离的增加逐渐减小。在距离保障房社区 1800 米时，周边社区距离保障房社区的距离每变动 100 米，房价变动率小于 0.2%（1800 米时的具体值为0.202%，1900米时的具体值为0.192%），由此可见，杭州市主城区保障房社区对周边住宅房价的溢价影响范围大约为1800米，这个结论与图9.3所显示的2千米范围内房价变动与预测曲线趋势基本一致的结果基本相符。

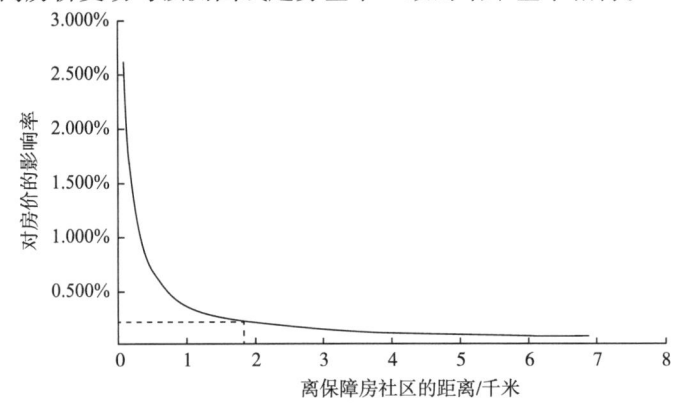

图9.4 保障房社区对周边社区房价的影响率曲线图

第七节 保障性住房溢价效应总体评述

本章基于杭州市主城区商品房的住宅价格和相关特征的数据资料，建立商品房社区的特征价格模型。然后，从空间异质性的视角，建立空间计量模型，分析保障房社区对主城区商品房价格的空间影响。最后，建立受保障房溢价影响的房价预测函数，对比实际房价与预测房价，得到如下结论。

第一，保障房社区具有显著的负溢价效应。在不考虑空间异质性时，保障房社区的溢价表现为，商品房社区到保障房社区的距离每减少1千米，就会使房价下降5.31%。在考虑空间因素时，保障房社区的溢价强度略有减小，表现为商品房社区到保障房社区的距离每减少1千米，房价将下降3.73%。由此可见，保障房社区对周边社区住房价格具有显著的负外部性。在未来对保障房社区进行选址建设时，应关注保障房建成后产生的邻里效应和负外部性。为了缓解这种负外部性，应当避免保障房社区大规模集中建设。在实践中，可以通过分散开发、混合居住等方式，减少保障房通过集聚效应而扩大的负溢价效应的影响范围。

第二，保障房社区的溢价效应具有一定范围，结果显示，该影响范围大约在1800米内。在这个范围内，即使住房价格还会受到其他因素的影响，但起主导作用的影响因素还是保障房的负溢价效应，表现为该范围内房价的实际变动与预测基本一致。当住房的距离超出了保障房溢价的影响范围时，住房价格变动的主导因素将发生改变，所以，实际价格的变动将不再与预测价格相似。未来在规划建设保障房社区时，要通过更加科学的方式计算出保障房社区的溢价效应的影响范围，这将为政府合理规划保障房的选址提供参考。

第三，保障房社区虽然保护了低收入群体的住房权利，但是该类社区出现优质公共服务的缺失，形成房价的低洼地带，带来社会不公平。所以，从公共投资的角度来看，杭州市主城区保障房社区的总体效率还有待提高。在未来进行公共投资时，不仅需要考虑项目本身的利益，还需要综合考虑投资的持续影响和更大范围内的综合效益，以此来实现公共投资收益的最大化。

本章研究发现保障房社区聚集建设的负外部性将资本化为房价的负溢价效应。基于这个发现，我们认为保障房社区的合理布局不仅能够提高社区内居民的生活水平，还能够改善其辐射范围内的居住环境。将来，政府要对保障房的建设规模和建设数量进行科学、合理的测算，根据地区中低收入群体的实际住房需求进行科学供应，避免出现盲目建设的问题，从而减少对普通商品住房市场的冲击。此外，从房地产市场发展角度来看，住房价格的变动不仅受城市宏观经济、城市化进程的影响，还受到公共服务设施配套建设以及空间布局的影响。如果要抑制保障房社区的负溢价效应，政府要将保障房的选址建设融入城市化进程中，并且还需要改进公共资源供给配套建设，加快协调人口和产业郊区化进程，实现"居住–就业"的平衡，减少保障房社区带来的负面影响。未来对保障房社区进行选址建设时，要重点关注保障房建成后产生的邻里效应和外部性，减少保障房社区大规模的集中建设。政府可以通过分散开发、混合居住等方式，避免保障房通过集聚效应而进一步扩大的负溢价的影响范围和强度，从而减少对整个房地产市场的影响。此外，在规划建设保障房社区时，要更加科学地计算保障房社区的溢价效应的影响范围，合理规划保障房社区的选址和规模。

第十章 保障性住房的居住满意度评估

第一节 居住满意度的内涵

居住满意度是用来评价居住与生活质量的重要指标，是居民对住房条件、居住环境、社区治理、社区适宜性、公共服务水平等的综合评价。居民的预期居住条件与实际状况的差即居住满意度，这个差越小，表明居住满意度越高（Galster and Hesser，1981）。居民在感受过住房产品和相关服务后，能够在各个维度对住房情况做出评价。居住满意度也可以被认为是一种心理状态，即居民需求被满足后的愉悦感及其对居住质量的主观评价。满意度也是各种绩效评价的重要维度，被广泛用于各种公共政策的评估中（王思琦和郭金云，2020）。

提供保障性住房的目的，不仅是为了减轻住房困难群体的压力和保障他们的居住权利，还要让该群体拥有良好的居住环境。良好的居住环境可以提升居民的总体生活质量，让居民获得经济、心理和社交等方面的满足感，从而提升该群体的社会自信。对于保障性住房的评估，一个重要的指标就是从居民的角度，在微观层面分析居民对住房保障的满意度。

中央政府多次强调，要"让全体人民住有所居"，表明保障人民的居住权利是建设现代化中国的必然要求。适宜的居住环境是承载人民美好生活的基石，但是，保障性住房的供给质量长期存在不充分的问题。"住有所居"具有丰富的内涵，应理解为不仅给低收入群体提供"遮风避雨"的物质空间，而且应提供高质量的生活空间和社会交往空间，这些空间对于居民能否获得所需的社会资源、积累社会资本和人力资本起到了关键作用。所以，住房保障的目标既要保障居住空间，又要保障居民通过居住空间来享受公平和发展的机会。居住满意度反映了邻里空间对居民的需求和期望的满足程度，是衡量居民生活质量和评价保障房社区是否满足了"人民美好生活需要"的重要指标。居住满意度的提高，意味着居住质量和保障质量的提升。从这个角度看，提高保障性住房的居住满意度，就是满足人民群众"美好生活需要"的迫切需求。

满足人民群众更高质量生活的需求，除了关注保障房居民的客观生活质量，还要关注他们的主观评价和心理感受，即主观社会地位和生活满意度（仝德和顾春霞，2021）。完善保障性住房居住满意度的评价体系，包括通过了解居民居住的主观感受和客观评价指标，得出更加全面、客观的满意度评价结果，可以了解居民对保障性住房不同方面的需求，也可以为提升保障性住房质量和相应服务提供思路（冯健和林文盛，2017）。对于居民满意的指标，要发扬和完善；对于居民不满意的因素，要加以改进和提升。总之，通过满意度的研究，可以更直观地了解居住者的期望以及保障性住房政策存在的问题，从而加以改进各项措施，使政府决策更具有科学性和民主性。此外，也可以让居住者表达自己当前的居住状态、感受和需求，提供多维度的信息，帮助政府制定更完善的保障性住房政策。

第二节　居住满意度的研究进展

在学术文献中，居住满意度是衡量居住质量、预测居民迁移可能性的主要指标。随着保障性住房体系愈加成熟和完善，学术界对保障性住房的人文功能更加关注。学者认为住房的功能已经远超出住房的物理结构本身，因此，关注居住满意度是检验保障房政策实施效果的一个重要环节。早在19世纪60年代，居住满意度就被当作一个检测住房项目优劣的标准，得到的反馈会被应用在建筑规划设计和政策制定中。

居住满意度的研究往往希望达成两个目的。一是探究居住满意度的影响因素，得出相应的分值来评价居住体验的优劣及其背后的原因，为住房政策的改进提供指导；二是通过研究居住满意度来探讨其对居民的影响，了解居民的居住和迁离意愿。由此可见，居住满意度是衡量住房保障质量不可或缺的一环。居住满意度作为居民直观的居住体验，应该被广泛应用于住房政策评估中。

居住满意度自身是一个反映居民主观感受的指标。满意度是分层次的，根据马斯洛需要层次论（hierarchical theory of needs），人们的某些需求优先于其他需求。按照该理论，人类需求的五级模型通常被描绘成金字塔内的等级。从层次结构的底部向上，需求分别为生理需要（physiological needs，如对食物和衣服的需求）、安全需要（safety needs）、归属和爱的需要（belongingness and love needs）、尊重需要（esteem needs）、自我实现的需要（self-actualization needs）（McLeod，

2007)。在探讨满意度的影响时，往往涉及相对剥夺和社会比较理论。在比较对象的选择上，包含纵向和横向两个维度。纵向维度指个体因时间或空间的变化将自己的现状和过去进行比较。横向维度指个体将自己的现状和周围人进行比较。当人们感知现状处于劣势时，会对满意度产生不利影响。根据参照群体理论（reference group theory），人们在选择自己的参照对象时，往往倾向于选择那些与自己经常接触和有实际交往的群体（袁玥等，2021）。

除了受居民主观感受的影响，居住满意度也受许多客观因素影响，包括个人和家庭层面的人口统计学特征和社会经济特征，以及邻里层面的社会特征和物质特征等。在实证研究中，现有的文献往往从多维度（如居住质量、治理水平、公共设施、邻里氛围等）调查居民的邻里满意度，有时也通过因子分析降维，得出每个样本的邻里满意度得分，并以此作为回归分析的因变量。控制变量可以分成若干组，包括个人/家庭特征（如性别、年龄、教育水平、家庭人口、职业、收入、入住时间、户口等）、住房特征（住房面积、楼层、朝向、产权性质等）、邻里内部的物质特征（绿化率、卫生情况、安全情况等）、邻里内部的社会特征（社区归属感、社区治理水平等）、邻里外部公共设施质量（中小学、超市、医院、公交等）、保障房的类型等。通过问卷调查，可以测度不同类型的邻里满意度之不同，并检验各控制变量对邻里满意度的影响情况，以更深入地理解保障性住房的居住环境与居民诉求，从而为完善保障房社区设施、改善社区治理提供理论支持。

综合已有文献，研究者从多个维度来研究居住满意度的影响因素。最基本的维度包括个人/家庭特征、住房特征、邻里环境、公共设施、社会环境等。

一、个人/家庭特征

很多研究证实了性别因素、年龄因素、薪酬因素、家庭规模等个人和家庭因素对居住满意度有显著的影响。例如，Ibem 和 Amole（2013）指出性别是一个重要的研究维度，发现男性要比女性更加难以达到较高的满意程度。何深静和齐晓玲（2014）在对广州市三类社区居住满意度的研究中，发现性别的不同会影响满意度的高低。而虞晓芬和黄忠华（2010）通过调查杭州的居民，发现性别与年龄和居住满意度呈显著的正相关关系，男性和年长者的居住满意度会更高。Ibem and Aduwo（2013）也认为年龄是影响居住满意度的重要因素。也有学者研究发现收入水平更高的居民满意程度更高，原因是他们有更强的经济能力去改善目前的居住状态，向心理预期标准不断靠拢（Vera-Toscano and Ateca-Amestoy，2008）。至于家庭规模这一维度，学者的研究出现了不同的结果。在 Galster（1987）的研究中，家庭规模与居住满意度呈显著的负相关关系，而在 Cook（1988）的研究中，家庭规模则与居住满意度呈正相关关系。居留时间的长短也会对居住满意度产生影响，已有的研究发现，外来人口的居留时长是影响居住满意度的重要因素（任远，2006）。此外，社会经济地位是生活满意度的一个重要影响因素。社会经济地位强调个体在社会结构中的绝对地位，常常通过收入、教育和职业等客观指标来衡量，对个体的心理状态会产生影响。

二、住房特征

住房特征维度是一个重要的研究角度，因为住房是居民生活的重要载体，是其对居住环境体验的主要来源。居民通常喜欢面积更大、结构更好的住房。例如，Chen等（2013）在对大连的数据进行研究时发现，居民会向往面积更大的住所；Mohit等（2010）对马来西亚吉隆坡的研究表明，住房特征，尤其是住房面积，与居住满意度有着显著的正向关系。Liu（1999）对中国香港公屋的居住满意度的研究，发现大多数居民对公屋的住房特征体验不佳，建筑物的整洁程度、完善程度低对居住满意度产生了负面影响。湛东升等（2014）在对北京市居民的居住满意度的研究中发现，住房条件是最大的影响因素；因此，改善居民的居住条件，尤其是改进住房结构和采光，应该成为提升居住满意度的重点方向。

三、邻里环境

随着人们生活水平的提高，居民对邻里环境特征越来越重视。邻里环境特征包括社区规划质量、公共设施布置等物质特征，也包括居民归属感、社区治理水平等社会特征（Huang and Du，2015）。在邻里物质特征方面，研究显示：新城市主义的设计手法让居民感受到更多的活力，进而有效地提升了邻里满意度；建筑密度、环境设计水平也会影响邻里满意度。在邻里社会特征方面，许多学者发现社会隔离、社会控制、社会纽带、居住稳定性、民族与人口构成等因素都可能影响邻里满意度。冯健和林文盛（2017）在对苏州老城区的研究中发现，人口密度高的社区更容易产生邻里矛盾和纠纷，因此社区和谐的气氛会经常被打破，不利于居住满意度的提升。

四、公共设施

在公共设施方面，由于城市的进一步扩张以及工作和家庭的分离，基础设施的重要性逐步攀升。特别是，许多保障房社区处于地段较差的位置，若基础设施不完善，将会大大降低居民的生活质量。Mohit等（2010）研究了马来西亚吉隆坡地区保障房的居住满意度，发现居民虽然对居住环境的满意度很高，但是他们对社会环境的现状不满。李伊珍和汪丽（2014）在研究中发现，虽然人才安居房的居民多为相对收入水平高、生活空间比较大，但是通勤距离比较长，因此，交通是否便捷成为影响人才安居房居住满意度的重要影响因素。在地段较为方便的人才公寓，居住满意度会更高。很多研究也证实了好的社区配套和区位可以有效提升居住满意度。例如，陈宏胜等（2015a）对广州三个典型的保障房社区进行了居住满意度调查，发现居民对周边公共服务设施的完善程度最为敏感。

五、社会环境

社会环境主要指居民的社会关系和社会融入度等特征。家庭和个人需要在社会中累积社会资本，以便更好地融入环境。法国社会学家布迪厄最早提出了社会资本的概念，将其定义为个人或是群体所拥有的实际或潜在资源的总和（周红云，2003）。个人和群体社会资本的多寡，在一定程度上代表着其与整个社会嵌套水平的高低。社会资本对居住满意度的影响，主要通过住房条件、社区环境、配套设施和社会网络等因素，收入水平、单位属性等个人社会经济属性对居住满意度也会产生影响（冯健和林文盛，2017）。如果居民的社会资本较充足，那么其社会孤立感就会较低。

近年来，我国的经济水平发展迅猛，但是，伴随而来的是贫富差距进一步拉大，社会分层不断加剧。对于中低收入居民来讲，他们的社会资本获取方式和构成网络与其他居民有很大区别。如果保障性住房居民可以积极参与社会关系网络的构建，以及与邻居和社会组织能够沟通融洽，那么将大大提高他们的居住满意度（Mohit and Azim, 2012）。如果居民的社会参与度高，那么他们的居住满意度也会相应提高（Ibem and Aduwo, 2013）。例如，刘志林等（2015）对北京市中低收入社区的居民进行了居住满意度的调查，发现社会资本与居住满意度有着明显的正相关关系，其中该类型群体期望最高的是建立邻里信任，破除隔阂和异化。冯健和林文盛（2017）在研究中发现中低收入者在城市的高速发展过程中被相对剥夺，产生较大的失落感，导致其居住满意度降低。经济的发展对不同社会群体生活满意度的影响也不同（仝德和顾春霞，2021）。例如，"新移民"群体十分关注社会归属感，他们希望能够更好地融入社会网络中去。一般来说，居民的社会归属感越强，居住满意度也会越高（李志刚，2011）。

第三节 研究设计

本节以杭州市蒋村西溪人家人才公租房项目为例，对居民的居住满意度进行分析。蒋村西溪人家于2014年开始规划建设，于2015年开放入住申请，保障对象是城市中等偏下收入的住房困难家庭，以及新就业大学毕业生、优秀人才及创业者。蒋村西溪人家也是杭州市首批人才导向的公租房项目,集保障和培养功能于一体,尤其对拥有较高专业技能和学历的群体放宽了申请限制,为引进高素质劳动力提供了支持。本节的目的是从微观层面评估杭州市人才公租房建设和管理的效果,以便在宏观层面对人才公租房的政策落实有更深的理解,进而改善相应的保障房政策,提高居民的居住满意度。

人才公租房是我国保障性住房体系中的重要组成部分。根据城市企业主义理论,为了提高竞争力,城市应采取各种措施来对外部各种资源产生更大的吸引力。Harvey(1989)提出了四种基于城市企业主义的治理新模式,其中特别强调了城市治理要注重劳动力素质的培养以及人才的引进。高素质的人才可以带动资源流入,促进城市新市场和新技术的产生,加速城市资金和资本的更新周期,从而使得城市取得高速发展的成就。因而,人才的流入对于城市发展来说是重中之重。我国城市政府为吸引人才、留住人才采取了诸多措施。人才公租房是政府为解决该群体住房需求所建设的项目,该类公租房主要面向高学历群体,并提供契合该群体需求的一系列设施和服务,使得高素质劳动力在住房方面不用承担过重的资金压力。杭州市在保障房体系建设之初,便将新就业大学生、创业人员纳入保障范围内。随着住房保障体系不断发展,杭州市逐步推出了向青年人才群体倾斜的公租房项目,以发挥"引凤来巢"的功能。

为了能够真实地了解居民的居住满意度,本课题组在蒋村西溪人家开展了实地问卷调查。2018 年,课题组在社区居民中进行随机抽样发放调查问卷[①]。考虑到受访群体主要为青年群体,课题组发放问卷的时间均为非工作日。为了受访者能够顺利填写问卷,增加问卷的真实性,我们采取了面对面的形式进行调研,回答受访者在填写问卷时出现的问题,并与受访者进行简单交流。此次调研共计发放了 110 份问卷,收回有效问卷 103 份,回收率 93.64%。受访者大学学历及以上的比例达到 70%以上,这与蒋村西溪人家的落户结构相吻合,调研对象的样本结构基本平衡。在调查问卷中,我们针对个人特征、住房特征、社区特征、公共设施、人才服务和社会环境几个方面设置了相应的问题。通过实地发放问卷,不仅可以获取可靠的信息,还可以从被调查者的反应和言语中得到对居民的居住满意度更深层次的理解。

我们对所收集数据进行了分类别的描述性分析统计,来研究居民对社区各方面条件持有的态度。在此基础上,进行有序多分类逻辑回归分析,目的是找出影响居住满意度的显著因素,并分析其影响力度。本节研究包含五组解释变量。①住房特征。选择该变量,可以直观地看出社区所提供的住房水平。因为住房特征是居民居住体验的直接来源,分析居民的居住条件对于理解居民的居住满意度具有

[①] 本次调查时间为 2018 年 3 月到 4 月,调查组成员包括郭子琦、徐磊、陈紫微。

重要意义。②社区特征。社区特征一定程度上可以反映社区的外在形象,从而映射出居住水平甚至社会地位。蒋村西溪人家作为主要面向人才设立的公租房项目,社区氛围营造是否能够达到住户的心理预期,是对满意度进行测量的重要指标。③公共设施。公共设施是否完善是评判社区建设优劣的重要因素之一。对于青年人才群体来讲,便捷的设施和高效的通勤能提升个人幸福感和生活质量。④人才服务。人才服务是关注青年人才群体公租房居住体验的关键要素。人才公租房与传统公租房的重要区别在于所提供的信息和设施,这些资源对人才的自我学习起到了很大的助推作用,而且,人才群体对此也怀有一定的心理预期。⑤社会环境。社区在一定程度上会影响居民与社会之间的衔接程度。传统公租房由于其居民群体的特殊性,有时会使人产生较强的孤立感,这对居民的幸福感会带来一定的负面影响。人才群体对丰富社会网络和社会资本的需求更加强烈,对社会环境有更高的期望。此外,我们选取个人特征作为控制变量。假设这五组变量会影响居民的体验,从而对居住满意度产生显著的影响。基于以上变量分析,我们建立了有序多分类逻辑回归方程模型,如式(10.1)所示:

$$\begin{aligned}居住满意度 = &\beta_0 + \beta_1 住房特征 + \beta_2 社区特征 + \beta_3 公共设施 + \beta_4 人才服务 \\ &+ \beta_5 社会环境 + \beta_6 X + \varepsilon\end{aligned} \quad (10.1)$$

其中,居住满意度是被解释变量,我们采用五分制李克特量表来表示,即 1="非常不满意"、2="不满意"、3="一般"、4="满意"、5="非常满意"。解释变量包括住房特征、社区特征、公共设施、人才服务、社会环境。其中,住房特征指居民住宅的几项基本指标,包括居住面积、阳台设置、朝向和月租金;社区特征指居民对所在社区环境的基本感受,包括社区绿化、卫生、物业、休闲娱乐设施的条件,以及是否会受到噪声的困扰;公共设施指在居民所在社区周边的,能够满足其日常生活需求的设施配置水平,例如可以便捷到达的超市、公交站、地铁站、医院、公园或绿地的数量,到商圈的距离,以及子女是否能顺利入学的问题(或对就读学校是否满意);人才服务是指社区为居民提供的一系列有利于工作或创业的支持,包括咖啡厅、茶吧、共享空间的配置情况,路演活动的举办情况,读书会、创业分享会、工作经验交流会的举办情况;社会环境指居民在所在社区中的人际关系和社会体验,包括邻里关系是否和谐、邻居的稳定性、居民自身的稳定性,以及居民是否感到社会孤立。X 表示一系列控制变量,为居民的个人特征,包括性别、年龄、教育、就业、婚姻、子女、家庭规模、户籍、居住时长、月收入这一系列指标。表 10.1 列出了各变量的具体定义。

表 10.1 变量定义

	变量	定义
个人特征	性别	0=男，1=女
	年龄	1=低于31岁，2=31~40岁，3=41~54岁，4=55岁及以上
	教育	1=初中及以下，2=高中，3=大学，4=硕士，5=博士
	就业	1=待业，2=私企部门，3=国企部门，4=机关及事业单位，5=自主创业
	婚姻	0=未婚，1=已婚
	子女	0=有，1=无
	家庭规模	1=1位，2=2位，3=3位，4=4位及以上
	户籍	0=杭州户籍，1=非杭州户籍
	居住时长	1=1年及以内，2=1~3（含）年，3=4~5（含）年，4=6~10（含）年，5=11年及以上
	月收入	1=3000元及以下，2=3001~5000元，3=5001~8000元，4=8001元及以上
住房特征	面积	1=40平方米及以下，2=41~60平方米，3=61~90平方米，4=91平方米及以上
	阳台	0=有，1=无
	朝向	0=朝南，1=其他
	月租金	1=500元及以下，2=501~1000元，3=1001~1500元，4=1501~2000元，5=2001元及以上
社区特征	绿化	1=非常不满意，2=不满意，3=一般，4=满意，5=非常满意
	卫生	1=非常不满意，2=不满意，3=一般，4=满意，5=非常满意
	物业	1=非常不满意，2=不满意，3=一般，4=满意，5=非常满意
	休闲	1=非常不满意，2=不满意，3=一般，4=满意，5=非常满意
	噪声	1=困扰很大，2=困扰较大，3=一般，4=困扰较小，5=没有困扰
公共设施	超市（10分钟路程内）	1=1个及以下，2=2~3个，3=4~5个，4=6个及以上
	公交站（10分钟路程内）	1=0个，2=1个，3=2个，4=3个及以上
	地铁站（10分钟路程内）	0=有，1=无
	子女入学	1=已入学，2=未能入学，3=暂无子女
	医院（20分钟路程内）	1=0个，2=1个，3=2个，4=3个及以上
	公园或绿地（20分钟路程内）	1=0个，2=1个，3=2个，4=3个及以上
	商圈	1=2千米及以下，2=3~5千米，3=6~10千米，4=11~20千米，5=21千米及以上
人才服务	共享设施	0=未使用过，1=使用过
	路演	0=参加过，1=没有参加过
	资源交流活动	0=参加过，1=没有参加过
	创业氛围	1=非常不满意，2=不满意，3=一般，4=满意，5=非常满意
社会环境	邻里相处	1=完全陌生，2=认识小部分，3=熟识小部分，4=认识大部分，5=熟识大部分
	居住稳定性	0=倾向于稳定，1=其他
	邻居居住稳定性	1=经常搬迁，2=偶尔搬迁，3=极少搬迁
	社会孤立感	0=有，1=无
	居住满意度	1=非常不满意，2=不满意，3=一般，4=满意，5=非常满意

第四节　居住满意度的描述性分析

表10.2列出了研究对象的具体个人特征描述性分析。在课题组所收集的103个样本中，男性占比53.4%，女性占比46.6%，性别比例较为平衡。年龄基本集中在低于31岁（39.8%）和31～40岁（48.5%）两个年龄段，教育水平集中在大学学历（70.9%），这表示研究对象大多数为受教育程度较高的中青年人，少数为需要保障的低学历低收入者。超过半数受访者在私企部门（52.4%）工作，自主创业的受访者只有9.7%。绝大多数受访者是已婚家庭，并育有子女，家庭规模为3位和4位及以上的居多，可见在该社区内的居民大多是以两代或三代家庭形态入住的。非杭州户籍的受访者占58.3%，稍多于有杭州户籍的受访者，在杭州居住的时长比较平均地分布在4～5年、6～10年、11年及以上几种类型中，"新杭州人"占比很小。根据浙江省统计局公报，2018年浙江省全社会单位就业人员年平均工资为65 898元，折合月平均工资为5491.5元。在本节的研究受访者中月收入达到5001元及以上的达到61.1%，基本可达到平均工资水平之上，另有20.4%的受访者月收入在3000元及以下。

表10.2　个人特征描述性分析表

变量		频数	占比
性别	男	55	53.4%
	女	48	46.6%
年龄	低于31岁	41	39.8%
	31～40岁	50	48.5%
	41～54岁	8	7.8%
	55岁及以上	4	3.9%
教育	初中及以下	11	10.7%
	高中	16	15.5%
	大学	73	70.9%
	硕士	3	2.9%
	博士	0	0.0%
就业	待业	13	12.6%
	私企部门	54	52.4%
	国企部门	7	6.8%
	机关及事业单位	19	18.4%
	自主创业	10	9.7%

续表

变量		频数	占比
婚姻	未婚	10	9.7%
	已婚	93	90.3%
子女	有	83	80.6%
	无	20	19.4%
家庭规模	1位	0	0.0%
	2位	12	11.7%
	3位	41	39.8%
	4位及以上	50	48.5%
户籍	杭州户籍	43	41.7%
	非杭州户籍	60	58.3%
居住时长	1年及以内	0	0.0%
	1~3（含）年	8	7.8%
	4~5（含）年	27	26.2%
	6~10（含）年	36	35.0%
	11年及以上	32	31.1%
月收入	3000元及以下	21	20.4%
	3001~5000元	19	18.4%
	5001~8000元	33	32.0%
	8001元及以上	30	29.1%

表10.3显示了调研对象对其居住环境的描述。可以看出，受访者绝大多数的住房面积为41~60平方米，租金在501~1000元，属于较为经济的户型，均配有阳台，朝向大多数为南，采光条件较好。从整体上看，受访者对社区环境的总体印象差强人意。其中，受访者对绿化水平达到满意程度以上（选择"满意"和"非常满意"两类，下同）的占比为74.8%，对物业服务达到满意程度以上的占比为77.7%，而对卫生条件达到满意程度以上的占比57.3%，对休闲娱乐设施配备情况达到满意程度的占比为39.9%，未达半数。受访者认为在所在社区内生活噪声困扰不严重的（选择"困扰较小"和"没有困扰"两项）仅占50.5%。以上数据体现了蒋村西溪人家的社区环境营造并未得到居民的认可，尤其在卫生条件、休闲娱乐设施配备和噪声处理等方面的欠缺还较为严重。

在公共设施方面，大多数受访者认为在社区附近较为便利到达的超市数量为2~3个，公交站点数量为1~2个，暂未开通地铁；大多数居民的子女能够顺利地解决入学问题；52.4%的受访者认为社区周边有1所可便捷到达的医院，65%的受访者认为社区周边没有距离较近的公园或绿地等休憩场所，79.6%的受访者表示社区距离他们经常去的商圈有11~20千米。

在人才服务方面,57.3%的受访者有使用过茶吧、咖啡厅、共享空间等设施,89.3%的受访者没有参加过社区提供支持的路演活动,67%的受访者没有参加过社区内的资源交流活动,对社区内创业和工作氛围满意的受访者仅占 39.8%。这表示了蒋村西溪人家作为杭州较早开放的青年创业社区项目,所提供的人才服务还处于较低的水平,基本停留在设施配备的层面上,为创业和工作提供良好的进步环境的动力不够足,没有很好地达成青年人才群体的诉求。

在社会环境方面,35%的受访者表示认识社区中的小部分人,47.6%的受访者表示能够熟识社区内的小部分人,6.8%的受访者表示能够认识社区内的大部分人,这表明绝大多数居民能够在社区内建立起自身的交际圈。大多数受访者的邻居较为固定,并且自身向往稳定的居住场所。在是否产生社会孤立感的问题上,95.1%的受访者表示与社会融合程度很好,不存在被孤立的问题。

表 10.3 居住环境描述性分析表

变量		类别	频数	占比
住房特征	面积	40平方米及以下	3	2.9%
		41~60平方米	84	81.6%
		61~90平方米	16	15.5%
	阳台	有	103	100.0%
	朝向	朝南	87	84.5%
		其他	16	15.5%
	月租金	501~1000元	72	69.9%
		1001~1500元	31	30.1%
社区特征	绿化	非常不满意	4	3.9%
		不满意	5	4.9%
		一般	17	16.5%
		满意	59	57.3%
		非常满意	18	17.5%
	卫生	非常不满意	4	3.9%
		不满意	3	2.9%
		一般	37	35.9%
		满意	51	49.5%
		非常满意	8	7.8%
	物业	一般	23	22.3%
		满意	58	56.3%
		非常满意	22	21.4%

续表

变量		类别	频数	占比
社区特征	休闲	不满意	10	9.7%
		一般	52	50.5%
		满意	36	35.0%
		非常满意	5	4.9%
	噪声	困扰较大	21	20.4%
		一般	30	29.1%
		困扰较小	36	35.0%
		没有困扰	16	15.5%
公共设施	超市（10分钟路程内）	1个及以下	14	13.6%
		2~3个	86	83.5%
		4~5个	3	2.9%
	公交站（10分钟路程内）	1个	51	49.5%
		2个	46	44.7%
		3个及以上	6	5.8%
	地铁站（10分钟路程内）	无	103	100.0%
	子女入学	已入学	80	77.7%
		未能入学	3	2.9%
		暂无子女	20	19.4%
	医院（20分钟路程内）	0个	49	47.6%
		1个	54	52.4%
	公园或绿地（20分钟路程内）	0个	67	65.0%
		1个	22	21.4%
		2个	14	13.6%
	商圈	3~5千米	15	14.6%
		6~10千米	6	5.8%
		11~20千米	82	79.6%
人才服务	共享设施	使用过	59	57.3%
		未使用过	44	42.7%
	路演	参加过	11	10.7%
		没有参加过	92	89.3%
	资源交流活动	参加过	34	33.0%
		没有参加过	69	67.0%

续表

变量		类别	频数	占比
人才服务	创业氛围	不满意	8	7.8%
		一般	54	52.4%
		满意	41	39.8%
社会环境	邻里相处	完全陌生	11	10.7%
		认识小部分	36	35.0%
		熟识小部分	49	47.6%
		认识大部分	7	6.8%
	居住稳定性	倾向于稳定	91	88.3%
		其他	12	11.7%
	邻居居住稳定性	经常搬迁	3	2.9%
		偶尔搬迁	55	53.4%
		极少搬迁	45	43.7%
	社会孤立感	有	5	4.9%
		无	98	95.1%

表 10.4 列出了受访者对社区的居住满意度的总体结果。数据显示，受访者认为居住环境没有达到普遍的满意水平，32%受访者的评价是一般，35.9%受访者的评价是满意，评价为非常满意的受访者仅占 28.2%。结合上述各项数据结果的描述分析可以看出，该人才公租房仍有很多不足之处，尤其在社区环境和人才服务方面需要进一步优化和改进。

表 10.4 居住满意度统计

满意度	频数	占比
非常不满意	0	0.0%
不满意	4	3.9%
一般	33	32.0%
满意	37	35.9%
非常满意	29	28.2%
合计	103	100.0%

第五节 居住满意度的影响因素

本节采用有序多分类逻辑回归并检验其拟合信息。我们在模型中依次代入个人特征、住房特征、社区特征、人才服务、公共设施、社会环境等自变量进行检验，回归结果显示公共设施和社会环境变量的显著程度不佳，因此最终选择个人特征、住房特征、社区特征和人才服务作为解释居住满意度的变量。另外，因素"阳台"和"地铁"在问卷中的选择无差异，属于冗余信息，故在相应分类下删除。表10.5显示了进行逐步代入变量后模型的拟合度变化，从模型1到模型4，拟合度从0.190上升到0.701，这代表模型4的拟合程度最好，该模型具有统计学意义。因此，本节将选取模型4的回归结果进行分析和讨论。

表10.5 回归模型结果

变量	模型1	模型2	模型3	模型4
个人特征				
性别	−1.374*** (0.003)	−1.789*** (0.000)	−2.442*** (0.002)	−6.702*** (0.009)
年龄	−0.087 (0.820)	−0.126 (0.755)	1.001 (0.187)	2.467* (0.052)
教育	1.226*** (0.002)	1.306*** (0.002)	3.549*** (0.000)	3.164** (0.011)
就业	−0.259 (0.271)	−0.356 (0.256)	−1.011* (0.063)	0.409 (0.683)
婚姻	6.035*** (0.000)	9.386*** (0.001)	5.295 (0.233)	−10.821 (0.143)
子女	2.887** (0.033)	4.770** (0.015)	4.225 (0.189)	−9.407 (0.175)
家庭规模	0.883** (0.044)	1.177** (0.033)	−0.765 (0.348)	−1.958 (0.155)
户籍	−0.555 (0.323)	−1.212* (0.072)	−0.445 (0.703)	−1.413 (0.276)
居住时长	−0.442 (0.069)	−0.431* (0.095)	−1.816*** (0.000)	−4.318*** (0.001)
月收入	−1.195*** (0.000)	−1.816*** (0.000)	−1.668** (0.043)	−1.775** (0.035)
住房特征				
面积		−0.585 (0.463)	−4.815*** (0.002)	−8.506*** (0.009)
朝向		0.432 (0.571)	−4.013*** (0.004)	−8.671*** (0.006)
月租金		2.225*** (0.001)	−2.951** (0.034)	−1.573* (0.095)
社区特征				
绿化			1.064 (0.150)	1.652 (0.169)
卫生			−3.766*** (0.000)	−5.873*** (0.001)
物业			2.246*** (0.000)	2.494** (0.018)
休闲			2.832*** (0.004)	6.866*** (0.006)
噪声			1.428** (0.048)	0.254 (0.720)
人才服务				
共享设施				4.065* (0.052)
路演				−4.241 (0.275)
资源交流活动				−0.923*** (0.007)

续表

变量	模型1	模型2	模型3	模型4
创业氛围				5.000*** (0.000)
N	103	103	103	103
R^2	0.190	0.246	0.552	0.701

注：括号内为标准误

***表示 $p<0.01$；**表示 $p<0.05$；*表示 $p<0.1$

结果显示，性别对居住满意度的高低有着显著的影响，相对而言，男性住户的居住满意度会更高。年龄越大的住户满意度会更高，这表示年龄偏小的青年住户对居住环境的要求更多，对其住宅有更大的期许，现有的居住条件不能很好地满足该群体的需求。教育水平对居住满意度有显著影响，该变量在5%的水平上显著，当教育变量每增加1，居住满意度会增加3.164。从表10.5中可以看出，在杭州的居住时长和月收入水平是两个非常重要的影响因素。居住时长变量在1%的水平上显著，当居住时长变量每减少1，居住满意度就会增加4.318。月收入变量在5%的水平上显著，当月收入变量每减少1，居住满意度就会增加1.775。

因此，在杭州居住的时间越短，收入越低的业主，满意度越高。这体现出刚刚进入杭州的人群对居住的环境包容度较高，而随着收入的逐步提升，在杭州的生活愈加稳定，人们对居住的预期标准会逐步提升。除此之外，就业、婚姻、有无子女、家庭规模、是否有杭州户籍等因素都不够显著。

在住房特征变量中，朝向对居民的居住满意度有着显著的影响，这代表人们更倾向于住宅能够朝南，从而获得更好的采光条件。住宅面积和月租金对居住满意度的影响同样显著，但结果与通常认识不同。住宅面积变量在1%的水平上显著，当住宅面积变量每减少1，居住满意度会增加8.506；月租金变量在10%的水平上显著，当月租金变量每减少1，居住满意度会增加1.573。这二者体现了小户型、低租金的住户有更高的居住满意度。要解释这一结果，可以与社区性质联系起来。青年人才在蒋村西溪人家中占很大比例，因此，公租房作为居住跳板的作用也更加明显。不论是刚刚流入杭州的人才群体，还是已经在杭州较长时间的人才群体，最终的居住诉求都是拥有一套令其满意的自有住房。在这一诉求未能达成之前，该群体选择住房的标准还是以经济实惠为主、设施完备为辅。户型小、租金低的住房为住户减轻了很大的经济压力，对于他们来说，在这个衔接阶段选择小户型、低租金的住房更有利于今后的资金储备，提高其他方面的生活质量。

在社区特征变量中，卫生条件、物业服务水平和休闲娱乐设施是非常重要的影响因素。其中，卫生条件对居住满意度产生了负面影响。当卫生变量每减少1，居住满意度会增加5.873。这表明社区的卫生环境并没有达到居民的预期水平，他们希望社区环境能够更加干净整洁。物业变量在5%的水平上显著，这体现了良好的物业服务水平让居民有更高的居住满意度,这一指标也包含了社区的安全问题,物业服务及时可靠、社区治安管理严格会让居民消除邻里不安全的顾虑。休闲娱乐设施的影响在1%的水平上显著,体现了人们普遍希望社区内能够有数量更多、种类更加丰富的休闲娱乐设施。在蒋村西溪人家中,有低龄子女的家庭非常多,通过与受访者的交流,我们发现幼儿游乐设施的缺失让居民感到不满。其他常规的休闲娱乐场所配备情况也不尽如人意。绿化水平和噪声情况的影响并不显著,这表示居民对这两项指标并不十分看重。

在人才服务自变量中,资源交流活动在1%的水平上显著,表示参加过资源交流活动的居民的满意度更高,体现了居民对资源和信息有较大的需求。居民希望能够在社区中找到可以锻炼自我、持续学习、丰富自身人际网络的载体。同时,居民对社区内创业和工作的氛围十分看重,在1%的水平上显著,反映了居民当初选择青年创业社区项目的心理预期。工作、创业的青年人在社区中聚集起来并利用各种设施条件,会自然地形成资源的交互通道,这是与传统公租房相区别的重要特点,即不容易形成贫穷文化倾向和社会隔离倾向。

第六节 研究结论与政策启示

通过对杭州市蒋村西溪人家居住满意度调研结果的分析,我们总结出如下几个结论。第一,目前人才公租房居民的居住满意度为一般水平。第二,个人特征、住房特征、社区特征和人才服务等因素对居住满意度有比较显著的影响。第三,在杭州居住时间较短、收入较低的居民的满意度较高,但是,随着居民的居住时间增长、收入提高,居民的居住满意度逐渐下降。第四,住房的朝向和面积两个因素对居住满意度的影响非常大。住房朝南可以使居民获得较高的满意度。户型小、租金低的住房使得居民的经济压力降低,也让他们容易感到满意。第五,社区环境改善对于提高居住满意度非常重要。居民对社区的卫生条件和休闲娱乐设施条件很重视。目前,居民对人才公租房的绿化、卫生、休闲、物业、噪声的评价都不够好。第六,创业氛围的营造、资源交流活动的举办对居住满意度有着显著的影响,创业氛围越浓、资源交流活动越丰富,居民就越容易感到满意。

根据研究结果可以看出,为了提升服务质量、提高居民居住体验,人才公租房社区应着重关注人才群体的各项需求。在社区环境方面,应该不断进行维护,适当增加绿化面积和品种;加强社区内的卫生管理,提高垃圾处理效率;提高物业的服务水平,注意社区内的安全巡视,保持社区楼道内整洁畅通;丰富社区内的休闲娱乐设施。研究显示，蒋村西溪人家为人才群体提供创业和工作服务的动力还不足。社区应继续向人才服务这方面倾斜，丰富活动种类，加强与外界的交流，带动社区内的资源交换，营造积极的创业和工作氛围。

  在国家创新驱动发展战略和科教兴国战略的指导下，人才的引进和培育是城市发展获得突破的重要一环。目前，很多城市建设了大量的人才公租房。通过本章研究，可以为人才公租房的建设提供相关政策建议。首先，人才公租房应坚持小户型、低租金。作为提供给人才群体的过渡性住房，控制户型对居民和政府双方都有利，这既减轻了居民的经济压力，又提高了住房资源的整合效率。外来人才流入的持续性增长导致其对城市住房的需求格外庞大，为了保证商品房市场秩序，控制住房面积大小非常重要。在杭州即将投入建设的人才专项租赁房项目中，明确指出要控制住房面积，强调要将80%的房源都控制在70平方米以内，这与本章的发现相符。其次，人才公租房要做好社区基础环境的建设，保障好居民的基本居住体验，增强居民对社区的归属感，建立居民对居住条件的自信。最后，人才公租房的建设要紧跟青年人才群体的发展诉求，不断提升人才服务职能。目前，市场上的商业性人才长租公寓在青年创业和工作的指导方面投入很大，但也面临一系列问题，如收费较高、设施维护敷衍、活动华而不实等。政府建设的人才公租房项目应汲取相关经验，在保证成本的同时，创造各种创业机会，使人才公租房既能提供高质量的住房保障，也可以为城市创新创业赋能。

第十一章 保障性住房的社会融合度评估

第一节 保障性住房与居住分异

近年来，我国城市居民贫富差距逐渐体现在居住空间的差异上，导致许多城市出现了严重居住分异的现象（冯健和周一星，2003）。城市居住分异的问题在保障房社区的表现尤为明显。出于统筹融资、平衡土地利益、提高基础设施投资效率、整合资源等方面的考虑，地方政府往往把保障房集中布置，甚至是在城市偏远地区形成大型保障房社区（郑思齐和张英杰，2010）。保障房的集中布置可能加剧低收入人口集聚、强化社会各阶层居住分异，也可能导致社会隔离和居民冲突，给居民带来不利的经济和社会后果。

保障性住房的集中布置并非我国独有的现象，欧美国家的保障房历史上也出现过相似情况。例如，20世纪60年代开始，美国的公共住房项目选择集中建设，使得大量低收入和少数族裔群体集聚在一起；20世纪80年代，英国政府把低收入等弱势群体安置在大型保障性社区。保障房集中布置所带来的邻里效应，造成低教育水平、低收入、高失业率、高犯罪率、社会冲突等严重社会问题，也正是这些问题的恶化推动了欧美国家住房政策的一系列改革。与欧美国家相比，我国的保障房建设历史较短，保障房社区的邻里效应问题尚未受到学术界的高度重视，但是，保障性住房所引发的社会问题在近年来已经逐渐凸显。政府耗费大量公共资金给中低收入群体提供保障性居住空间，最终目标是为居民提供好的生活质量。然而保障房社区邻里效应所引发的一系列负面问题，阻碍了人民对美好生活的向往。

尽管保障房社区会带来邻里效应是一个普遍性共识，但是针对保障房社区社会融合的理论和实证研究还很缺乏。科学研究的缺乏，导致社会对社会融合的认识依然模糊，而政府的政策响应也不甚清晰。要出台针对社会融合的政策，首要的工作是对邻里效应进行科学测度，并分析其影响因素和发生的机制。研究保障性住房的社会融合，需要从个人/家庭和社区层面收集数据，对其造成的后果进行系统分析，并利用科学的方法提高实证研究的可靠度。保障房社区对城市的空间、经济、社会结构都会产生很大影响。而且，保障房社区通常包括了多种类型的住房，入住群体不仅有城市低收入家庭，还包括失地农民、城市拆迁安置户、新毕业的大学生、蓝领工人等，需要我们深入了解各个群体的异质体验和需求。我国的政治和社会制度、发展阶段、民族构成、文化环境等都有自己的特点，应深入研究符合我国国情的邻里效应机制。

通过对社会融合度进行科学评估，可以从理论层面上理解住房保障目标从"建设数量"到"居住质量"的转变与实现人人"住有宜居"、满足人民对"美好生活的需要"之间的关系。并且，在实证检验和机制分析的基础上，提出相关政策建议，有助于改善保障房社区的规划与治理，提升保障房居民的居住质量和社会认同度，缓解社会冲突，健全符合国情的住房保障长效机制。

第二节 保障房社区社会融合的研究进展

二战后，欧美各国兴建了大量集中布置的公共住房，以解决当时的住房短缺问题。公共住房项目造成了贫困集聚，成为滋生犯罪和其他社会问题的温床。尽管 20 世纪 60 年代开始，美国就停止了大规模的公共住房建设，但进入 20 世纪 80 年代，已有公共住房所引发的社会隔离现象日益加剧，引起了学术界对贫困人口集聚所引发的社会经济后果的关注。

居民的社会融合度是邻里效应的一种。保障房社区的邻里效应意味着保障房的邻里空间对居民的价值观、行为方式、工作机会和发展机会等方面产生的影响。1987 年，美国社会学家 Wilson（2012）在《真正的穷人》（*The Truly Disadvantaged*）一书中首次提出了"邻里效应"的概念。根据其理论，邻里特征会对邻里内部居民的生活态度、社会行为和社会经济地位的提升造成负面的影响，甚至会遭到邻里外部群体的社会排斥。自此，邻里效应成为西方城市研究的经典问题，保障性住房社区也成为邻里效应的主要研究对象。在国外文献中，邻里效应与贫困集聚、居住分异、社会隔离、邻里污名化、混居政策、居住迁移、贫困的代际传递等研究议题紧密相关。邻里效应理论认为，贫困群体的集聚是一种贫困再生产机制，因为贫困邻里特征会使非正常的行为方式、价值取向和社会规范影响内部居民，社会将为此付出高昂代价。现有的研究认为，邻里效应的消极影响表现在邻里满意度、迁居行为、社会隔离、社会排斥、教育表现、工作机会、青少年成长、犯罪率、身体和心理健康等方面。

邻里效应也可能引发社区的社会隔离。社会隔离既表现在邻里内部群体之间，也表现在邻里内部群体和外部群体之间。在贫困邻里内部，因为生活环境恶化、社会资源的受限，内部群体的社会经济状态很难提升，形成了贫困文化，加重了群体内部的隔离（Ellis et al., 2012）。在这种情况下，邻里成员之间的信任程度较低，共同遵从的规范较弱，居民的邻里认同感不强。此外，贫困邻里会被污名化；因为社会给贫困邻里贴上贬低性的标签，由此，居民被社会边缘化，甚至遭到大众的排斥。邻里类型也会影响居民交往的频率和类型。如果贫困邻里居民的社会联系较少，社交网络被隔离，那么就无法改善其社交范围，减弱其社会流动（Delmelle et al., 2016）。

除了研究邻里效应对居民行为方式的影响，西方文献还对其造成的经济社会后果进行了广泛的实证研究。其中一个后果是对青少年表现的影响。根据群体社会化理论，同龄人之间的交往决定了个体的发展，个体通过认同同伴群体而达到社会化。Leventhal 和 Brooks-Gunn（2000）发现邻里特征对青少年的学业表现、辍学率、犯罪率有明显影响。贫困邻里社会资本的缺乏影响了青少年的选择，同侪影响、成年人的角色示范、家长拥有的社会资源较少等都可能对青少年的行为造成负面影响。另一个后果是对居民的就业机会的影响。邻里环境还会通过社会网络的质量、类型和规模对居民的就业结果产生影响。已有的研究发现，基于邻里的劳动力市场社会网络对低收入家庭尤其重要（van Ham and Manley, 2010）。

国外文献对邻里效应的作用机制也做了较为系统的研究。学者根据机制的形成类型，把其分成内生机制、外生机制和相关机制。贫困邻里的同侪影响，就属于内生机制（Galster, 2012）；贫困邻里被污名化，属于外生机制；社会交往的影响，则属于相关机制。其他学者也对邻里效应的机制做了不同的分类，如机构资源、集体功效、社会规范、环境、制度等（Miltenburg, 2015）。

西方学界对邻里效应的学术研究实质性地影响了住房政策的制定。为缓解贫困集聚所造成的邻里效应负作用，西方国家主要采用两种政策响应，即混合居住和邻里复兴。混合居住即通过不同收入居民的混合居住来实现社会融合。例如，美国在 1974 年开始的 Section 8 计划，通过为低收入群体提供住房优惠券，实现贫困分散；1994 年开始的迁移获取机会（move to opportunities，MTO）计划，鼓励低收入家庭搬离贫困邻里（施瓦兹，2012）。邻里复兴策略即改善贫困邻里的居住环境。例如，美国 1992 年开始实施的 Hope Ⅵ计划，通过改建高质量的住房改善破败和贫困的邻里；英国实施的 ABIs（area-based initiatives）计划，也是通过邻里项目的改建来振兴社区。这些策略的实施，反映了西方邻里效应的研究成果对住房政策的重大调整起了重要的推动作用。

我国保障房建设的历史不长，但是，很多国内学者敏锐地指出了保障房的集中布置可能引发不利的社会经济后果。国内文献对西方相关研究进展做了很系统的综述，例如，罗力群（2007）对欧美邻里效应的研究进行了系统评述，孙斌栋和刘学良（2009）对欧美城市贫困集中问题进行了研究评述，刘晔等（2009）对与欧美城市社会分化问题相关的社会和空间政策进行了评述，徐琴（2008）对国外住房政策与社会融合问题进行了综述，李志刚等（2007）对美国混合居住的理论和政策进行了评述。这些评述向我国保障房政策的制定和实施提出了很多建议，引发了很多有益的讨论。

我国学者关于邻里效应的实证研究主要始于对城市内空间分异问题的关注。基于对广州、北京、上海等大城市的空间分异所做的一系列实证研究，学者认为中国许多城市已经形成明显的贫富阶层空间分异，指出空间分异可能造成居住隔离和空间剥夺等负面的社会经济效应。但是，早期有关空间分异的实证研究大多针对城市低收入人口集聚区，如城市老公房、棚户区，以及外来人口居住区等。随着我国保障房社区的陆续建成，针对保障房邻里效应的实证研究逐渐多起来。例如，陈宏胜等（2015b）通过研究广州保障房对周边社区的影响，发现保障房居民和周边社区居民缺乏人际交往，社会融合度较低；孙瑜康和袁媛（2014）以广州为例，分析了邻里社会经济特征对青少年教育与成长的影响；张京祥和李阿萌（2013）以南京为例，发现保障房社区对城市社会空间的演化会产生正、负两方面的效应。

针对保障房议题的研究，我国许多学者做了很多持续的研究工作，但大部分是针对保障房制度、融资、规划、建设、分配等问题。目前，国内文献对保障房实施效果的评价主要从宏观经济角度展开，从社会空间角度展开的研究还较缺乏。现有的研究主要是针对保障房的空间选址问题、公共设施供给机制优化、对空间布局的问题和治理的理论探讨，以及对区域人口发展的影响等。要理解大型保障房对社会、经济、空间的影响，须对其开展系统的微观实证研究，并以此为基础总结出邻里效应的发生机制，以便提出更具针对性的政策建议。

针对贫困集聚区的邻里效应和社会融合的研究，对欧美国家的住房政策转型起到了关键的推动作用。学者认识到我国保障房邻里效应可能给居民的生活、经济和社会状况带来不利影响，并且已经开始尝试利用科学方法进行实证研究。尽管西方邻里效应的研究已经取得了丰富的成果，但西方的研究成果无法直接用于我国。主要的原因有，欧美邻里效应的研究假设是建立在自由市场背景下，而且在混合居住政策的激励下，居民的迁移率较高；而在我国，住房市场由政府和市场因素共同推动，低收入居民的住房选择较少，往往只能在一个城市内的若干个大型保障房社区中选择。另外，我国的政治制度、经济发展阶段、文化习俗、族裔关系、住房政策的发展程度等因素，也与西方国家均有许多不同，故需在实地调研的基础上，对中国情境下的保障房邻里效应和社会融合情况进行科学测度，分析其影响因素，并总结其发生机制。

第三节 保障性住房社会融合度的研究路径

开展保障性住房社会融合度的研究，要对保障房居民群体之间的社会隔离情况进行测度，然后研究其影响因素，进一步分析邻里效应是否对保障房居民社会经济地位的提升产生不利影响。在上述研究的基础上，进一步分析何种机制导致了邻里效应和社会隔离现象的发生。

保障房的集中布置加剧了城市居住分异，造成了社区中不同群体的居住隔离，进而引发了社会冲突，妨碍社会融合。邻里融合程度反映了邻里成员之间的相互信任程度和共同遵从规范的程度，是邻里存在状态和邻里效应的直观表现。要研究社会融合度，需要研究保障房社区邻里内部群体之间、邻里内部与外部群体之间的社会融合度，并分析其影响因素。例如，大型保障房社区一般采用"大混居、小聚居"的模式。在邻里层面，有相似支付能力的社会群体保持一定的集聚程度。低收入人口集聚的邻里会减弱居民的邻里认同感，并对居民的生活态度和社会行为产生消极的影响，导致邻里内部群体之间产生隔阂。实证研究中，将从多维度获得邻里内部群体之间的交往频率和类型（如熟人数量、能相互交谈的人数、可交流工作信息和生活信息的人数、可信任的人数等），通过因子分析降维后，得到内部融合度指数（交往频率和交往质量越高，则隔离程度越低，融合度指数越高），并作为回归分析的因变量；控制变量包括个人/家庭特征、住房特征、邻里内部特征、保障房类型等，构建多元回归模型分析影响邻里内部群体之间社会融合度的影响因素。

研究邻里内部与外部群体之间的社会融合度，可以通过分析保障房群体与周边商品房群体之间的融合状况。保障房作为低收入人口集聚的空间，可能会遭到污名化而被社会排斥，造成严重的社会隔离。实证研究中，在多个维度（如社会交往、社区互动、社区评价等）对保障房和周边商品房邻里的居民进行问卷调研，通过因子分析降维，得到保障房邻里内部与外部群体之间的社会融合度，并作为回归分析的因变量；控制变量包括个人/家庭特征、邻里内部特征和外部特征、邻里外部公共设施等，以此来分析保障房邻里内部与外部群体之间社会融合度的影响因素。

针对这个研究问题，我们可以提出一些研究假设。例如：保障房邻里内部物质特征和社会特征指标越好，邻里内部群体之间的社会融合度就越好；保障房类型不同，将显著影响邻里内部群体之间的社会融合度；保障房邻里内部特征和社会特征指标越好，内部群体与外部群体之间的社会融合度就越好；保障房邻里外部公共设施指标越好，内部群体与外部群体之间的社会融合度就越好。

  保障房社区邻里效应也会对居住群体产生社会经济方面的影响。保障房集中布置造成的低收入人口集聚，不仅可能引发社会隔离，而且可能给居民的社会经济地位的提升带来不利影响，包括居民的就业、教育、健康、犯罪率等方面。我国大型保障房社区大多位于城市偏远地区，有低收入邻里的居民难以克服远距离获取就业信息的困难，所以在找工作时更倾向于非正式的邻里网络。由于低收入人口集聚，低收入邻里的社会网络极受限制，这给为居民提供就业信息、扩展就业机会带来困难。所以，低收入邻里可能对就业结果产生负面影响。此外，邻里效应也对青少年的教育与成长产生负面影响。因为同辈群体的行为传播，父母缺乏社会资本、成年人的角色示范、援助机构的缺失、缺少与高教育水平人群的互动，影响了青少年的发展，表现为学业表现较差、犯罪率提高等，进而加剧了低收入的代际传递。在消除邻里的负效应上，混合居住是最常见的一种策略。近年来，我国许多城市通过配建等方式也做了混合居住的尝试，可以比较低收入人口集中与混合居住对居民造成的不同影响。通过对比，可以分析低收入人口集聚的邻里效应是否不利于居民社会经济地位的提升。

  在对邻里效应进行实证研究的基础上，可以进一步分析邻里效应的发生机制。机制分析属于中观研究，向下连接基于一手材料的经验研究，向上可形成一般理论（于真，1989）。对邻里效应进行机制分析有多重目标，包括更好地解释邻里效应产生的动因与社会过程，即理解邻里效应何以发生、以何种方式发生（贺雪峰，2016）；帮助政府做出更具针对性的政策响应，完善保障房的规划和治理，减缓邻里效应的负面作用；以及构建符合国情的住房保障理论，用以指导保障房规划、建设和治理的实践。

  在机制研究方面，可以从社会互动机制、社会服务机制、地理与环境机制、制度机制等方面展开分析。社会互动机制是指保障房邻里内部群体之间、邻里内部与外部群体之间的社会互动如何对居民的行为产生影响，如同侪效应、角色示范、社会网络固化等。社会服务机制是指保障房邻里内外部所提供的服务如何影响居民的生活质量和发展机会。地理与环境机制是指保障房的地理区位和空间环境如何影响居民的社会形象（如被污名化）和邻里归属感。制度机制是指现有的各种制度（如拆迁安置制度）如何强化了邻里效应的负面作用。这些机制中，有的是内生的（如邻里内部的相互影响），有的是外生的（如外部社会对邻里的影响）。此外，还可以通过质性研究的方法，对保障房居民、社区管理人员、政府官员等群体进行深度访谈，总结出符合中国国情的邻里效应发生机制。

第四节 案例背景和研究设计

本节研究以合肥蓝领公寓公租房项目为例,目的是分析社区居民内部的社会融合度及其影响因素。合肥蓝领公寓项目是合肥市建成最早、政府投资规模最大的公租房项目,居民多为外地务工人员或附近企业职工。受新冠疫情的影响,本次调研访谈包括线上、线下的问卷调查和实地深度访谈,采访对象包括社区管理工作人员、物业及普通居民等[①]。课题组在蓝领公寓小区发放线上问卷200份,线下问卷15份,问卷有效率为94.42%,获得203个样本。研究方法以因子分析和线性回归分析等定量手段为主,以质性研究为辅。在社会融合的测度方面,主要采用因子分析方法。首先,根据公租房社区社会融合的研究需要,构建因子分析指标库,采用方差最大正交旋转(varimax)方法获得社会融合各个维度的评估值(李斌,2002)。然后,通过方差贡献率加权计算出社会融合度。在社会融合影响因素的探究方面,主要采用线性回归分析方法,以上一步因子分析所得的社会融合度作为因变量,以个人因素、社区因素、结构因素作为自变量,并结合半结构访谈结果,探究社区社会融合的影响机制。

我们对社区居民的基本情况进行了分析(表11.1)。从该表可知,租户居民主要是外地户籍,达92.1%,其中,外地农业户口占52.2%。在居住时间上,租户社区居民居住不超过2年的比例较高,达84.7%。在年龄和婚姻方面,社区35岁以下的年轻居民占大多数,比例高达90.1%;未婚青年占89.7%。在教育上,社区中大专或本科学历的居民占43.8%。在个人的平均月收入上,67%的社区居民的平均月收入在3000(含)~5000元。在居住人数和居住面积方面,社区户型以40~60平方米为主,每户住2人的占84.2%。

表11.1 社区居民的基本情况

变量	类别	样本量	样本比例
居住时间	1年以下	77	37.9%
	1~2年	95	46.8%
	2~3年	23	11.3%
	3~4年	6	3.0%
	5年及以上	2	1.0%

---

① 本次调查的时间为2020年7月到9月,由浙江大学公共管理学院博士生陈紫微主持。

续表

变量	类别	样本量	样本比例
性别	男	102	50.2%
	女	101	49.8%
年龄	25岁以下	50	24.6%
	25~35岁	133	65.5%
	36~45岁	16	7.9%
	46~55岁	2	1.0%
	55岁以上	2	1.0%
户籍	本市城镇户口	9	4.4%
	本市农业户口	7	3.4%
	外地城镇户口	81	39.9%
	外地农业户口	106	52.2%
婚姻	未婚	182	89.7%
	已婚（有配偶）	15	7.4%
	丧偶	2	1.0%
	离婚	4	2.0%
教育	小学及以下	14	6.9%
	初中	18	8.9%
	高中或中专	79	38.9%
	大专或本科	89	43.8%
	研究生及以上	3	1.5%
工作	就业	200	98.5%
	无业	3	1.5%
平均月收入	<3 000元	15	7.4%
	3 000（含）~5 000元	136	67.0%
	5 000（含）~8 000元	52	25.6%
	8 000（含）~10 000元	0	0.0%
	≥10 000元	0	0.0%
居住人数	1人	18	8.9%
	2人	171	84.2%
	3人	8	3.9%
	4人	6	3.0%
	5人及以上	0	0.0%
居住面积	40平方米以下	32	15.8%
	40~60平方米	171	84.2%
	60~90平方米	0	0.0%
	90~100平方米	0	0.0%
	100平方米以上	0	0.0%

第五节 社会融合度及其影响因素

"社会融合"是一个多维度的双向概念。为了系统地探究蓝领公寓社区的社会融合状况,首先采用因子分析方法,对社区的社会融合度进行测量,将社会融合转变为可以计算的数值,然后通过线性回归分析方法,探究社区的社会融合的影响因素和影响机制。

一、居民社会融合测量

本章的因子分析指标库由"人际交往、朋友数量、邻里互助、邻里信任、社区参与、社区满意度、环境评价、方言和风俗、地方归属感、迁移意愿"等 10 个方面的变量组成。通过方差最大正交旋转方法,得到特征根大于 1 的 3 个公因子(表 11.2)。

表 11.2 社区社会融合测量

变量	F1 因子载荷	F2 因子载荷	F3 因子载荷	共同度
主动与本社区居民交往情况	0.910	0.043	−0.056	0.832
在本社区拥有的朋友数量	0.838	0.028	−0.043	0.705
遇到困难时邻里互助情况	0.774	0.219	0.153	0.671
对本社区居民的信任情况	0.839	−0.022	0.021	0.705
参与社区事务管理和工作	0.165	0.772	0.182	0.656
社区满意度	−0.172	0.839	0.170	0.763
环境评价	0.207	0.879	−0.020	0.815
适应当地方言和风俗习惯	0.111	−0.033	0.670	0.463
社区归属感	−0.201	0.177	0.884	0.852
长期居住意愿	0.075	0.232	0.854	0.790
因子命名	行为交往融合	物质环境融合	文化心理融合	
特征值	2.991	2.210	2.052	
方差贡献率	29.909%	22.097%	20.518%	
累计方差贡献率	29.909%	52.006%	72.525%	

在模型的检验上,KMO 检验值为 0.658,接近 0.7,表明模型分析的效果较好;Bartlett 球形检验统计量的 Sig.值<0.001,由此认为各变量之间存在显著的相关性。因此,因子分析的适用性检验通过。

从表 11.2 可知，3 个因子的累计方差贡献率为 72.525%，除"适应当地方言和风俗习惯"为 0.463 外，其余所有指标的共同度（communalities）都在 0.6 以上，因而所得三个公因子对各指标的解释能力较强。

在因子命名上，第一个公因子 F1 在"主动与本社区居民交往情况""在本社区拥有的朋友数量""遇到困难时邻里互助情况""对本社区居民的信任情况"上载荷较大，分别为 0.910、0.838、0.774 和 0.839，4 个变量均是关于邻里之间的人际交往情况，故定义为"行为交往融合"因子。第二个公因子 F2 在"参与社区事务管理和工作""社区满意度""环境评价"上载荷较大，分别为 0.772、0.839 和 0.879，3 个变量主要是反映居民在社区环境的融合情况，故定义为"物质环境融合"因子。第三个公因子 F3 在"适应当地方言和风俗习惯""社区归属感""长期居住意愿"上载荷较大，分别为 0.670、0.884 和 0.854，3 个变量主要是反映居民文化和心理方面的融合，故定义为"文化心理融合"因子。

经过因子分析后，可以得到每个研究样本在行为交往融合（F1）、物质环境融合（F2）、文化心理融合（F3）三个维度上的得分。将其转换为相应的 0~100 之间的数值[①]，然后按各因子对应的方差贡献率（K1、K2、K3）加权计算社区社会融合度[②]（表11.3）。从表 11.3 可知，租户社区居民的社会融合度总体水平较低（46.84），且其他 3 个维度的测度值差别较大。其中，"行为交往融合"最高，是 54.31；"文化心理融合"次之，是 43.79；"物质环境融合"最低，为 39.57。

表 11.3　社会融合测度值

融合维度	均值	标准差	最小值	最大值
行为交往融合 F1	54.31	20.69	0.00	100.00
物质环境融合 F2	39.57	16.91	0.00	100.00
文化心理融合 F3	43.79	17.21	0.00	100.00
社会融合度	46.84	11.09	20.44	86.72

从所得结果来看，居民在行为交往方面的表现相对较好，这可能是由于该社区内住房大多被企业承租给员工当集体宿舍。尽管如此，居民对当地文化的适应和心理上的自我认同仍相对较低。而在物质环境方面，蓝领公寓社区的居民更明显表达了不太满意和融入度较低的情况。总体上，该保障性住房内部的社会融合较弱。

[①] 因子分析结果标准化处理为 0~100 的数值，计算公式为：[(原始数值−原始数值最小值)×100]/(原始数值最大值−原始数值最小值)。

[②] 社会融合综合测度方法如下：SI1=[K1/(K1+K2+K3)]×F1+[K2/(K1+K2+K3)]×F2+[K3/(K1+K2+K3)]×F3 ≈0.412F1+0.305F2+0.283F3。

二、社会融合度的影响因素

社会融合的影响机制探究是以行为交往融合、物质环境融合、文化心理融合和社会融合度为因变量,以个人因素(居住时间、性别、年龄、婚姻、教育、工作、收入、生活水平)、结构因素(户籍)、社区因素(居住人数、居住面积、社区基层服务与治理、社区公共空间、周边公共基础设施)等作为自变量,进行线性回归分析(表11.4)。根据回归结果,我们进行如下分析。

表11.4 社会融合的影响因素回归结果

变量	行为交往融合 回归系数	t值	物质环境融合 回归系数	t值	文化心理融合 回归系数	t值	社会融合度 回归系数	t值
常数项	0.000**	−2.289	0.000	−0.765	0.000	0.209	0.000*	−2.040
居住时间	−0.136**	−1.982	−0.124	−1.546	−0.082	−1.038	−0.200***	−3.036
性别	0.063	1.088	−0.048	−0.712	0.070	1.041	0.053	0.951
年龄	0.193**	2.339	−0.087	−0.902	0.169*	1.781	0.172**	2.179
户籍	0.353***	5.508	0.273***	3.649	0.044	0.593	0.411***	6.690
婚姻	−0.170**	−2.535	0.059	0.750	0.073	0.951	−0.053	−0.832
教育	−0.055	−0.665	−0.129	−1.347	0.378***	3.996	0.077	0.980
工作	0.006	0.071	0.056	0.612	−0.102	−1.121	−0.016	−0.213
收入	0.271***	3.367	0.059	0.629	−0.312***	−3.353	0.071	0.919
生活水平	−0.090	−1.428	−0.078	−1.059	−0.089	−1.221	−0.147**	−2.424
居住人数	−0.236***	−3.643	−0.081	−1.072	−0.073	−0.981	−0.243***	−3.918
居住面积	0.110	1.595	0.027	0.342	−0.041	−0.522	0.072	1.083
社区基层服务与治理	0.165**	2.083	−0.136	−1.479	−0.018	−0.203	0.036	0.473
社区公共空间	−0.171	−1.075	0.343*	1.850	0.068	0.370	0.091	0.597
周边公共基础设施	0.081	0.535	−0.055	−0.311	0.113	0.648	0.083	0.572
R	0.630		0.423		0.444		0.666	
R^2	0.397		0.179		0.197		0.444	
调整后R^2	0.352		0.118		0.138		0.402	
标准估算的错误	0.805		0.939		0.929		0.453	
显著性	0.000		0.000		0.000		0.000	
样本数	203		203		203		203	

*、**、***分别代表0.1、0.05、0.01显著水平上显著(双尾检定)

第一,对于社区的社会融合度而言,居住时间、年龄、户籍、生活水平和居住人数等指标具有较强的统计意义,表明这些指标是决定租户社区居民社会融合状况最为重要的因素。其中,"户籍"对社会融合状况影响最大(0.411)。我们对社区管理人员进行了访谈,管理人员认为"这个小区住的大多都是外地务工的人,很多还都是农村户口"。这也说明，当社区居民以外地务工人员为主时，社区居民的社会融合情况较高，而少数的本地人不太愿意住在该保障房内，更可能搬离社区。"年龄"（0.172）对社区居民的社会融合也有正向影响，说明年龄越大，居民的社会融合越好。

在变量中，"居住时间"（-0.200）、"生活水平"（-0.147）、"居住人数"（-0.243）的指标系数为负，说明其对社区居民的社会融合有负向影响。对于居住时间来说，居民在保障房内生活的时间越久，对小区的不满和厌恶越深，便越想要尽快离开这个小区；而新搬进来的青年务工人员，由于对当地事物的新鲜感和积极乐观等情绪，反而表现出了较高的社会融合度。对于生活水平来说，居民认为生活水平有所改善、提高后，更有可能搬离该社区；而生活条件暂时不满足在外租房或买房的居民，则会安于当下居住的社区环境，并且更积极地融入社区内部。对于居住人数而言，共同居住的人数越多，社区居民的社会融合度越低。一位居民对我们说："我们的一间屋子只有 40 多平方米，却挤了四个人，条件有些差"。

第二，租户社区居民社会融合的三个维度中，"居住时间"（-0.136）、"年龄"（0.193）、"户籍"（0.353）、"婚姻"（-0.170）、"收入"（0.271）、"居住人数"（-0.236）、"社区基层服务与治理"（0.165）对"行为交往融合"影响显著。可见，居住时间较短的居民在租户社区内的交友往来较广；年龄较大的居民在社区内更乐于交流；外地户籍的居民在社区内与邻里互动较多；单身居民更倾向于结交邻里朋友；收入较高的居民在社区内交往较频繁；而在共同居住人数较多的情况下，社区内的邻里互动反而减少；对社区的居委会、物业等基层服务与治理评价较高的居民，在社区内的行为交往融合表现较好，会更积极地参与社区的事务管理和工作。此外，"户籍"（0.273）和"社区公共空间"（0.343）对"物质环境融合"影响显著。这说明，外地务工人员对该小区的物质条件较为满意，内部环境融入情况较好；而对社区的公共空间评价较高的居民，物质环境融合度也较高。另外，"年龄"（0.169）、"教育"（0.378）、"收入"（-0.312）对"文化心理融合"影响显著。这反映出年龄较大的居民对社区的依恋度更高；教育程度越高的居民，心理上的适应和容纳程度越强；收入较低的居民对当前居住和生活状况的满意度较高，情感融合较好。

第六节　保障性住房社会融合度研究总结

近年来，国家越来越重视保障性租赁住房的发展。2021 年 6 月，国务院办

第十一章 保障性住房的社会融合度评估

公厅印发了《关于加快发展保障性租赁住房的意见》，为我国保障性租赁住房的发展指明了方向。目前，公租房已经成为保障性租赁住房体系中的一个重要组成部分。国家明确提出要加大对新就业无房职工、城镇稳定就业外来务工人员的保障力度，增加集体宿舍形式的公租房供应，面向用工单位或园区就业人员出租。在这个背景下，对公租房居民的社会融合度进行评估，是进一步完善相关政策的基础性工作。

本章以合肥市蓝领公寓公租房社区为案例，通过现场和线上、线下问卷调研，对居民的社会融合状况及其影响机制进行了研究。研究发现，该社区居民的社会融合可以分为"行为交往融合"、"物质环境融合"和"文化心理融合"三个维度。总体上看，该社区的社会融合度偏低（46.84）。在三个维度中，"行为交往融合"最高（54.31），"文化心理融合"（43.79）次之，"物质环境融合"（39.57）最低。可见，在以用工单位或园区就业员工为主的租户社区内，尽管居民之间的互动较多，因工作等原因而产生的交往较频繁，但居民在心理上的情感融入和物质上的环境适应实际相对较低。在影响因素方面，个人和家庭社会经济特征、社区特征、结构因素等具有显著影响，其中"居住时间""年龄""户籍""婚姻""收入""居住人数""社区基层服务与治理"对"行为交往融合"影响显著；"户籍"和"社区公共空间"对"物质环境融合"影响显著；而"文化心理融合"则受居民的"年龄""教育""收入"的影响显著。

公租房为住房困难的居民等提供基本的住房保障。但是，居民对社区环境、社区生活和发展还有更高的诉求。目前，我国公租房的相关政策主要集中在建设和运营上，但对公租房尤其是租户社区的规划布局、设计和质量的把控等还有一些不足，特别是对社区融合度的关注还不足。在未来，除了要加快公租房的建设，还应进一步完善社区治理的相关政策。在公租房社区内，首先应重点优化社区公共空间，丰富居民除了工作以外可以交流、互动的场所，为居民更好地融入环境和人际交往创造条件，提升社区共同体意识和凝聚力，增强居民的认同感。其次，社区应完善居委会和物业等基层服务水平与治理能力，提高居民居住的满意度。总之，保障性住房除了关注住房建设，还要关注社区共同体建设和情感建设，增强居民的获得感、幸福感和安全感。

我国在政治、文化、经济、住房政策历史等方面均有其特殊性，需要总结符合国情的保障房社区邻里效应发生机制。本章从微观层面对保障性住房的社会融合情况进行研究，有助于发展保障性住房邻里效应的评价体系，了解邻里效应的真实现状，辨析影响邻里效应的关键性因素，以便有针对性地完善保障房的规划、建设和治理。并且，本章有助于制定缓解大型保障房社区邻里效应负面作用的具体策略，促使住房保障目标由"住有所居"到"住有宜居"转变，为健全符合国情的住房保障长效机制提供系统性的对策建议。

第十二章 走向更高质量的保障性住房政策

第一节 保障性住房政策的十大转变趋势

一、从"住有所居"到"住有宜居"

自改革开放以来，我国在改善人民居住条件方面取得了历史性的成就。表现为住房供给迅速增加，居民的居住条件大为改善。目前，城镇居民人均住房建筑面积已经超过40平方米，而在1978年的时候，这个数字仅为6.7平方米。住房条件的大幅改善，离不开住房保障的巨大贡献。近年来，国家不断完善住房保障制度，加快推进保障性安居工程，累计建设各类保障性住房和棚改安置房8000多万套，近2200万名困难群众领取公租房租赁补贴，共解决了2亿多名群众的住房困难。特别是党的十八大以来，保障性住房建设稳步推进，住房保障体系不断完善，住房保障能力持续增强，帮助越来越多的百姓圆了安居梦，为促进实现"全体人民住有所居"的目标发挥了重要作用。中央政府的目标是将全国城镇保障性住房覆盖率提升至20%，基本实现城镇低收入家庭"应保尽保"。

但是，"住有所居"只是保障性住房政策的初期目标。对于居民来说，住房不仅是一个栖身之所，同时也是工作机会、社会交往机会、教育机会以及各种公共服务的承载空间。可以说，国内外保障性住房政策的最大转向就是从扩大保障性住房供给数量转到提高居住质量的方向上来。以美国为例，在其1949年的《全国住房法》中就指出，要为居民提供一个在适当的生活环境中体面的家。在这里，所强调的因素超越了住房本身，延伸到了其周边的"适当的生活环境"。在1992年，美国联邦政府确立了城市复兴示范计划，即Hope Ⅵ的前身。Hope Ⅵ主要关注用低密度的开发模式代替原来高密度的公共住房项目，以减少贫困集聚，促进混合居住，形成包容性社区，实现社会融合（Popkin et al., 2004）。这是住房短缺问题解决之后，全球各国住房政策变化的基本趋势。

在我国，政府也从关注住房供应的数量，转换到注重住房质量和居住环境的改善，并将其与社区更新、社区发展和社会融合等目标结合起来。例如，我国鼓励住房配建计划、老旧小区改造计划、未来社区建设计划等，都说明我国政府越来越重视住房保障的质量。我国依靠国家、社会、单位、个人多方合作，逐渐形成了一个以"多主体供给、多渠道保障、租购并举"为特征的住房制度，最终就是要达成"住有宜居"的住房目标。

二、从"集中布置"到"混合居住"

对于保障性住房的空间布局问题，学术界存在这样一种争议：保障性住房在空间上是应该集中布置还是分散建设？在我国保障性住房政策刚起步的时候，地方政府为了控制成本，提高基础设施的投资效率，往往采用集中建设的方式。例如，在北京的总规模约2600万平方米的经济适用房，集中布置在52个经济适用房项目中。在2010年左右，南京市建设了4个超大型保障性住房社区，单个社区建筑面积达到了200万到300万平方米。可以说，大规模集中建设是以前中国保障性住房空间布局的重要特征。

保障性住房的集中建设带来很多社会问题，包括社会弱势群体空间集中，产生低收入人口集聚和社会隔离现象。例如，法国在20世纪50年代集中建设了许多高密度的社会住宅，其后来逐渐成为贫困群体的集聚地。这个现象被认为是2006年巴黎大骚乱的主要原因（邓宏乾等，2015）。美国在20世纪30年代开始建设的公共住房，后来很多也沦为贫民窟（Carter et al., 1998）。总之，集中布置的保障房社区成为低收入人口的集聚地，保障社区被污名化，存在着严重的社会排斥现象。

面对保障性住房集中布置带来的弊端，欧美国家开始推行混居政策。1846年，伊尔福德的《城镇规划书》中最早提出了混合居住的思想（虞晓芬等，2018）。法国在20世纪90年代在城市范围内重新布局社会住宅，通过社会混合来缓解居住隔离现象（赵明和合雷尔，2008）。美国在促进混合居住方面采取了很多措施。1974年《住房与社区发展法案》提出，将减少地理上的贫困集聚作为美国住房政策的一个目标，要求相关管理机构保障公共住房的住户的家庭收入和族裔多样化；通过以 Section 8 计划和 MTO 计划为代表的政策，对贫困空间进行分散，并把公共住房混合居住放在优先的地位，以减缓贫困集聚（Comey et al., 2012）。

另外一个促进混合居住的措施是包容性分区规划。因为开发项目必须通过规划部门的审批，所以，地方政府可能通过规划手段来实现保障性住房政策的目标（Popkin et al., 2006）。土地利用规划将决定保障性住房的供给数量和结构，包括区位、成本等，可以推进保障性住房的供应数量和结构的优化。美国的《住房与社区发展法案》，要求普通住房项目预留一部分土地来开发可支付性住房。英国通过《住房法》中规划配建的方式推行社会住房和普通商品住房的混合，有60%的开发区域的土地规划设定了可支付性住房的开发比例。2002年，西班牙通过的《加泰罗尼亚土地使用法案》，也要求在城市更新项目中提供20%的保障性住房（曾辉和虞晓芬，2016）。包容性分区规划提供了一种与市场机制相结合的方案，既增加了保障性住房的供应，又减少了财政支出。这种策略一方面体现了对住房相关的机会平等性的关注，另一方面也抑制了城市的无序蔓延。

与集中建设相比较，混合居住可以加强社会交往，促进社会融合，增加公平机会，提高社区的健康和教育水平，创造和积累财富。不过，虽然混合居住模式可以提高公共住房的质量和公共服务水平，但也可能对困难家庭产生排斥效应。通过不同收入阶层的混合居住帮助低收入群体获得更多的就业机会，更容易发生在差距不大的群体之间（孙斌栋和刘学良，2010）。总之，混合居住的策略在很大程度上改善了保障性住房社区的居住环境，提高了居住质量。更重要的是，混合居住策略给中低收入者提供了更公平的公共设施、教育机会和就业机会，减少了对保障房社区的污名化。总之，混合居住成为近年来许多国家应对社会排斥和促进城市复兴的重要措施，对社会融合起到了积极的推动作用。

三、从"政府包办"到"多方合作"

为中低收入家庭提供住房保障是政府的基本职责，所以，政府在保障性住房提供方面应该起到主导作用。在早期，政府既提供土地，又负责建设的资金和后期的运营治理，采用的是一种"政府包办"的方式。由于财政资源和专业能力的限制，政府越来越多地寻求"多元合作"的解决办法，特别是鼓励企业等社会力量参与保障性住房的投资、建设、运营和管理。

"多方合作"是国外很多国家发展保障性住房的成熟方法。例如，美国采用了很多税收优惠措施，引入私人资本来建设保障性住房。政府选择强制或鼓励的方式来要求开发商提供保障性住房。激励或补偿的机制中，最常用的手段是容积率奖励，开发商可以在同样面积的土地上建设更多的住房（刘志林等，2016）。在英国，政府积极鼓励非营利机构（如培养社会住房组织）来发展社会住房。

鼓励社会力量参与保障性住房建设，主要体现在融资方面。越来越多的项目从政府投资转向社会融资。最具代表性的方式是PPP模式，这是一种公共部门与私营机构通过合作来提供公共产品或服务的模式。广义上的PPP指公共部门与私营机构为提供公共产品或者服务而建立的各种合作关系（张涛涛等，2014）。由于我国过去保障房的建设大多依靠政府财政拨款，资金缺口巨大。通过PPP模式，企业可以为保障性项目提供资本金，并利用其在融资、管理、技术等方面的经验，帮助政府提高保障性住房项目的绩效、分担项目的各种风险。总之，如果保障性住房的投资和管理完全由政府负责，地方政府可能在资金和专业能力上会不堪重负，也会降低他们的积极性。很多地方政府已经建立了社会力量参与保障性住房建设的激励和规范机制，依靠规划、土地管制、金融、税收等方式激励各种社会力量，鼓励"多元合作"，解决了资金和技术方面的瓶颈问题。

四、从"重视建设"到"重视运营"

在过去几十年，我国投入了大量的资源用于保障性住房的建设。等居民入住保障性住房之后，这些社区的运营问题逐渐浮出水面。对于地方政府来说，保障性住房资产的增值保值是一项严峻的任务。由于地方政府的资产管理意识不强、优化资产管理手段落后，保障性住房资产存在严重的资产流失和闲置，公共投资效率低下。所以，学术界呼吁保障性住房工作应该从建设环节转向建后管理，通过科学的资产管理方法来提升资源配置效率（虞晓芬等，2018）。

保障性住房是一项寿命很长的资产，其后期的管理和运营，需要政府长期的资源投入。在很多国家的保障性住房，包括美国的公共住房项目，都面临着公共住房维护不足的问题。因为住房的运营成本来自租户缴纳的租金和政府的财政补贴，存在巨大的资金缺口。保障性住房的逐渐老化、损毁，影响了住房保障的效果，降低了公共资源的配置效率（曾辉和虞晓芬，2013）。为了提高保障性住房的运营管理水平，很多政府建立了可持续的运营机制，提升了保障性住房资源的有效利用和增值保值，除此之外，还需要对很多社会问题进行有效治理。

很多城市都设有专门的政府部门或机构负责保障性住房的管理。保障性住房的管理是一个复杂的过程，涉及财政、金融、税务、土地、规划等许多政府部门。一些城市专门设立了各种决策协调机构，负责协调各方意见和编制管理计划等。例如，在浙江开展的未来社区方案中，除了社区常规的物业管理公司，有的还设立了专门的运营公司，通过运营来挖掘现金流空间，实现保障性住房社区管理和项目更新过程中的财务平衡。

五、从"供给方补贴"到"需求方补贴"

目前，我国的保障性住房以直接或间接的供给方补贴为主。从安居工程起，我国的经济适用房、公租房、廉租房、蓝领公寓等项目都属于供给方补贴。供给方补贴是住房短缺期间的有效方法，可以在短期内解决住房短缺问题，而且可以通过住房投资来拉动经济增长、促进就业。但是，供给方补贴耗资巨大，给地方财政造成了巨大的负担。而且，这种方式限制了低收入家庭的住房选择，造成了长距离通勤等巨大弊端。

从国际规律来看，随着一个国家的住房短缺的现象减缓，政府就会逐渐开启需求方补贴的政策设计。目前，我国的人均住房面积大为改善，很多城市已经走过了住房短缺的阶段。如果政府还通过供给方补贴来提供保障性住房，不仅加大了地方政府的财政负担，导致公共投资效率下降，政府还要后续投入大量的人力和财力用于住房的维护和管理。面对这种情况，采用间接补贴住房的供应，例如利用税收、贷款利率优惠等方式，可以有效地激励私营企业和非营利部门参与住房的建设和供应。

需求方补贴的方式发挥了市场机制在住房资源配置方面的作用，也有利于实现社会公平。体现为需求方补贴可以减少低收入人口集聚和社会隔离的情况。市场机制的有效发挥，对提高住房质量具有促进作用。虽然需求方补贴的效率比供给方补贴的效率高，但是，也不能忽略供给方的补贴方式。不能依靠一种补贴方式解决保障性住房的问题，而是要采用多种补贴手段，结合需求方和供应方补贴。根据不同对象，采用更加灵活的补贴方式。供给方补贴可以减少住房短缺，需求方补贴可以增加选择自由。两种方式的结合，可以提高住房保障水平。

以英国为例，在20世纪50年代，经过大规模的住房开发，二战之后的英国住房短缺问题得到了明显的改善，住房市场关系转变为"供过于求"。1955年之后，英国的住房保障政策转向了需求方补贴。1956年英国出台的《住房补贴法案》（Housing Subsidies Act）要求减少地方政府直接干预住房建设；1967年出台的新的《住房补贴法案》则规定政府向购房者提供利息和税收补贴。1979年开始，撒切尔政府推行社会住房私有化政策，将很多社会住房以低价出售给了承租人，并通过金融、财政和税收优惠的方式鼓励购房（虞晓芬等，2018）。通过这些转变，英国的住房自有率大大提高，体现出需求方补贴在保障居住权方面的潜力。

六、从"产权保障"到"租赁保障"

在我国早期，保障性住房形式一般采用实物配售的方式，这种方式属于"产权保障"。也就是说，政府以优惠价格向低收入家庭出售普通住房，保障对象拥有产权，政府对其再上市的时间和出售对象都有限制。经济适用房就是我国早期比较普遍的实物配售型保障房。同时，我国的廉租房制度是"实物配租"的方式，也就是以低廉的租金向低收入家庭提供住房居住权，房屋产权还归属政府。我国实施住房的市场化改革的前几年，"产权保障"的住房数量要远远大于"租赁保障"，其中一个原因是实物配售可以迅速收回保障性投资，减少地方政府的财政压力。

保障性住房的特点是投资回收期长、利润率低。政府鼓励开发商参与保障性住房的开发，但是开发商往往关注回收投资期。实物配售型的保障房，对于开发商比较具有吸引力，因为配售型保障房可以较快地销售出去，虽然利润率较低，但有利于开发商实现资金的循环。我国很多城市的经济适用房就是由私人开发商建设和销售的。相比而言，实物配售型保障房前期投入大，租金回收期漫长，面临长期的投资风险，开发商的积极性不高。

但是，"产权保障"带来很多问题，其中一个就是产权住房补贴的"福利扩大化"。因为一旦居民购买了产权型保障房，就算他们的收入在未来发生变化，也很难再退出，造成了社会不公平。此外，政府也没有足够的资源来持续建设实物配售型的保障性住房。所以，现在我国鼓励地方政府建设保障性租赁住房，例如公租房、蓝领公寓、人才房等。随着我国保障房向"配租型"改变，很多城市利用政策创新来鼓励开发商提供一部分租赁型保障房（虞晓芬等，2017），开发商代建保障房之后，再由政府进行回购；或者在出让土地的时候，要求开发商配建和自持一定比例的保障房，以扩大"租赁保障"的房源。

七、从"政府产权"到"共有产权"

对于保障性租赁住房，一般是由政府享有产权。也就是说，保障性住房的产权归属政府或其授权机构，受保障人只是作为租户居住。这种产权安排带来很多负面的后果，即形成很多完全由租户形成的"租户社区"。在这些社区里，租户由于产权的缺失而没有维护的动力，导致住房的破坏性使用。保障性住房社区的承租人没有住房维护意识，而政府运营机构资金匮乏、效率低下，使得保障房资产损毁严重。

住房产权对普通家庭来讲是拥有家庭财富积累的原始机会和向上流动的机会，让家庭拥有住房产权有利于经济发展和社会稳定。很多国家采用各种政策来增加住房自有率。但是，很多家庭没有能力在住房市场上购买完全产权的住房，于是，英美国家推出了多种混合产权的住房，包括共有产权房（shared ownership housing）和共享权益住房（shared equity home ownership）等（吕萍等，2013）。共有产权房最早出现在 20 世纪 80 年代的英国，当时英国的共有产权计划是推进保障房市场化的住房政策，目的是提升住房自有率，也同时减轻政府和购房者的财政负担（莫智等，2010）。具体地讲，共有产权房是政府与购房者共同拥有住房的产权。购房者对未持有产权的部分支付租金，待具备经济能力的时候，可以把另一部分产权购回（吴立群和宗跃光，2009）。这样，一些具备一定经济能力，但暂时无能力购买商品住房的家庭可以提前获得住房。这种模式对于提升他们的财产性保障和财产性收入起到了很大的作用。共有权益住房起源于美国，是给购房者的一种金融支持模式，即住房协会对符合条件的申请人提供长期的免息购房权益贷款（黄忠华等，2014）。在房价上升期间，政府还设计了社区土地信托、限制契约住房、有限权益合作和分享增值收益贷款等补贴模式，来帮助更多家庭拥有住房（虞晓芬和邓雨婷，2014）。公共补贴和增值收益的结合，不仅降低了购房者的负担，也有助于公共补贴的增值，购房者也获得了家庭财富积累的机会。

我国的住房产权与其他社会权益有着紧密的联系，例如，教育、养老、医疗等公共服务都与住房产权紧密相关（朱亚鹏，2018）。我国有一部分既没有资格享受廉租房保障政策，又买不起经济适用房的群体，俗称"夹心层"（虞晓芬等，2015）。为了满足这部分群体的住房需求设计了共有产权房政策。2007年8月，江苏省淮安市首次推出了共有产权经济适用房的模式。中低收入家庭可按照个人和政府的出资比例，共同拥有住房的产权，即特定住房单元的所有权由两个或两个以上的民事主体以合伙方式共有（刘洪玉等，2014）。2014年，中央政府首次把"增加共有产权住房供应"写入《政府工作报告》。通过共有产权房的建设，让很多中低收入家庭获得住房，有助于缩小贫富差距，也有利于社区环境的维护。

八、从"政府管理"到"社会治理"

在保障性住房社区陆续建成后，很多城市建立了统一的住房保障管理机构，例如设立住房保障办公室，专门负责保障性住房的建设、分配和管理等工作。但是，住房保障机构属于建设主管部门，出现了职权低配的问题，导致了权责不对等，很难承担起实施住房保障这一庞大的系统工程（王晓明，2011）。近几年，地方政府建设了大量公租房，对这些住房的管理和运营是一个巨大挑战。在强调政府职责的同时，也要发挥市场作用，鼓励企业参与，或者培育非营利住房机构，利用社会的力量来管理公租房的维护运营。

在很多城市，地方政府利用创新工具，使保障性住房治理走向智治、善治。例如，在数字技术时代，很多地方政策完善了保障性住房的信息平台建设，利用数字技术来实现更公平、高效地提供住房保障，提高公共投资效率，并引导居民参与保障房社区的治理。例如，杭州市以数字化改革为牵引，推动了"服务+治理"现代化，开展了制度机制重塑、业务流程重塑、业务协同重塑和治理模式重塑。在杭州城市大脑平台上，创建了智慧房产应急指挥控制中心和可视化数字驾驶舱。其中，住房保障监管功能从城市人口、GDP、人均住房面积、租房收入比等指标分析，可以科学预测公租房的供需情况。信息平台的建立也有利于完善收入征信制度，推进住房信息的共享。在传统技术条件下，家庭收入和资产的审核难度大，居民的隐形收入无法统计、家庭信息收入制度不健全等原因，造成保障性住房资格审核难。基于大数据的信息平台克服了这个问题，并且有助于建立保障对象动态管理与退出机制，可以实现补助水平实时调整的动态保障机制（虞晓芬等，2018）。

九、从"实践先行"到"法治护航"

我国的保障房政策体系从无到有，是数十年来在实践中不断摸索的结果。但是，我国还没有建立全面规范的住房保障法规体系，这制约了住房保障的可持续发展。目前，大多数住房保障的规定是中央及其职能部门以行政规章等形式颁布的。地方政府依据中央的相关法律和政策，制定了一些地方性法规。从住房保障对社会经济的重要性来看，我国的住房保障工作需要做到立法先行。

在世界许多国家，其住房保障体系中都强调立法先行。从欧美住房政策的演变历程来看，住房政策的演变是法律体系推动的。这些住房法案对住房问题做出了明确要求，并对政府的干预权限做了界定。例如，在1919年英国就颁布了《住房法》，规定了住房属于公共事务，形成了相对完整的法律体系，明确地方政府对公民住房保障的责任和义务（陈杰和曾馨弘，2011）。1985年，英国出台《住房协会法》，明确了住房协会的法律地位，大量由地方政府管理的公共住房转到住房协会。2008年的《住房复兴法案》（Housing and Regeneration Act）又允许营利机构成为公共住房的提供者。通过这种方式，英国明确了地方政府在住房保障方面的责任，也赋予其他机构在住房保障方面的法律地位（莫林斯和穆里，2012）。在德国，《民法》规定了居住权是公民的重要权利，成为住房保障工作的根本法。1937年，美国国会通过了《全国住房法》，1949年出台新《全国住房法》，提出要向全体人民提供体面、安全和可负担的住房。

住房立法可以推动保障性住房政策目标的转换、政策模式的转型和创新政策工具。目前，我国只能间接地从公民应获得的人权保障中为住房权获得依据（虞晓芬等，2018）。例如，《中华人民共和国宪法》规定"国家尊重和保障人权""国家建立健全同经济发展水平相适应的社会保障制度"等。国家应该加快住房保障方面的立法，通过法规体系明确政府在住房保障方面的责任，实现"法治护航"。

十、从"救济型保障"到"共同富裕"

保障性住房政策的目标在不同的历史时期是不断演变的。世界各国的住房保障制度大致有三种类型。第一种是全面福利型。我国原来的社会主义福利住房制度就属于这种类型。这种制度的特点是政府提供低租金的福利住房，但是住房保障质量普遍较低。第二种属于"救济+资助型"，面向少部分社会低收入家庭，大部分家庭要通过市场来解决住房问题。第三种属于适度普惠型。这种模式的特点是保障面较大，大部分居民可以获得住房福利。新加坡就是适度普惠型住房保障模式的代表，该国约有80%的人口居住在组屋里。自住房市场化改革以来，我国主要实行"少量救济型+有限资助型"模式，主要是救济城市本地的住房困难群体，对其他群体提供有限资助（虞晓芬等，2018）。

在过去，很多国家的保障性住房理念在初期都遵循救济型的原则。政府给困难家庭提供一个低标准的居所，通常来说，这个阶段的保障性住房面积小、质量标准低、公共配套标准低。以前，我国有经济学家提出"廉租房不应该建独立厕所"，所遵循的思路就是一种救济思维，是以消除住房绝对困难、缓解住房相对困难为出发点的。但是，这种低标准的保障性住房带来很多负面的影响。以美国的公共住房为例，因为其建造标准低、配套设施质量较低，这些社区成为贫困集聚地和各种犯罪的温床，并且很快衰败为贫民窟（施瓦兹，2012）。到了一定的经济发展阶段，这种救济型的思维也需要改变。

现在，越来越多的国家开始采用福利型的住房保障制度。政府把住房当成一种可以维护公民尊严的福利，大幅度地提高了住房保障的质量。此外，很多政府认为住房是提高城市包容性的重要手段。通过保障性住房，可以实现社会公平和共享式增长，使得人民群众从经济增长中获益（刘润秋和曾祥凤，2011）。随着我国经济的进一步发展，保障理念在向适度普惠型保障转变（虞晓芬等，2018）。通过保障性住房的提供，来实现中低收入家庭的相关权利，实现机会平等、共享经济发展成果（刘润秋和曾祥凤，2011）。在包容增长的理念下，不仅要保障中低收入家庭的居住权，也要让他们通过保障性住房来分享经济发展成果和获得财富增值的机会。在我国近期的保障性住房政策中，政府更多地开始关注保障性住房配套的公共服务的质量，鼓励混合居住和社区更新，创造更好的教育、医疗和就业机会，促进居民的共同富裕。

第二节　中国保障性住房政策的展望与建议

经过中央和地方过去几十年的持续探索和不断投入，我国已形成具有鲜明特色的基本住房保障体系。在结合住房市场化的改革过程中，住房保障的形式不断完善，体制机制和政策支持方式不断丰富，基本实现了"应保尽保"，让居民住得更加舒适和体面。但是，我国的住房保障工作在未来依然要应对一些挑战。例如，政策体系有待进一步完善，对一些人口净流入量大的城市，保障性租赁住房的供应还不足，后续社区治理需要进一步加强。为了把住房保障体系建设办成一项经得起历史检验的民心工程，未来还需要在以下各方面进行政策改善。

一、形成可持续、高质量的保障性住房政策发展模式

保障性住房政策的发展是一个长期的任务。国家应该根据宏观经济形势、住房状况的变化，对政策的目标和重心不断地进行调整；而且，应根据不同城市的状况采用不同的住房政策模式（高波等，2017）。目前，我国的住房保障标准和对象还比较模糊，还没有形成合理的退出机制。一些城市在保障性住房社区还出现了社会排斥现象，一些群体还没有被覆盖到保障体系中。保障性住房存在分配不合理的现象，未来要更加关注低收入群体的社会风险。面对这些问题，政策设计

还需要更丰富，相应的配套制度的要素要进一步细化。如果要建立一个公正、公平、和谐的可持续发展的住房政策体系，需要各级政府不断地创新政策，转变政策目标，推动住房体制与住房政策范式的转变。特别是，加强社会政策意义上的住房政策的维度与视角，改变片面强调房地产经济发展的房地产经济政策范式，建立起保障居民住房权利和社会公平的新范式（朱亚鹏，2007）。根据新的政策目标，调整政策内容，合理确定保障的方式、范围与对象，推进政策学习，扩大政策工具选择，进一步界定政府和市场在解决住房问题方面的责任。

二、发展住房金融，为保障性住房建设、维护和消费提供金融支持

我国的保障性住房资金一直存在较大的缺口。自1994年分税制实施以来，很多地方财政不到位，许多省份还不能制定有关税收的地方性法规，导致地方政府无法利用现有的财权去完成相应的事权（陈晓云，2011）。要弥补保障性住房的巨大资金缺口，需要不断进行制度创新。在很多城市，保障性住房的建设主要还是依靠政府财政的直接投入，例如中央预算的专项补助基金、土地出让收入、公积金增值收益等。未来要考虑如何通过税收补贴和贷款利率补贴等，鼓励私营机构和非营利组织的参与。但是，我国公共财政支出中，只有廉租住房明确以公共财政资金为主，其他涉及住房保障的支出并未纳入财政预算中（文林峰，2011）；即使是廉租住房资金也还以公积金增值收益为主，财政资金所占的比例较小。未来还应逐步增加公共财政在保障性住房方面的投入。

在保障性住房融资中，中央政府和地方政府都应发挥重要作用。为了扩大保障资金的供应，需要转变政府角色，发挥市场的作用。2010年5月，我国出台了《国务院关于鼓励和引导民间投资健康发展的若干意见》。该意见指出："鼓励民间资本参与政策性住房建设。支持和引导民间资本投资建设经济适用住房、公共租赁住房等政策性住房，参与棚户区改造，享受相应的政策性住房建设政策。"[①]表明了中央政府越来越强调与私营企业的合作，发挥资本市场融通资金的作用。

为了扩大保障性住房的资金来源，完善政策性住房金融也是一种重要方式。设立专门的保障性住房融资机构，不仅要专注于具体的融资方式，还要开展融资体制的改革，成立平台统筹负责保障房的融资（张勇，2014）。一些城市把住房公积金与担保制度相结合，建立跨区域的政策性住房贷款担保制度；也可以设立专门税种为保障性住房筹集资金，例如利用一定比例的地方性税收来建立公共住房基金，专门用于保障性住房的建设和维护。此外，也可以通过发行专项国债或地方政府专项债券、房地产证券化、房地产投资信托基金，缓解地方政府在保障性

---

① 《国务院关于鼓励和引导民间投资健康发展的若干意见》，http://www.gov.cn/zhengce/content/2010-05/13/content_3569.htm[2021-10-13]。

住房方面的资金压力（陈晓云，2011）。

三、加快法治建设，为保障性住房政策发展提供法律保障

我国关于保障性住房建设与发展的相关法律基础仍有待进一步完善，相关领域的立法严重滞后于现实的需要，应尽快出台明确居民基本住房权的核心法律，并以此为基础，逐步完善我国保障性住房建设与发展的法律体系。对于保障性住房问题，中央和地方政府都以管理办法为主，相关立法层次不高，缺乏权威性，也没有进一步制度化，影响了保障性住房政策的设计和实施（文林峰，2011）。法律的滞后也影响了保障性住房的规范发展和公共政策的严肃性。

在保障性住房资金方面，应明确中央政府和地方政府在住房保障方面的事权和财权，尽快从法律层面把住房保障纳入公共财政体系。如果住房保障没有纳入公共财政体系，那么，住房保障工作将缺乏稳定的资金来源。此外，通过制定合理的风险分担机制和监管机制，为企业参与保障性住房建设提供良好的条件。

目前，我国现存的相关政策法规还没有形成体系，很多保障性住房制度在管理和财政上都是分割的（朱亚鹏，2008）。很多措施属于短期措施，存在很多不一致甚至是矛盾的地方。由于缺乏统一的协调机制，很多政策虽然制定出来了，但是难以实施。只有建立统一的住房保障法律体系、协同机制，才能真正地克服这些问题。在法律上，要从社会公平和公共产品的角度认识住房在社会中的地位，明确保障性住房的社会保障属性。通过完善制度和法律法规，保证住房保障工作健康有序地发展。

四、鼓励社会参与，整合各种社会力量和资源

保障性住房问题，需要政府、市场和社会的共同努力。首先，要鼓励公民通过各种渠道表达和参与保障性住房政策的设计和执行过程，基于科学的政策评估，推动政策创新。其次，保障性住房政策的顺利推行，离不开土地、金融、税收、规划、预算过程等方面的配套支持。保障性住房的投入周期长、盈利空间小，为了提高保障的可持续性，必须进一步调动社会资金积极参与。在开展全面住房调查基础上，编制科学合理的住房发展计划。通过土地利用规划，发掘市场力量来促进保障性住房的供给。就我国住房保障的发展趋势而言，随着今后保障覆盖范围的扩大，针对大量进城务工人员的住房保障需求，还要发掘各种力量来探索新的保障政策方式和供给类型。

过去四十多年，中国保障性住房政策取得了巨大成就。各类保障性住房不仅解决了成千上万家庭的住房困难问题，而且在拉动经济、促进社会公平和包容等方面发挥了积极作用。特别是2007年以来，我国政府积极探索适应中国特点的住房保障制度，调整住房保障供应结构，优化住房保障方式，逐渐形成住房保障的

"中国模式"。积极探索适合我国国情的住房保障政策体系,可以为发展中国家和转型经济体的住房保障体系树立一个可学习、可推广、可复制的模式。保障性住房是民生工程、民心工程,需要全社会形成合力,把这项利国利民事情持续推进下去。通过精准施策,解决困难群众的住房问题,努力实现全体人民"住有所居""住有宜居",推动社会走向共同富裕。

参 考 文 献

艾建国. 1999. 对城市经济适用房建设用地选址的分析与思考[J]. 经济地理, 19（5）：67-70.
艾克豪夫 J. 2012. 德国住房政策[M]. 毕宇珠, 丁宇, 译. 北京：中国建筑工业出版社.
巴曙松. 2012. 美国低收入家庭住房保障政策借鉴[J]. 资本市场, （1）：10-12.
柏必成. 2010. 改革开放以来我国住房政策变迁的动力分析：以多源流理论为视角[J]. 公共管理学报, 7（4）：76-85, 126.
包宗华. 2005. 合作集资建房50年的风雨历程[J]. 城乡建设, （7）：55-56.
曹琦, 崔兆涵. 2018. 我国卫生政策范式演变和新趋势：基于政策文本的分析[J]. 中国行政管理, （9）：86-91.
曹胜. 2021. 范式转换视域中国家理论的知识变革：兼评国家中心范式的理论创新[J]. 广西师范大学学报（哲学社会科学版）, 57（5）：107-119.
常皓, 邓婷. 2015. 法国住宅金融体系研究[J]. 改革与开放, （22）：67-68.
常州市住房保障和房产管理局. 2013. 保障住房社会化收储的创新之路[J]. 上海房地, （12）：34-36.
车士义, 郭琳. 2009. 北京市经济适用住房政策评估[J]. 北京市经济管理干部学院学报, 24（4）：3-9.
陈灿煌. 2009. 城市中低收入群体住房保障制度效果分析及建议：基于"三市场住房过滤模型"的研究[J]. 价格理论与实践, （12）：50-51.
陈玙, 李丹. 2017. PPP政策变迁与政策学习模式：1980至2015年PPP中央政策文本分析[J]. 中国行政管理, （2）：102-107.
陈贵梧, 林晓虹. 2021. 网络舆论是如何形塑公共政策的？一个"两阶段多源流"理论框架：以顺风车安全管理政策为例[J]. 公共管理学报, 18（2）：58-69, 168.
陈浩宇, 刘园. 2019. 城镇化、第三产业和房价的关系研究[J]. 工业技术经济, 38（3）：104-109.
陈红霞, 崔苗, 李德智. 2013. 激励社会资本供应公共租赁住房的国际经验及启示[J]. 现代城市研究, 28（8）：85-88.
陈宏胜, 刘晔, 李志刚. 2015a. 大城市保障房社区居住意愿研究：对广州的实证[J]. 世界地理研究, 24（4）：57-66.

陈宏胜，刘晔，李志刚. 2015b. 中国大城市保障房社区的邻里效应研究：以广州市保障房周边社区为例[J]. 人文地理，30（4）：39-44，78.

陈洪波，蔡喜洋. 2015. 全球房地产启示录之稳定的德国[M]. 北京：经济管理出版社.

陈杰. 2010. 我国保障性住房的供给与融资：回顾与展望[J]. 现代城市研究，25（9）：13-17.

陈杰，农汇福. 2016. 保障房挤出效应的存在性及其时空异质性：基于省级面板门限模型的证据[J]. 统计研究，33（4）：27-35.

陈杰，王文宁. 2011. 经济适用房供应对商品住房价格的影响效应[J]. 广东社会科学，（2）：11-18.

陈杰，曾馨弘. 2011. 英国住房保障政策的体系、进展与反思[J]. 中国房地产，（8）：53-65.

陈杰，张鹏飞. 2010. 韩国的公共租赁住房体系[J]. 城市问题，（6）：91-97.

陈杰，朱旭丰. 2010. 住房负担能力测度方法研究综述[J]. 城市问题，（2）：91-96.

陈世香，王笑含. 2009. 中国公共政策评估：回顾与展望[J]. 理论月刊，（9）：135-138.

陈晓云. 2011. 如何为保障性住房融资[C]//满燕云，隆国强，景娟，等. 中国低收入住房：现状及政策设计. 北京：商务印书馆：227-241.

陈振明. 1995. 政策科学研究与现代社会发展：论政策分析的意义[J]. 岭南学刊，（6）：93-96.

陈振明. 2000. 评西方的"新公共管理"范式[J]. 中国社会科学，（6）：73-82，207.

程大涛. 2013. 住房用地二元体制下地方政府建设保障房动力机制研究[J]. 浙江学刊，（4）：149-157.

程恩富，张建刚. 2013. 坚持公有制经济为主体与促进共同富裕[J]. 求是学刊，40（1）：62-67.

程开明，庄燕杰. 2012. 城市体系位序-规模特征的空间计量分析：以中部地区地级以上城市为例[J]. 地理科学，32（8）：905-912.

程中培. 2016.《贝弗里奇报告》的社会保障思想与启示[J]. 湖北文理学院学报，37（6）：33-38，42.

楚德江. 2011. 我国城市棚户区改造的困境与出路：以徐州棚户区改造的经验为例[J]. 理论导刊，（3）：43-46.

崔光灿，姜巧. 2015. 上海共有产权保障住房运作模式及效果分析[J]. 城市发展研究，22（7）：118-124.

崔新明，贾生华. 2000. 试论建立城市土地银行[J]. 中国土地，（1）：19-22.

邓恩 W N. 2002. 公共政策分析导论：第二版[M]. 谢明，杜子芳，伏燕，等译. 北京：中国人民大学出版社.

邓宏乾. 2009. 以"住有所居"为目标的住房制度改革探讨[J]. 华中师范大学学报（人文社会科学版），48（5）：41-48.

邓宏乾，等. 2015. 中国城镇公共住房政策研究[M]. 北京：中国社会科学出版社.

邓宏乾，王贤磊，陈峰. 2012. 我国保障住房供给体系并轨问题研究[J]. 华中师范大学学报（人文社会科学版），51（3）：29-37.

邓卫. 2009. 我国低收入者住房政策评析[J]. 城市与区域规划研究，2（2）：12-28.

刁文浩. 2021. 基于住房过滤模型的城市住房保障政策问题及对策研究[J]. 生产力研究，（5）：44-47.

丁长艳. 2020. "四史"关键词｜改革开放以来中国城镇如何解决住房紧张问题[EB/OL]. https://www.thepaper.cn/newsDetail_forward_9589808?ivk_sa=1023197a[2022-09-28].

丁煌，柏必成. 2009. 改革开放以来我国住房政策的变迁：过程与启示[J]. 中国公共政策评论，（1）：74-88.

丁祖昱. 2013. 中国房价收入比的城市分异研究[J]. 华东师范大学学报（哲学社会科学版），45（3）：121-127，155.

董昕. 2012. 动态趋势与结构性差异：中国住房市场支付能力的综合测度[J]. 经济管理，34（6）：119-127.

董新龙，林金忠. 2012. 高品质公租房：国家战略与民生抉择[J]. 经济学家，（1）：30-40.

恩格斯 F. 2019. 论住宅问题[M]. 中共中央马克思恩格斯列宁斯大林著作编译局，编译. 北京：人民出版社.

方福前. 1998. 论凯恩斯理论与罗斯福"新政"的关系[J]. 经济理论与经济管理，（3）：51-58.

冯健，林文盛. 2017. 苏州老城区衰退邻里居住满意度及影响因素[J]. 地理科学进展，36（2）：159-170.

冯健，周一星. 2003. 中国城市内部空间结构研究进展与展望[J]. 地理科学进展，（3）：304-315.

高波，等. 2017. 我国城市住房制度改革研究：变迁、绩效与创新[M]. 北京：经济科学出版社.

高兴武. 2008. 公共政策评估：体系与过程[J]. 中国行政管理，（2）：58-62.

龚云. 2012. 论邓小平共同富裕理论[J]. 马克思主义研究，（1）：46-55.

顾昕，王旭. 2005. 从国家主义到法团主义：中国市场转型过程中国家与专业团体关系的演变[J]. 社会学研究，（2）：155-175，245.

郭贯成，熊强，汪勋杰. 2014. 土地供应政策对房价影响的 GWR 模型分析[J]. 南京农业大学学报（社会科学版），14（5）：91-96.

郭士征. 2008. 关于住房保障的若干理论问题[J]. 中共福建省委党校学报，（5）：28-31.

郭士征. 2009. 社会保障学[M]. 2版. 上海：上海财经大学出版社.

郭晓旸，刘洪玉. 2013. 市场势力对新建商品住房溢价的影响：基于北京市微观样本的实证检验[J]. 系统工程理论与实践，33（4）：829-839.

哈丁 A，布劳克兰德 T. 2016. 城市理论：对21世纪权力、城市和城市主义的批判性介绍[M]. 王岩，译. 北京：社会科学文献出版社.

韩立达，李耘倩. 2009. 我国廉租房制度发展演变及对策研究[J]. 城市发展研究，16（11）：117-121.

杭州市人民政府办公厅. 2011. 杭州市人民政府办公厅关于印发杭州市在商品住宅出让用地中配建保障性住房实施办法（试行）的通知（杭政办函〔2011〕181号）[EB/OL]. http://www.hangzhou.gov.cn/art/2011/9/27/art_807782_1559.html[2021-10-11].

何洪静. 2014. 新加坡住房政策的发展进程及效果评价[J]. 东南亚研究,（1）: 20-26.

何深静, 齐晓玲. 2014. 广州市三类社区居住满意度与迁居意愿研究[J]. 地理科学, 34（11）: 1327-1336.

何元斌. 2010. 保障性住房政策的经验借鉴与我国的发展模式选择[J]. 经济问题探索,（6）: 164-170.

何植民, 蓝玉娇, 郭娟娟. 2021. 西方公共政策评估: 演进、特点及启示[J]. 云南行政学院学报, 23（4）: 161-172.

和经纬. 2008. 中国公共政策评估研究的方法论取向: 走向实证主义[J]. 中国行政管理,（9）: 118-124.

贺雪峰. 2016. 华中村治研究中的机制研究[J]. 云南行政学院学报,（2）: 4-8.

宏观经济研究院投资研究所课题组. 2005. 居民住房支付能力评价指标比较与分析[J]. 宏观经济研究,（2）: 35-37.

洪世键, 周玉. 2016. 基于特征价格法的学区房价格外溢效应探讨: 以厦门岛为例[J]. 建筑经济, 37（2）: 65-69.

洪运. 2009. 重构农村住房保障制度的必要性与可行性: 以成都统筹城乡改革为背景[J]. 中国房地产,（10）: 67-68.

华佳. 2011. 公租房"重庆模式"的制度设计与思考[J]. 上海房地,（5）: 28-29.

黄佳豪. 2008. 西方社会排斥理论研究述略[J]. 理论与现代化,（6）: 97-103.

黄清. 2010. 德国低收入家庭及公务员住房保障政策情况和启示[J]. 中国房地产金融,（3）: 46-48.

黄修民. 2010. 由韩国住房金融制度看中国公积金制度的改革和完善[J]. 经济与管理研究,（3）: 26-32.

黄忠华, 杜雪君, 虞晓芬. 2014. 英国共有产权住房的实践、经验及启示[J]. 中国房地产,（13）: 76-79.

贾康, 刘军民. 2007. 我国住房改革与住房保障问题研究[J]. 财政研究,（7）: 8-23.

蒋华娟, 虞晓芬, 曾辉. 2013. 经济适用住房挤出效应研究: 基于2006—2010年29个大中城市的面板数据分析[J]. 中国房地产,（11）: 15-20.

金俭, 梁鸿飞. 2020. 公民住房权: 国际视野与中国语境[J]. 法治研究,（1）: 153-160.

卡茨纳尔逊 I. 2013. 马克思主义与城市[M]. 王爱松, 译. 南京: 江苏教育出版社.

凯恩斯 J M. 2019. 就业、利息和货币通论[M]. 徐毓枬, 译. 南京: 译林出版社.

况广收, 胡宁生. 2017. 社交媒体时代的政策议程设置: 基于多源流理论的分析[J]. 南京社会科学,（10）: 74-80.

李斌. 2002. 社会排斥理论与中国城市住房改革制度[J]. 社会科学研究,（3）: 106-110.

李德智, 陈红霞, 黄祖冠, 等. 2012. 我国社会资本参建公共租赁住房的激励政策及其优化研究[J]. 现代管理科学,（3）: 43-45.

李德智, 朱丽菲, 杜静. 2015. 多中心治理视野下国内外保障性住房供应机制研究进展[J]. 现代城市研究, (6): 64-69.

李君甫. 2009. 北京的住房政策变迁及经验教训[J]. 改革与战略, 25 (8): 36-38.

李俊波. 1995. "安居住宅"有戏: 1995年国家"安居工程"试点进展概况[J]. 中国国情国力, (9): 22-23, 33.

李俊夫, 李玮, 李志刚, 等. 2012. 新加坡保障性住房政策研究及借鉴[J]. 国际城市规划, 27(4): 36-42.

李亮. 2013. 城市公共品供给对房价的影响研究[D]. 武汉: 华中科技大学.

李文钊. 2021. 公共行政的认知选择、公共选择与制度选择: 兼论奥斯特罗姆夫妇对公共行政学科的知识贡献[J]. 中国行政管理, (6): 63-71.

李伊珍, 汪丽. 2014. 各类型保障性住房满意度研究[J]. 特区经济, (10): 27-30.

李迎生. 2020. 从依附到自主: 中国社会政策的历史演进与范式转换: 基于社会政策与经济政策关系的视角[J]. 中国人民大学学报, 34 (4): 79-90.

李志刚. 2011. 中国城市"新移民"聚居区居住满意度研究: 以北京、上海、广州为例[J]. 城市规划, 35 (12): 75-82.

李志刚, 薛德升, 魏立华. 2007. 欧美城市居住混居的理论、实践与启示[J]. 城市规划, (2): 38-44.

连宏萍, 杨谨頔, 李金展. 2019. 社会文化视角下新加坡住房政策的成功历程与新探索: 兼谈对我国住房政策的启示[J]. 中国行政管理, (9): 146-151.

梁若冰, 汤韵. 2008. 地方公共品供给中的Tiebout模型: 基于中国城市房价的经验研究[J]. 世界经济, (10): 71-83.

刘丹, 霍德明. 2010. 基于时空模型的中国房价收入关系研究[J]. 中国经济问题, (6): 3-10.

刘海猛, 石培基, 潘竟虎, 等. 2015. 中国城镇房价收入比时空演变的多尺度分析[J]. 地理科学, 35 (10): 1280-1287.

刘红, 唐元虎. 2001. 外部性的经济分析与对策: 评科斯与庇古思路的效果一致性[J]. 南开经济研究, (1): 45-48.

刘洪玉. 2021. 从"房住不炒"到"住有所居"[J]. 小康, (33): 46-48.

刘洪玉, 吴璟, 杨赞, 等. 2014. 共有产权住房制度促进住房保障和供应体系建设[J]. 清华金融评论, (5): 75-79.

刘琳, 等. 2011. 我国城镇住房保障制度研究[M]. 北京: 中国计划出版社.

刘琳, 刘洪玉. 2003. 地价与房价关系的经济学分析[J]. 数量经济技术经济研究, (7): 27-30.

刘人嘉, 胡明星, 王嘉玲. 2017. 南京市居住社区级公共服务设施可达性研究[C]//中国城市规划学会. 持续发展 理性规划: 2017中国城市规划年会论文集 (05 城市规划新技术应用). 东莞: 中国城市规划学会: 438-447.

刘润秋, 曾祥凤. 2011. 包容性增长理念下的住房保障制度: 公平与效率动态平衡[J]. 福建论坛

（人文社会科学版），（2）：118-122.

刘望保，翁计传. 2007. 住房制度改革对中国城市居住分异的影响[J]. 人文地理，（1）：49-52.

刘晔，李志刚，吴缚龙. 2009. 1980年以来欧美国家应对城市社会分化问题的社会与空间政策述评[J]. 城市规划学刊，（6）：72-78.

刘玉亭，何深静，吴缚龙. 2007. 英国的住房体系和住房政策[J]. 城市规划，（9）：54-63.

刘志林，景娟，满燕云. 2016. 保障性住房政策国际经验：政策模式与工具[M]. 北京：商务印书馆.

刘志林，廖露，钮晨琳. 2015. 社区社会资本对居住满意度的影响：基于北京市中低收入社区调查的实证分析[J]. 人文地理，30（3）：21-27，71.

隆国强. 2011. 廉租房：实物配租与租金补贴的比较研究[C]//满燕云，隆国强，景娟，等. 中国低收入住房：现状及政策设计. 北京：商务印书馆：242-253.

卢求. 2021. 德国租赁住房政策与市场发展研究[J]. 当代建筑，（2）：26-29.

陆超，庞平. 2013. 居住隔离现象的内在机制探索与对策研究：法国大型社会住宅建设对中国大型保障房建设的启示[J]. 城市规划，37（6）：52-56.

罗尔斯 J. 2009. 正义论：修订版[M]. 何怀宏，何包钢，廖申白，译. 北京：中国社会科学出版社.

罗力群. 2007. 对美欧学者关于邻里效应研究的述评[J]. 社会，（4）：123-135，208.

罗雅，胡宏伟，刘宇. 2012. 中国住房保障政策实施效果评估：基于1997—2010年的数据[J]. 学术研究，（6）：55-61，159.

吕萍，修大鹏，李爽. 2013. 保障性住房共有产权模式的理论与实践探索[J]. 城市发展研究，20（2）：144-148.

马广海. 2004. 社会排斥与弱势群体[J]. 中国海洋大学学报（社会科学版），（4）：81-85.

马秀莲，张黎阳. 2019. 准市场还是准科层？——基于上海、北京的中国公租房提供模式研究[J]. 广东社会科学，（1）：185-195，256.

莫林斯 D，穆里 A. 2012. 英国住房政策[M]. 陈立中，译. 北京：中国建筑工业出版社.

莫智，邓小鹏，李启明. 2010. 国外住房共有产权制度及对我国的启示[J]. 城市发展研究，17(3)：114-120.

穆怀中. 2003. 社会保障水平发展曲线研究[J]. 人口研究，（2）：22-28.

倪红日. 2011. 积极推进房地产税制改革的几点建议[J]. 中国财政，（4）：24-27.

倪虹. 2013. 国外住房发展报告[M]. 北京：中国建筑工业出版社.

潘竟虎，杨亮洁. 2017. 中国地级及以上城市房价收入比的时空分异[J]. 干旱区地理，40（6）：1274-1281.

潘小娟，吕洪业，等. 2014. 外国住房保障制度研究[M]. 北京：国家行政学院出版社.

彭兴庭. 2009. 对限价房政策的经济学分析[J]. 城市发展研究，16（3）：58-60，67.

任远. 2006. "逐步沉淀"与"居留决定居留"：上海市外来人口居留模式分析[J]. 中国人口科学，（3）：67-72，96.

邵挺, 王金照. 2016. 美国公共政策评估体系的运行情况及启示: 以马萨诸塞州公共住房政策为例[J]. 智库理论与实践, 1 (3): 91-94.

申庆喜, 李诚固, 刘仲仪, 等. 2018. 长春市公共服务设施空间与居住空间格局特征[J]. 地理研究, 37 (11): 2249-2258.

施瓦兹 A F. 2012. 美国住房政策[M]. 2版. 陈立中, 译. 北京: 中国社会科学出版社.

苏昭宇, 郭劲光. 2009. 新加坡公众住房计划政策的解读[J]. 云南财经大学学报(社会科学版), 24 (1): 39-43.

孙斌栋, 刘学良. 2009. 欧美城市贫困集中研究述评及对我国的启示[J]. 城市问题, (6): 84-91.

孙斌栋, 刘学良. 2010. 欧洲混合居住政策效应的研究述评及启示[J]. 国际城市规划, 25 (5): 96-102.

孙欢. 2016. 间断平衡框架及在我国政策分析中的适用性: 基于政策范式[J]. 甘肃行政学院学报, (6): 31-42, 126.

孙尚清, 陈吉元, 张耳. 1979. 社会主义经济的计划性与市场性相结合的几个理论问题[J]. 经济研究, (5): 56-67.

孙施文. 2005. 英国城市规划近年来的发展动态[J]. 国外城市规划, (6): 11-15.

孙伟增, 郑思齐, 辛磊, 等. 2015. 住房价格中地方公共品溢价的空间异质性及其影响因素研究: 以成都市为例[J]. 管理评论, 27 (6): 11-20, 29.

孙艺, 宋聚生, 戴冬晖. 2017. 国内外城市社区公共服务设施配置研究概述[J]. 现代城市研究, (3): 7-13.

孙瑜康, 袁媛. 2014. 城市居住空间分异背景下青少年成长的邻里影响: 以广州市鹭江村与逸景翠园为例[J]. 地理科学进展, 33 (6): 756-764.

孙志波, 吕萍. 2010. 保障性住房政策评估标准及体系研究[J]. 中国房地产, (6): 68-72.

谭羚雁, 娄成武. 2012. 保障性住房政策过程的中央与地方政府关系: 政策网络理论的分析与应用[J]. 公共管理学报, 9 (1): 52-63, 124-125.

汤林弟. 2012. 论基于公民住房权的住房政策架构[J]. 理论导刊, (2): 19-22.

唐黎标. 2007. 英国住房保障制度的启示[J]. 中国房地产金融, (7): 46-48.

田野. 2010. 巴黎郊区公共住房区域边缘化问题[J]. 中国房地产业, (10): 66-69.

仝德, 顾春霞. 2021. 城中村综合整治对租客居住满意度的影响研究: 以深圳为例[J]. 城市规划, 45 (12): 40-47, 58.

汪建强. 2011. 当尼逊住房政策模式理论及其启示[J]. 石家庄经济学院学报, 34 (3): 84-88.

王冰, 杨虎涛. 2002. 论正外部性内在化的途径与绩效: 庇古和科斯的正外部性内在化理论比较[J]. 东南学术, (6): 158-165.

王美娜. 2021. 基于FAHP的住房保障政策评估实证研究[J]. 建筑经济, 42 (5): 81-85.

王敏. 2018. 中国保障房配建模式的政策逻辑研究[J]. 兰州学刊, (11): 131-143.

王思锋, 金俭. 2011. 中国住宅合作社的发展变迁与现实思考: 以当前住房保障为背景[J]. 理论导刊，（9）：73-75.

王思琦，郭金云. 2020. 公共服务满意度测量的问题顺序效应：来自一项嵌入性调查实验的证据[J]. 公共管理评论，2（1）：92-115.

王松涛，郑思齐，冯杰. 2007. 公共服务设施可达性及其对新建住房价格的影响：以北京中心城为例[J]. 地理科学进展，（6）：78-85，147-148.

王先柱，等. 2020. 建立公开规范的住房公积金制度研究[M]. 北京：经济科学出版社.

王先柱，赵奉军. 2009. 保障性住房对商品房价格的影响：基于1999～2007年面板数据的考察[J]. 经济体制改革，（5）：143-147.

王晓. 2010. 公民住房权宪法保障的必要性及可行性探究[J]. 法制与社会，（21）：255-256.

王晓明. 2011. 我国保障性住房管理中的问题和对策[C]//满燕云，隆国强，景娟，等. 中国低收入住房：现状及政策设计. 北京：商务印书馆：254-261.

王秀梅，黄春晓，蒋宇阳. 2020. 大城市人才保障房居住空间与人才需求偏好的适配性分析：以南京市为例[J]. 现代城市研究，（5）：46-53.

王延龙. 2006. 我国城镇居民住宅负担能力的灰色关联度分析[D]. 大连：大连理工大学.

王一，张尚武. 2015. 法国《社会团结与城市更新法》对中国保障性住房建设的启示[J]. 国际城市规划，30（1）：42-48，61.

魏丽艳，陈林. 2010. 政府主导梯级住房保障的理论与实践：以厦门市保障性住房新政为例[J]. 中共福建省委党校学报，（4）：64-69.

魏宗财，陈婷婷，李郁，等. 2015. 新加坡公共住房政策可以移植到中国吗？——以广州为例[J]. 城市规划，39（10）：91-97.

温信祥，张双长. 2016. "十三五"住房金融改革发展的新思路[J]. 清华金融评论，（5）：55-60.

文林峰. 2011. 中国住房保障发展现状[C]//满燕云，隆国强，景娟，等. 中国低收入住房：现状及政策设计. 北京：商务印书馆：185-203.

吴立群，宗跃光. 2009. 共有产权住房保障制度及其实践模式研究[J]. 城市发展研究，16（6）：131-133.

吴启焰，张京祥，朱喜钢，等. 2002. 现代中国城市居住空间分异机制的理论研究[J]. 人文地理，（3）：4，26-30.

吴义东，陈杰. 2020. 保障性抑或互助性：中国住房公积金制度的属性定位与改革取向[J]. 中国行政管理，（9）：58-66.

吴志宇. 2012. 我国农村多元化住房保障体系构建探析[J]. 现代经济探讨，（5）：40-44.

习近平. 2017. 决胜全面建成小康社会 夺取新时代中国特色社会主义伟大胜利——在中国共产党第十九次全国代表大会上的报告[EB/OL]. http://www.xinhuanet.com/politics/19cpcnc/2017-10/27/c_1121867529.htm[2021-10-11].

席艳玲，吉生保，王小艳. 2013. 要素相对价格对产业结构调整的倒逼效应分析：基于省际动态面板数据的系统GMM估计[J]. 财贸研究，24（5）：18-24.

向肃一，龙奋杰. 2007. 中国城市居民住房支付能力研究[J]. 城市发展研究，（2）：29-33.

谢明. 2009. 公共政策导论[M]. 2版. 北京：中国人民大学出版社.

徐菊芬，张京祥. 2007. 中国城市居住分异的制度成因及其调控：基于住房供给的视角[J]. 城市问题，（4）：95-99.

徐军玲，谢胜华. 2012. 英国公共租赁住房发展的政策演变及其启示[J]. 湖北社会科学，（6）：57-60，68.

徐琴. 2008. 论住房政策与社会融合：国外的经验与启示[J]. 江淮论坛，（5）：90-94.

徐涛，张明. 2016. 地区发展条件对轨道交通线路溢价效应的影响：以武汉市为例[J]. 城市问题，（9）：48-57.

徐艳晴. 2011. 艾斯平-安德森的社会福利方法论[J]. 苏州大学学报（哲学社会科学版），32（4）：83-88.

许瑶. 2013. 威权主义：概念、发展与困境[J]. 国外理论动态，（12）：83-91.

薛德升，苏迪德，李俊夫，等. 2012. 德国住房保障体系及其对我国的启示[J]. 国际城市规划，27（4）：23-27.

薛莉苇，赵晓军，许健. 2010. 房价收入比影响因素分析[J]. 浙江社会科学，（3）：17-20，126.

严强. 2007. 社会转型历程与政策范式演变[J]. 南京社会科学，（5）：86-92.

阎明. 2007. 发达国家住房政策的演变及其对我国的启示[J]. 东岳论丛，（4）：1-10.

杨辰. 2017. 政策、社会、空间：法国大型居住社区的建设与治理（1850—2010年）[J]. 国际城市规划，32（4）：111-117.

杨红平，宋伟轩. 2012. 保障房空间布局中的问题及解决途径：以南京市为例[J]. 城市问题，（3）：49-53.

杨宏山. 2014. 政策执行的路径-激励分析框架：以住房保障政策为例[J]. 政治学研究，（1）：78-92.

杨晃，杨朝军. 2015. 基于房价收入比的中国城市住宅不动产泡沫测度研究[J]. 软科学，29（4）：119-123.

杨建云. 2016. 房价收入比分布规律及分析：基于河南省与全国数据对比[J]. 地域研究与开发，35（4）：63-67.

杨慎. 2010. 《邓小平关于建筑业和住宅问题的谈话》发表纪实[J]. 中国发展观察，（5）：57-58.

杨赞，沈彦皓. 2010. 保障性住房融资的国际经验借鉴：政府作用[J]. 现代城市研究，25（9）：8-12.

姚玲珍. 2009. 中国公共住房政策模式研究[M]. 上海：上海财经大学出版社.

姚玲珍，刘霞，王芳. 2017. 中国特色城镇住房保障体系研究[M]. 北京：经济科学出版社.

于思远. 1998. 房地产·住房改革运作全书[M]. 北京：中国建材工业出版社.

于真. 1989. 论机制与机制研究[J]. 社会学研究，（3）：57-62.

俞永学. 2008. 新加坡的住房政策及其对中国的启示[D]. 上海：上海交通大学.

虞晓芬，等. 2018. 我国城镇住房保障体系及运行机制研究[M]. 北京：经济科学出版社.
虞晓芬，邓雨婷. 2014. 美国共享权益住房制度与启示[J]. 中国房地产，（11）：39-43.
虞晓芬，傅剑，林国栋. 2017. 社会组织参与住房保障的模式创新与制度保障：英国住房协会的运作经验与借鉴[J]. 城市发展研究，24（1）：117-122.
虞晓芬，黄忠华. 2010. 自有住宅者与租赁住宅者居住满意度影响因素的实证研究：以杭州市为例[J]. 财贸经济，（7）：81，122-126.
虞晓芬，金细簪，陈多长. 2015. 共有产权住房的理论与实践[M]. 北京：经济科学出版社.
袁立华，王云萍. 2011. 析共有产权住房政策的公平价值：以江苏淮安经验为例[J]. 中共浙江省委党校学报，27（2）：69-75.
袁奇峰，马晓亚. 2012. 保障性住区的公共服务设施供给：以广州市为例[J]. 城市规划，36（2）：24-30.
袁玥，李树苗，悦中山. 2021. 参照群体、社会地位与农民工的生活满意度：基于广州调查的实证分析[J]. 人口学刊，43（5）：39-52.
岳经纶. 2007. 中国发展概念的再定义：走向新的政策范式[J]. 中国公共政策评论，（1）：46-61.
岳静宜，晏姿，任旭. 2015. 开发商参与保障房配建市场化模式研究[J]. 工程管理学报，29（1）：76-80.
臧崇晓，刘洪玉，徐玉勇. 2012. 英国可支付住房的投融资体系及其经验借鉴[J]. 现代城市研究，27（10）：88-93，104.
臧秀玲. 2004. 从消极福利到积极福利：西方国家对福利制度改革的新探索[J]. 社会科学，（8）：28-35.
曾辉，虞晓芬. 2013. 国外低收入家庭住房保障模式的演变及启示：以英国、美国、新加坡三国为例[J]. 中国房地产，（2）：23-29.
曾辉，虞晓芬. 2016. 美国公共住房退出管理中的两难抉择及启示[J]. 中国房地产，（27）：72-80.
湛东升，孟斌，张文忠. 2014. 北京市居民居住满意度感知与行为意向研究[J]. 地理研究，33（2）：336-348.
张成福. 2003. 公共危机管理：全面整合的模式与中国的战略选择[J]. 中国行政管理，（7）：6-11.
张道航. 2010. 地方政府棚户区改造的模式及方略[J]. 福建行政学院学报，（1）：18-22.
张浩淼. 2019. 中国社会救助70年（1949—2019）：政策范式变迁与新趋势[J]. 社会保障评论，3（3）：65-77.
张京祥，李阿萌. 2013. 保障性住区建设的社会空间效应反思：基于南京典型住区的实证研究[J]. 国际城市规划，28（1）：87-93.
张克中. 2009. 公共治理之道：埃莉诺·奥斯特罗姆理论述评[J]. 政治学研究，（6）：83-93.
张敏. 2001. 发展经济适用房存在的问题及对策[J]. 城市问题，（5）：8，53-54.
张齐武，徐燕雯. 2010. 经济适用房还是公共租赁房？——对住房保障政策改革的反思[J]. 公共管理学报，7（4）：86-92，126-127.

张清勇. 2007. 中国城镇居民的住房支付能力：1991—2005[J]. 财贸经济，（4）：79-84，129.
张清勇. 2012. 房价收入比与住房支付能力指数的比较[J]. 中国土地科学，26（1）：32-37.
张清勇. 2014. 中国住房保障百年：回顾与展望[J]. 财贸经济，（4）：116-124.
张清勇，郑环环. 2012. 中国住宅投资引领经济增长吗？[J]. 经济研究，47（2）：67-79.
张润泽. 2010. 形式、事实和价值：公共政策评估标准的三个维度[J]. 湖南社会科学，（3）：31-34.
张守一. 2010. 对一般均衡论和帕累托最优的新解释[J]. 经济问题，（11）：4-7.
张涛涛，袁竞峰，郑晓丹，等. 2014. PPP模式建设保障房的国际经验与战略选择[J]. 建筑经济，35（11）：85-88.
张祎娴，张伟. 2017. 二战后法国社会住房发展历程及启示（一）[J]. 城市规划通讯，（10）：17.
张英杰，张原，郑思齐. 2014. 基于居民偏好的城市公共服务综合质量指数构建方法[J]. 清华大学学报（自然科学版），54（3）：373-380.
张永岳，张传勇，谢晖. 2010. 我国房地产宏观调控政策效果评估初探：基于公共政策评估的视角[J]. 上海经济研究，（12）：73-81.
张勇. 2014. 国外公共住房融资模式分析及对我国的启示[J]. 科技与企业，（5）：230-231，233.
张跃松. 2015. 住房保障政策：转型期的探索、实践与评价研究[M]. 北京：中国建筑工业出版社.
张运书. 2011. 日本住房保障制度的法理分析与借鉴[J]. 现代经济探讨，（6）：88-92.
张祚，李江风，刘艳中，等. 2008. 经济适用房空间分布对居住空间分异的影响：以武汉市为例[J]. 城市问题，（7）：96-101.
赵静，薛澜. 2017. 回应式议程设置模式：基于中国公共政策转型一类案例的分析[J]. 政治学研究，（3）：42-51，126.
赵聚军. 2014. 保障房空间布局失衡与中国大城市居住隔离现象的萌发[J]. 中国行政管理，（7）：60-63，68.
赵莉晓. 2014. 创新政策评估理论方法研究：基于公共政策评估逻辑框架的视角[J]. 科学学研究，32（2）：195-202.
赵明，合雷尔 F. 2008. 法国社会住宅政策的演变及其启示[J]. 国际城市规划，（2）：62-66.
赵晓旭，谢彬弘. 2016. 基于智慧城市的保障性住房物业管理模式研究：以杭州为例[J]. 住宅与房地产，（23）：44-47.
郑思齐，符育明，任荣荣. 2011. 居民对城市生活质量的偏好：从住房成本变动和收敛角度的研究[J]. 世界经济文汇，（2）：35-51.
郑思齐，胡晓珂，张博，等. 2014. 城市轨道交通的溢价回收：从理论到现实[J]. 城市发展研究，21（2）：35-41.
郑思齐，张英杰. 2010. 保障性住房的空间选址：理论基础、国际经验与中国现实[J]. 现代城市研究，25（9）：18-22.
郑思齐，张英杰. 2013. "十二五"期间保障房建设如何"保障"：基于地方政府策略选择的分析[J]. 探索与争鸣，（4）：66-71.

钟荣桂, 吕萍. 2017. 我国住房保障制度的变迁、政策范式与展望[J]. 现代经济探讨, (4): 10-14.
钟晓慧, 彭铭刚. 2019. 福利混合视角下的英国住房政策改革及对中国的启示[J]. 广东社会科学, (5): 189-197.
周博颖, 张璐. 2020. 住房保障政策评估方法及指标体系研究[J]. 城市发展研究, 27 (11): 111-117.
周红云. 2003. 社会资本: 布迪厄、科尔曼和帕特南的比较[J]. 经济社会体制比较, (4): 46-53.
周京奎, 吴晓燕. 2009. 公共投资对房地产市场的价格溢出效应研究: 基于中国30省市数据的检验[J]. 世界经济文汇, (1): 15-32.
周晓虹. 2002. 社会学理论的基本范式及整合的可能性[J]. 社会学研究, (5): 33-45.
朱福惠, 李燕. 2009. 论公民住房权的宪法保障[J]. 暨南学报 (哲学社会科学版), 31 (2): 118-122, 246.
朱亚鹏. 2007. 住房问题与住房政策的范式转移[J]. 中国公共政策评论, (1): 62-76.
朱亚鹏. 2008. 中国住房保障政策分析: 社会政策视角[J]. 公共行政评论, (4): 84-109, 199.
朱亚鹏. 2010. 公民住房权的认识误区与住房政策的偏差[J]. 探索与争鸣, (2): 15-16.
朱亚鹏. 2018. 中国共有产权房政策的创新与争议[J]. 社会保障评论, 2 (3): 112-122.
朱亚鹏, 孙小梅. 2020. 政策学习与政策变迁: 以人才住房政策为例[J]. 广东社会科学, (5): 178-188, 256.
邹学银, 成彦, 周世强. 2012. 从社会救济型到适度普惠型社会福利: 论民政在精神卫生福利服务体系中的骨干作用[J]. 社会福利 (理论版), (12): 21-25.
邹永华, 陈紫微. 2021. 未来社区建设的理论探索[J]. 治理研究, 37 (3): 95-103.
Albouy D. 2016. What are cities worth? Land rents, local productivity, and the total value of amenities[J]. The Review of Economics and Statistics, 98 (3): 477-487.
Bauder H. 2002. Neighbourhood effects and cultural exclusion[J]. Urban Studies, 39 (1): 85-93.
Brady R R. 2008. Structural breaks and consumer credit: is consumption smoothing finally a reality?[J]. Journal of Macroeconomics, 30 (3): 1246-1268.
Brady R R. 2014. The spatial diffusion of regional housing prices across U.S. states[J]. Regional Science and Urban Economics, 46: 150-166.
Bramley G. 1992. Homeownership affordability in England[J]. Housing Policy Debate, 3 (3): 815-853.
Carter W H, Schill M H, Wachter S M. 1998. Polarisation, public housing and racial minorities in US cities[J]. Urban Studies, 35 (10): 1889-1911.
Chen L, Zhang W Z, Yang Y Z, et al. 2013. Disparities in residential environment and satisfaction among urban residents in Dalian, China[J]. Habitat International, 40: 100-108.
Clapp J M, Tirtiroglu D. 1994. Positive feedback trading and diffusion of asset price changes: evidence from housing transactions[J]. Journal of Economic Behavior & Organization, 24 (3):

337-355.

Cohen J P, Cromley R G, Banach K T. 2015. Are homes near water bodies and wetlands worth more or less?An analysis of housing prices in one Connecticut town[J]. Growth and Change, 46（1）: 114-132.

Cohen M D, March J G, Olsen J P. 1972. A garbage can model of organizational choice[J]. Administrative Science Quarterly, 17（1）: 1-25.

Comey J, Popkin S J, Franks K. 2012. MTO: a successful housing intervention[J]. Cityscape, 14（2）: 87-107.

Cook C C. 1988. Components of neighborhood satisfaction: responses from urban and suburban single-parent women[J]. Environment and Behavior, 20（2）: 115-149.

Cortese A J. 1995. The rise, hegemony, and decline of the Chicago School of Sociology, 1892—1945[J]. The Social Science Journal, 32（3）: 235-254.

Dawkins C. 2013. The spatial pattern of low income housing tax credit properties: implications for fair housing and poverty deconcentration policies[J]. Journal of the American Planning Association, 79（3）: 222-234.

Delmelle E, Thill J C, Wang C H. 2016. Spatial dynamics of urban neighborhood quality of life[J]. The Annals of Regional Science, 56（3）: 687-705.

Deng L, Zhu X D. 2013. From public housing to joint ventures: lessons from the U.S. housing policy development[C]//Chen J, Stephens M, Man Y Y. The Future of Public Housing. Berlin: Heidelberg: 181-197.

Doling J. 1997. Comparative Housing Policy: Government and Housing in Advanced Industrialized Countries[M]. London: Macmillan Press Ltd.

Doling J, Horsewood N, Neuteboom P. 2007. Why do European home owners experience loan repayment difficulties?Some preliminary results of combining macro and micro approaches[J]. European Journal of Housing Policy, 7（2）: 193-209.

Donnison D V. 1967. The Government of Housing[M]. Harmond-sworth: Penguin Books.

Donnison D V, Ungerson C. 1982. Housing Policy[M]. Harmond-sworth: Penguin Books.

Dunn W N. 2002. Public Policy Analysis: An Integrated Approach[M]. New York: Routledge.

Ellis M, Holloway S R, Wright R, et al. 2012. Agents of change: mixed-race households and the dynamics of neighborhood segregation in the United States[J]. Annals of the Association of American Geographers, 102（3）: 549-570.

Galster G C. 1987. Identifying the correlates of dwelling satisfaction: an empirical critique[J]. Environment and Behavior, 19（5）: 539-568.

Galster G C. 2012. The mechanism(s)of neighbourhood effects: theory, evidence, and policy implications[C]//van Ham M, Manley D, Bailey N, et al. Neighbourhood Effects Research:

New Perspectives. Berlin: Springer: 23-56.

Galster G C, Hesser G W. 1981. Residential satisfaction: compositional and contextual correlates[J]. Environment and Behavior, 13 (6): 735-758.

Geng B, Bao H J, Liang Y. 2015. A study of the effect of a high-speed rail station on spatial variations in housing price based on the hedonic model[J]. Habitat International, 49: 333-339.

Gibbons S, Machin S. 2008. Valuing school quality, better transport, and lower crime: evidence from house prices[J]. Oxford Review of Economic Policy, 24 (1): 99-119.

Gonzalez L, Ortega F. 2013. Immigration and housing booms: evidence from Spain[J]. Journal of Regional Science, 53 (1): 37-59.

Gür E, Yüksel Y D. 2011. Squatter housing as a model for affordable housing in developing countries[J]. Open House International, 36 (3): 119-129.

Hall P A. 1993. Policy paradigms, social learning and the state: the case of economic policy-making in Britain[J]. Comparative Politics, 25 (3): 275-296.

Hancock K E. 1993. 'Can pay? won't pay?' or economic principles of 'affordability'[J]. Urban Studies, 30 (1): 127-145.

Harvey D. 1989. From managerialism to entrepreneurialism: the transformation in urban governance in late capitalism[J]. Geografiska Annaler: Series B, Human Geography, 71 (1): 3-17.

Heylen K, Haffner M. 2012. The effect of housing expenses and subsidies on the income distribution in Flanders and the Netherlands[J]. Housing Studies, 27 (8): 1142-1161.

Holly S, Pesaran M H, Yamagata T. 2011. The spatial and temporal diffusion of house prices in the UK[J]. Journal of Urban Economics, 69 (1): 2-23.

Huang Z H, Du X J. 2015. Assessment and determinants of residential satisfaction with public housing in Hangzhou, China[J]. Habitat International, 47: 218-230.

Hulchanski J D. 1995. The concept of housing affordability: six contemporary uses of the housing expenditure-to-income ratio[J]. Housing Studies, 10 (4): 471-491.

Ibem E O, Aduwo E B. 2013. Assessment of residential satisfaction in public housing in Ogun State, Nigeria[J]. Habitat International, 40: 163-175.

Ibem E O, Amole D. 2013. Residential satisfaction in public core housing in Abeokuta, Ogun State, Nigeria[J]. Social Indicators Research, 113 (1): 563-581.

Jahoda R, Špalková D. 2012. Housing-induced poverty and rent deregulation: a case study of the Czech Republic[J]. Ekonomický časopis/Journal of Economics, 60 (2): 146-168.

Jewkes M D, Delgadillo L M. 2010. Weaknesses of housing affordability indices used by practitioners[J]. Journal of Financial Counseling and Planning, 21 (1): 43-52.

Julien B, Lanoie P. 2007. The effect of noise barriers on the market value of adjacent residential properties[J]. International Real Estate Review, 10 (2): 113-130.

Kim K, Park J. 2005. Segmentation of the housing market and its determinants: Seoul and its neighbouring new towns in Korea[J]. Australian Geographer, 36（2）: 221-232.

Kingdon J W. 1994. Agendas, Alternatives, and Public Policies[M]. Boston: Little, Brown.

Kuhn T S. 1970. The Structure of Scientific Revolutions[M]. 2nd ed. Chicago: University of Chicago Press.

Lay M, Papadopoulos I. 2007. An exploration of fourth generation evaluation in practice[J]. Evaluation, 13（4）: 495-504.

Lerman D L, Reeder W J. 1987. The affordability of adequate housing[J]. Real Estate Economics, 15（4）: 389-404.

Leventhal T, Brooks-Gunn J. 2000. The neighborhoods they live in: the effects of neighborhood residence on child and adolescent outcomes[J]. Psychological Bulletin, 126（2）: 309-337.

Li K Y, Qin Y, Wu J. 2020. Recent housing affordability in urban China: a comprehensive overview[J]. China Economic Review, 59: 101362.

Linneman P D, Megbolugbe I F. 1992. Housing affordability: myth or reality?[J]. Urban Studies, 29: 369-392.

Liu A M M. 1999. Residential satisfaction in housing estates: a Hong Kong perspective[J]. Automation in Construction, 8（4）: 511-524.

Luo W, Wang F H. 2003. Measures of spatial accessibility to health care in a GIS environment: synthesis and a case study in the Chicago region[J]. Environment and Planning B: Planning and Design, 30（6）: 865-884.

Malpass P, Murie A. 1999. Introduction: analysing housing policy[C]//Malpass P, Murie A. Housing Policy and Practice. London: Palgrave: 1-19.

Masterman M. 1970. The nature of a paradigm[C]//Lakatos I, Musgrave A. Criticism and the Growth of Knowledge. Cambridge: Cambridge University Press: 59-90.

Mavoa S, Witten K, McCreanor T, et al. 2012. GIS based destination accessibility via public transit and walking in Auckland, New Zealand[J]. Journal of Transport Geography, 20（1）: 15-22.

McLeod S. 2007. Maslow's hierarchy of needs[J].Simply Psychology, 1: 1-18.

Miltenburg E M. 2015. The conditionality of neighbourhood effects upon social neighbourhood embeddedness: a critical examination of the resources and socialisation mechanisms[J]. Housing Studies, 30（2）: 272-294.

Mohit M A, Azim M. 2012. Assessment of residential satisfaction with public housing in Hulhumale', Maldives[J]. Procedia-Social and Behavioral Sciences, 50: 756-770.

Mohit M A, Ibrahim M, Rashid Y R. 2010. Assessment of residential satisfaction in newly designed public low-cost housing in Kuala Lumpur, Malaysia[J]. Habitat International, 34（1）: 18-27.

Monkkonen P. 2013. Urban land-use regulations and housing markets in developing countries:

evidence from Indonesia on the importance of enforcement[J]. Land Use Policy, 34: 255-264.

Mulliner E, Maliene V. 2015. An analysis of professional perceptions of criteria contributing to sustainable housing affordability[J]. Sustainability, 7 (1): 248-270.

Oates W E. 1969. The effects of property taxes and local public spending on property values: an empirical study of tax capitalization and the Tiebout hypothesis[J]. Journal of Political Economy, 77 (6): 957-971.

Oikarinen E. 2009. Dynamic linkages between housing and lot prices: empirical evidence from Helsinki[R]. Turku: ACE Discussion Paper No. 53.

Peng R J, Wheaton W C. 1994. Effects of restrictive land supply on housing in Hong Kong: an econometric analysis[J]. Journal of Housing Research, 5 (2): 263-291.

Pollakowski H O, Ray T S. 1997. Housing price diffusion patterns at different aggregation levels: an examination of housing market efficiency[J]. Journal of Housing Research, 8 (1): 107-124.

Popkin S J, Levy D K, Harris L E, et al. 2004. The Hope VI program: what about the residents?[J]. Housing Policy Debate, 15 (2): 385-414.

Popkin S J, Turner M A, Burt M. 2006. Rebuilding affordable housing in New Orleans: the challenge of creating inclusive communities[EB/OL] https://citeseerx.ist.psu.edu/viewdoc/download?doi=10.1.1.365.6462&rep=rep1&type=pdf[2022-09-29].

Quigley J M, Raphael S. 2004. Is housing unaffordable?Why isn't it more affordable?[J]. Journal of Economic Perspectives, 18 (1): 191-214.

Rappaport J. 2008. The affordability of home ownership to middle-income Americans[J]. Economic Review, 93: 65-95.

Ritzer G. 1975. Sociology: a multiple paradigm science[J]. The American Sociologist, 10 (3): 156-167.

Rosen S. 1974. Hedonic prices and implicit markets: product differentiation in pure competition[J]. Journal of Political Economy, 82 (1): 34-55.

Sherraden M. 2016. Assets and the Poor: A New American Welfare Policy[M]. New York: Routledge.

Song W, Keeling K. 2010. Location patterns of section 8 housing in Jefferson County, Kentucky[J]. International Journal of Applied Geospatial Research (IJAGR), 1 (2): 1-18.

Stone M E. 2006. A housing affordability standard for the UK[J]. Housing Studies, 21 (4): 453-476.

Teitz M B. 1968. Toward a theory of urban public facility location[J]. Papers in Regional Science: The Journal of the Regional Science Association International, 21 (1): 35-51.

Tiebout C M. 1956. A pure theory of local expenditures[J]. Journal of Political Economy, 64 (5): 416-424.

Tu Y. 1999. Public homeownership, housing finance and socioeconomic development in Singapore[J]. Review of Urban & Regional Development Studies, 11 (2): 100-113.

van Ham M, Manley D. 2010. The effect of neighbourhood housing tenure mix on labour market outcomes: a longitudinal investigation of neighbourhood effects[J]. Journal of Economic Geography, 10（2）: 257-282.

Vera-Toscano E, Ateca-Amestoy V. 2008. The relevance of social interactions on housing satisfaction[J]. Social Indicators Research, 86（2）: 257-274.

Wang X H, Varady D P. 2005. Using hot-spot analysis to study the clustering of section 8 housing voucher families[J]. Housing Studies, 20（1）: 29-48.

Weicher J C. 1977. The affordability of new homes[J]. Real Estate Economics, 5（2）: 209-226.

Weicher J C. 1978. New home affordability, equity, and housing market behavior[J]. Real Estate Economics, 6（4）: 395-416.

Williamson A R. 2011. Can they afford the rent?Resident cost burden in low income housing tax credit developments[J]. Urban Affairs Review, 47（6）: 775-799.

Wilson W J. 2012. The Truly Disadvantaged: The Inner City, the Underclass, and Public Policy[M]. 2nd ed. Chicago: University of Chicago Press.

Yang Z, Wang S T. 2011. The impact of privatization of public housing on housing affordability in Beijing: an assessment using household survey data[J]. Local Economy: The Journal of the Local Economy Policy Unit, 26（5）: 384-400.

Zabel J. 2015. The hedonic model and the housing cycle[J]. Regional Science and Urban Economics, 54: 74-86.

Zhao W X, Zou Y H. 2017. Un-gating the gated community: the spatial restructuring of a resettlement neighborhood in Nanjing[J]. Cities, 62: 78-87.

Zhong R J, Zhao W X, Zou Y H, et al. 2018. University campuses and housing markets: evidence from Nanjing[J]. The Professional Geographer, 70（2）: 175-185.

Zipf G K. 1949. Human Behaviour and the Principle of Least Effort: An Introduction to Human Ecology[M]. Boston: Addison-Wesley.

Zou Y H. 2014a. Contradictions in China's affordable housing policy: goals vs. structure[J]. Habitat International, 41: 8-16.

Zou Y H. 2014b. Analysis of spatial autocorrelation in higher-priced mortgages: evidence from Philadelphia and Chicago[J]. Cities, 40: 1-10.

Zou Y H. 2015a. Re-examining the neighborhood distribution of higher priced mortgage lending: global versus local methods[J]. Growth and Change, 46（4）: 654-674.

Zou Y H. 2015b. Subprime mortgages and housing price variations in the Philadelphia metropolitan area[J]. The Professional Geographer, 67（3）: 412-426.

Zou Y H. 2016. The emergence of China's housing finance system: challenge and change[J]. Open House International, 41（1）: 14-26.

Zou Y H. 2019. Air pollution and housing prices across Chinese cities[J]. Journal of Urban Planning and Development, 145（4）: 04019012.

Zou Y H. 2021. Capital switching, spatial fix, and the paradigm shifts of China's urbanization[J]. Urban Geography, 43（10）: 1662-1682.

Zou Y H. 2022a. The effects of double-attendance zones and school rankings on housing prices: case of Nanjing, China[J]. Journal of Urban Planning and Development, 148（1）: 05021064.

Zou Y H. 2022b. Paradigm shifts in China's housing policy: tug-of-war between marketization and state intervention[J]. Land Use Policy, 122: 106387.

Zou Y H, Meng F X, Zhong N, et al. 2022. The diffusion of the housing purchase restriction policy in China[J]. Cities, 120: 103401.

Zou Y H, Zhao W X. 2021. Neighbourhood governance during the COVID-19 lockdown in Hangzhou: coproduction based on digital technologies[J]. Public Management Review, 24(12): 1914-1932.